Le coaching orienté solution®

Éditions d'Organisation
Groupe Eyrolles
61, bd Saint-Germain
75240 Paris cedex 05

www.editions-organisation.com
www.editions-eyrolles.com

Avec la collaboration de Catherine Bogaert

ISBN : 978-2-212-54608-8

Philippe BIGOT

Le coaching orienté solution®

Deuxième tirage 2012

EYROLLES
Éditions d'Organisation

Sommaire

Deuxième partie • La pratique du « coaching orienté solution® »

L'auteur

Philippe Bigot a une activité de consultant en management depuis une vingtaine d'années. Il mène des missions d'accompagnement et de formation au développement des compétences managériales. Ses référentiels de travail sont issus de son parcours de formation : la psychologie clinique, la psychanalyse (École de la Cause freudienne), l'approche systémique (École de Palo Alto), l'approche centrée sur les solutions (Steve de Shazer – Centre de Milwaukee, USA).

Il a engagé une pratique de coaching dans le champ professionnel à partir de 1995. Il a accompagné de nombreuses personnes dans des contextes très variés : entreprises, collectivités territoriales, fonction publique d'État, champ social et médico-social. Il intervient également en tant que coach, auprès d'équipes, notamment de direction.

Il a conçu et développé le modèle « coaching orienté solution® » à la fin des années 1990. Il a formé à ce modèle près de quatre cents professionnels de l'accompagnement, dans le cadre de la formation « Métier de coach » qu'il a créée et qu'il anime depuis 1999, dans le cadre de formations spécifiques pour les coachs praticiens, ou encore de formations à la pratique de l'accompagnement dans le travail social.

Il a rejoint la Société française de coaching (SFCoach©) en 1999 et a été accrédité « membre titulaire ». Engagé dans le développement du métier de coach (dans le cadre professionnel) au sein de cette organisation professionnelle, il a créé en 2001 le pôle régional PACA dont il fut responsable jusqu'en 2007. Il a été administrateur de la SFCoach© durant quatre ans et en fut le vice-président en 2004. Enfin, il a également été membre du Comité d'accréditation et de déontologie (CAD) de la Société française de coaching durant sept ans, et son président au cours des trois dernières années (2007-2009).

Il partage actuellement ses activités entre le coaching individuel et le coaching d'équipe, la formation de coachs, la supervision de consultants et de coachs ainsi que de travailleurs sociaux, la formation aux métiers et pratiques de l'accompagnement, la publication et les conférences.

Remerciements

Je tiens à remercier mes proches qui m'ont soutenu par leur présence discrète et leurs encouragements ostensibles, avec une mention toute particulière à Caroline, ma femme, que je remercie pour sa patience et sa persévérance dans les nombreuses relectures.

Je remercie Émilie Devienne pour son aide chaleureuse, ses conseils avisés et son accompagnement tout au long de ce projet d'écriture. Merci aussi à Bernard Audibert, du studio XBM (Toulon), pour la réalisation des schémas et illustrations qui agrémentent l'ouvrage.

Merci également à celles et ceux qui ont croisé mon chemin professionnel et personnel. Je pense à aussi à l'ensemble des participants à la formation « Métier de coach », qui, depuis plus de dix ans, m'ont beaucoup appris par la pertinence de leurs questions et de leurs réflexions et m'ont incité à préciser et à construire toujours plus en avant le modèle « coaching orienté solution® ». Je pense également aux personnes qui m'ont fait confiance en s'engageant, avec moi, dans une démarche d'accompagnement.

Enfin, je souhaite dédier ce livre à ceux qui sont partis trop tôt pour le découvrir : mon père et mon ami et confrère Lazare Laskier.

Introduction

« Le but de l'enseignement n'est pas de remplir un vase mais d'allumer un feu. »
Montaigne

Force est de constater que le terme « coaching » et sa littérature font florès et que les pratiques des professionnels, inspirées de sources multiples, sont diverses. Cet ouvrage vise à présenter une démarche singulière, celle du modèle « coaching orienté solution® ». Celui-ci prend sa place dans le paysage des pratiques du coaching en ouvrant de nouvelles pistes, en proposant des alternatives, en venant interagir avec les autres modèles utilisés par les coachs. La démarche présentée ici est centrée sur le coaching individuel, même si elle peut trouver des applications dans le coaching des équipes. En ne cherchant pas à être une publication de plus à propos du coaching, cet ouvrage invite à un cheminement porté par une triple ambition.

Tout d'abord, il invite à un regard critique et, nous l'espérons, lucide sur le « phénomène du coaching ». Ce dernier est aujourd'hui omniprésent dans la plupart des domaines de l'existence. Qu'il s'agisse de santé, de placement financier, d'assurance, de retraite, de bien-être, d'exercice physique ou d'amaigrissement, de rencontre amoureuse, de *look*, de développement personnel... bref, le terme coaching s'est imposé au point d'être incontournable. Il est porteur d'un marketing aux promesses multiples dont les réalités sont le plus souvent illusoires, voire douteuses. L'emploi généralisé de ce terme génère alors des confusions qui *a priori* ne servent les intérêts de personne. Or, celles-ci existent, la lecture des articles de presse, les questions posées par les néophytes en sont les meilleures démonstrations.

La première partie de cet ouvrage va s'attacher à démêler les fils pour dégager ce que peut être le champ, l'objet et le cadre d'un coaching professionnel. De nombreuses critiques sont adressées au coaching, elles viennent du monde universitaire, de la sociologie, de la psychanalyse notamment. Un regard critique sur le « coaching », porté par les professionnels, nous paraît aujourd'hui nécessaire. Il leur appartient de prendre position, de développer une analyse critique et distanciée de ce terme et de ce qu'il représente actuellement. Parce que nous pensons qu'il y a là un enjeu pour la pérennité de ce qui est appelé « coaching » et une certaine vision de ce qu'il doit être, nous apporterons, au cours de cette première partie, une contribution en ce sens. Première ambition de l'ouvrage, nous arriverons jusqu'à ce point : définir la notion de « coaching professionnel » en dégageant ses caractéristiques, son champ, son objet et son cadre particulier. Nous pourrons alors le mettre en perspective avec les différents sources, théories et modèles qui donnent corps au coaching professionnel.

Notre deuxième ambition va être d'exposer ensuite les origines, fondements et finalités d'une pratique singulière : le « coaching orienté solution® » – que nous désignerons également par « COS » tout au long de l'ouvrage. Parce que nous avons créé ce modèle, nous partagerons le cheminement qui nous a conduit à le développer. Après avoir exposé notre conviction dans la nécessité d'une pratique dédiée à l'accompagnement professionnel individuel – le coaching – et de ce qu'est un modèle, nous inviterons notre lecteur à plonger dans les fondements conceptuels et théoriques qui vont orienter la pratique du COS. Tout au long des chapitres qui vont se succéder, nous établirons des ponts entre les aspects théoriques et les dimensions pratiques. Et, pour permettre à notre lecteur de faire des liens entre ce qui sera présenté au fil des pages et sa propre expérience, nous illustrerons par de nombreux exemples issus de la pratique.

Enfin, la troisième ambition de cet ouvrage sera que notre lecteur puisse expérimenter et s'approprier, s'il le désire, la pratique du « coaching orienté solution® ». Dans cette perspective nous allons l'expliciter, tant du point de vue théorique et méthodologique qu'opérationnel, au travers de nombreuses « vignettes » de coaching, extraits d'entretiens qui permettront de s'approcher au plus près de la pratique. Un certain nombre d'entres elles sont d'ailleurs commentées de façon détaillée pour rendre compte de la logique de travail du coach – orienté solution – et des partis pris qui sont les siens dans ses interventions. Toutes les étapes du dispositif de coaching seront exposées : de l'entretien préliminaire (y compris dans sa dimension tripartite dans le cas du coaching prescrit) jusqu'au bilan de coaching. À partir des concepts originaux qui sont ceux du COS, des éclairages approfondis seront proposés sur le travail autour des notions de « problèmes » et d'« objectifs ». Les outils principaux du COS vont être exposés dans une perspective pédagogique : coopération, type de relations, espaces de questionnement, questions pour construire les solutions, construction des tâches… Cette mise en œuvre de la pratique du « coaching orienté solution® » trouvera à se concrétiser dans le déroulement des séances, la façon de les structurer et de les conduire.

Ainsi, notre lecteur « profane » trouvera dans cet ouvrage les repères nécessaires pour appréhender le coaching professionnel, ses enjeux et ses finalités. Il trouvera les informations qui lui permettront de s'orienter vers les professionnels, de se familiariser avec le langage des coachs et avec leurs pratiques. Il découvrira, du point de vue du COS, la façon dont un coaching se déroule.

Notre lecteur qui occupe dans l'entreprise des fonctions l'amenant à orienter des personnes vers les coachs, voire à prescrire des coachings, trouvera dans cet ouvrage le témoignage d'un professionnel, alimenté par près de vingt années d'expérience de l'accompagnement. Il trouvera également des informations explicites sur la mise en œuvre du coaching dans les organisations de travail. Enfin, il pourra revisiter ses connaissances et ses expériences à travers les concepts et la pratique du « coaching orienté solution® ».

Quant à notre lecteur désireux de devenir coach, il trouvera une matière pour sa réflexion sur le métier, sur la pratique, sur son projet. Il pourra, au fil des chapitres, s'approcher au plus juste et au plus près de la pratique du « coach orienté solution® ».

Enfin, notre lecteur professionnel du coaching, qu'il soit longuement expérimenté ou non, trouvera dans cet ouvrage un support pour revisiter ses pratiques actuelles ; il accédera à des techniques et des outils qu'il pourra expérimenter, et peut être empruntera-t-il la voie « décalée » et parfois subversive – dans son acception étymologique de « renverser » – à laquelle nous convie le « coaching orienté solution® ».

Première partie

LE COACHING DANS TOUS SES ÉTATS

Chapitre 1

Pour en finir avec le (tout) coaching

« *Mal nommer les choses, c'est ajouter aux malheurs du monde.* »
Albert Camus

Impossible de ne pas faire le constat suivant : le *coaching* est omniprésent dans les différents domaines de la vie. Nous laisserons de côté la question de savoir si l'on doit s'en réjouir ou s'en inquiéter, la réponse relevant des opinions de chacun. En revanche, à force d'employer le terme de *coaching* pour désigner toutes sortes de pratiques, on finit par se demander quel sens il peut avoir, quelles conséquences cet emploi excessif entraîne pour le coaching lui-même, et de quoi cette omniprésence peut être le signe. À tout le moins, on est interpellé par cette hyper-présence du mot coaching qui se glisse dans les interstices de presque tous nos domaines d'existence.

Souvent ces questions sont reprises au détour d'un reportage journalistique dans lequel les professionnels du coaching ne peuvent que constater approximations et manque de nuances. Elles sont aussi reprises dans des ouvrages de plus en plus nombreux. Citons notamment, parmi les dernières publications, *L'ère du coaching. Critique d'une violence euphémisée*, de Geneviève Guilhaume. Ces ouvrages, rédigés par des sociologues, des philosophes, des psychanalystes ou d'autres acteurs du monde universitaire, ont tendance à dénoncer le coaching, sans distinguer ses différentes pratiques, le plus souvent. Pour autant, ces prises de position critiques sont essentielles en ceci qu'elles suscitent le débat et mobilisent la réflexion.

Il nous paraît important qu'un regard distancié et critique soit exercé également par les professionnels eux-mêmes – signe précurseur d'une maturité en marche pour un métier encore récent et qui continue à s'organiser. C'est à ce regard critique que notre lecteur est invité au cours de ce chapitre.

Tout est coaching

À l'origine, le terme « coaching » est essentiellement associé au monde sportif et à ses pratiques d'entraînement. Au début des années 1990, et porté par quelques coachs sportifs de renommée internationale tel John Whitmore, le coaching a investi le monde des entreprises et du business. À cette époque, il était plutôt réservé aux élites dirigeantes. Depuis quelques années, nous assistons au déploiement du terme qui tend à s'imposer dans l'ensemble des domaines de l'existence humaine. Autrement dit, le mot « coaching » désigne actuellement toutes sortes de réalités et de pratiques non seulement différentes mais qui n'ont pas grand-chose à voir entre elles !

Des offres recourant au terme « coaching » se développent dans des domaines aussi variés que la santé, l'éducation – du soutien scolaire au rôle parental –, l'esthétique, la forme physique, les assurances – de vie ou de retraite –, la sexualité, la téléphonie mobile, le développement personnel, le management… Bref, inutile de se lancer dans un inventaire exhaustif qui ne pourrait qu'échouer. Chaque jour apporte sa nouveauté dans le paysage du coaching.

Si un même mot désigne autant de réalités différentes, la question se pose du sens, ou plus exactement du non-sens, de ce terme. Le néophyte ne peut que se confronter à un bric-à-brac tantôt amusant, tantôt affligeant et parfois même inquiétant. Difficile donc d'appréhender une notion précise du coaching, de sa nature, de ses finalités, de ses pratiques. La simple expérience consistant à saisir le mot

« coaching » sur n'importe quel moteur de recherche du Web suffit à nous en convaincre...

Le mot est donc « tendance » et, en terme marketing, le recours à un terme anglophone est une promesse de nouveauté et d'innovation. Or il semble bien que la réalité soit autre. Avec le « tout coaching » nous ne faisons qu'assister à un recyclage de multiples activités et offres qui existaient bien avant l'effet « tendance ». Et par ailleurs, il est plus que probable que ces activités n'aient en rien changé en se rebaptisant « coaching ».

Lorsque tel opérateur de téléphonie propose de *coacher* ses clients – entendons, de les conseiller dans leurs achats et choix d'abonnement –, nous pouvons nous demander en quoi il y a coaching puisque cette notion ne comporte pas d'enjeu commercial. Lorsque les spécialistes du *relooking* proposent du coaching – c'est-à-dire un conseil personnalisé sur « l'image » de soi –, nous pouvons nous demander en quoi il y a coaching puisque le *relooking* est à l'opposé d'une relation de conseil et d'expertise. Lorsque des entreprises spécialisées dans le soutien ou l'orientation scolaire proposent du coaching aux enfants ou aux lycéens, nous pouvons nous demander où se trouve le coaching, puisque son ressort se situe en dehors d'une transmission de savoir. Pour ces prestations pas vraiment nouvelles, rien n'indique que les pratiques aient changé pour justifier ce nouveau nom...

Le terme « coaching » fait aussi florès dans les activités liées à la rencontre amoureuse. Les agences ne se contentent plus de nous trouver l'âme sœur, elles nous *coachent* ! Dernièrement, un reportage télévisé montrait comment opère le « coach » au cours d'une séance. La candidate à la rencontre était mise en situation avec un acteur, et le coach de lui prodiguer tous les conseils sur la bonne façon de se comporter pour entrer en relation avec les hommes... Et là, il n'y a toujours pas de coaching... Passons sur telle compagnie d'assurances qui propose un « coaching santé » avec à la clé des conseils pour cesser de fumer, équilibrer ses repas. Passons également sur le « coaching minceur », qui promet la perte des kilos superflus...

Comme nous pouvons le voir au travers de ces quelques exemples, le « tout coaching » ne fait pas que brouiller une définition du terme.

Il en donne même un contresens radical. En effet, on laisse à penser que le coaching serait ni plus ni moins du conseil personnalisé *prodigué par un expert*. Or, si le coaching est par nature personnalisé, il est tout le contraire d'un conseil donné par un expert ou supposé tel.

Un autre aspect du « tout coaching » est donné par ce qu'il est convenu d'appeler la téléréalité. Une chaîne de télévision propose à ses spectateurs une émission faisant appel au « coaching ». Dans cette émission, nous voyons une famille en difficulté avec ses enfants et leur éducation. Entre en scène « la coach » censée remettre de l'ordre et éduquer les parents à éduquer leurs enfants. Aussi la voyons-nous, tout au long du programme, faire preuve d'une autorité aux relents staliniens. Rien ne manque, ni la tenue vestimentaire stricte, ni la coiffure rappelant les institutrices d'avant guerre, ni l'expression du visage et du regard qui pourrait faire pâlir d'envie le père Fouettard. Au fond, cette démarche « éducative » évoque plutôt les descriptions d'Alice Miller[1]. La déviance dont fait l'objet le terme coaching est évidente. Il est manifeste que le déroulement d'un coaching n'a rien à voir avec la position de toute-puissance qui nous est donnée à voir dans cette émission.

Car le coaching ne consiste pas à humilier les personnes en les infantilisant pour leur dire ce qu'elles doivent faire, ou mieux, comment elles doivent le faire. Le coaching – et par là le coach – n'a en aucun cas vocation à mettre ainsi « sous contrôle » les individus. La vigilance est donc de mise, comme l'indique l'ouvrage coécrit par Roland Gori et Pierre Le Coz[2].

Ces deux auteurs relatent nombre de situations, en particulier dans le domaine de la santé et des soins, qui montrent un emploi du terme *coaching* allant dans le sens d'une mise sous contrôle des personnes. Là encore, nous assistons à la désignation de pratiques qui sont sans fondement et sans rapport avec la pratique professionnelle dont il est question dans notre ouvrage, c'est-à-dire dans la perspective du

1. Alice Miller, *C'est pour ton bien*, Aubier Montaigne, 1998.
2. Roland Gori, Pierre Le Coz, *L'empire des coachs : une nouvelle forme de contrôle social*, Albin Michel, 2006.

« coaching orienté solution® » où le coaching est considéré comme une démarche d'accompagnement où la personne accompagnée est actrice.

Ces exemples et ces contextes tendraient ainsi à laisser croire que le *coaching* n'aurait d'autre finalité que de conduire les personnes – de façon directive s'il le faut – vers une mise en conformité avec des normes. Normes éducatives, normes d'hygiène et de santé, normes sociales... Au-delà de ce que nous pouvons penser d'un point de vue philosophique, voire éthique, de ce type de pratique, il convient de dire avec force que tout cela *n'est pas* du coaching...

Tous coachs

Le « tous coachs » est un avatar du « tout est coaching ». Le « tous coachs », comme une incitation ou une injonction, vise à nous faire croire que nous sommes tous le coach de quelqu'un. Chacun aurait donc un avenir de coach ! Ainsi, des stages de coaching parental apparaissent pour que les parents deviennent les coachs de leurs enfants. Des stages destinés aux enseignants visent à leur donner les outils du coaching pour les transformer en coachs des savoirs de leurs élèves. Dans le monde de l'entreprise, le manager moderne ne manage plus, il *coach*e ses collaborateurs et son équipe. L'offre de formation pour le « manager-coach » est en bonne place dans les catalogues des organismes de formation. Dernièrement, un article de presse grand public titrait « Coacher vos vacances », laissant supposer que même pendant les vacances nous devrions coacher ! Donner à penser que nous sommes « tous coachs » et qu'il nous appartient de coacher notre existence relève d'un non-sens et d'une méconnaissance des fondements de l'accompagnement qui trouve son point d'orgue dans l'« auto-coaching ».

L'« auto-coaching » est le coaching de soi par soi-même. L'adage est bien connu que nous ne sommes jamais mieux servis que par nous-mêmes... L'autocoaching n'est pas sans évoquer l'introspection philosophique du XIXe siècle, voire la fameuse méthode du célèbre pharmacien Émile Coué, ce qui est bien loin de nous situer dans la modernité ! Se coacher soi-même est un non-sens qui engendre une idée faussée du coaching. Si s'interroger en son for intérieur, se parler pour se questionner soi-même a son intérêt, il n'en reste pas moins que cela n'a pas la valeur ni les effets produits par la parole adressée à quelqu'un d'autre, parole qui prend corps et sens dans un cadre donné et dans l'espace d'une relation humaine, intersubjective.

Le coaching, un symptôme de société ?

Un tel engouement pour le terme *coaching* vient questionner l'environnement sociétal dans lequel il se déploie. Sur quel terreau le terme « coaching » s'est-il développé ? Quelques constats s'imposent afin de tenter d'appréhender les sources de ce développement :

- premier constat : la prévalence actuelle d'un modèle et d'une culture de la survalorisation de l'individu au détriment du collectif. Il est légitime de se demander dans quelle mesure le coaching participe de ce mouvement ;
- deuxième constat : la perte d'influence, voire la disparition des repères idéologiques traditionnels. Il convient alors d'en trouver d'autres. Les trouver « en soi » est une perspective. Le coaching n'est pas sans lien avec cette recherche ;
- troisième constat : la forte tendance sociétale à l'hyper-responsabilisation des individus, sans cesse confrontés à une réalité de plus en plus complexe. Nous sommes amenés à trouver des réponses nouvelles à des situations inédites, mais aussi à intérioriser les normes issues d'un modèle dominant. Le coaching est fréquemment valorisé auprès des entreprises, notamment en termes de « meilleur exercice des responsabilités » ;
- quatrième constat : un certain délitement du lien social, dans un contexte où les moyens techniques de la communication n'ont jamais été aussi rapides et performants. Posséder un espace de parole, d'échanges avec un interlocuteur distancié est le fondement du coaching. Il n'est ni rare ni anecdotique d'entendre telle ou telle personne coachée faire part de son isolement, de sa solitude ;

- cinquième constat : un bouleversement de la relation au temps dans laquelle l'immédiateté, l'urgence l'emportent sur toute autre dimension temporelle. Le coaching, au contraire, invite à se donner du temps et il peut aussi être engagé pour mieux gérer le temps, gagner en efficacité.

La nécessité de trouver des espaces de réflexion, d'échange est pressante. Les choses vont de plus en plus vite autour de nous. Il faut être réactif, trouver rapidement les réponses adaptées aux difficultés. Le droit à l'erreur tend à être remplacé par le devoir de responsabilité. Opportunément, le coaching apparaît comme une piste à considérer. Et ce, d'autant qu'il est aussi associé à l'imaginaire sportif : dépassement de soi, performance, rapidité, recherche de résultats... Sauf que présenter le coaching comme un couteau suisse, une réponse universelle aux questions et difficultés de l'existence, crée un leurre.

Le coaching est-il un symptôme de la société ou bien une réponse aux symptômes de la société ? Le débat est ouvert depuis plusieurs années. Il est à noter que cette réflexion avait fait, pour partie, l'objet du premier colloque de la Société française de coaching[1].

Pour être une réponse au problème que l'on veut résoudre, le coaching doit avoir un objet défini, un champ délimité, des pratiques cohérentes.

Le développement personnel ou la promesse du bonheur

Le développement personnel peut se définir comme une recherche d'épanouissement de soi, de croissance, de développement du moi fondé sur une meilleure connaissance de soi et de ses talents. Il plonge ses racines dans un passé lointain. Dans notre tradition, il revient à Aristote d'avoir posé les bases du développement de la personne. Son concept de « bonne vie » était une incitation à développer les vertus de l'individu. Dans la tradition asiatique, il revient

1. SFCoach, « Le coaching, de l'ère des pionniers à l'ère des professionnels ». Actes du colloque, Le Manuscrit, 2005.

à Confucius d'être l'un des pères fondateurs du développement personnel qu'il mettait en corrélation avec le développement d'organisations comme la famille ou l'État.

Le développement personnel a été associé à la psychologie encore naissante du début du XXe siècle pour connaître un développement important avec le mouvement New Age et l'Institut Esalen au cours des années 1960.

Il est bien difficile de définir le développement personnel tant il se confond avec ses méthodes, lesquelles ont chacune leur orientation et finalité. Parmi elles, nous pouvons citer la PNL – programmation neurolinguistique –, l'AT – analyse transactionnelle –, la sophrologie, le yoga, le « *rebirth* », la bioénergie, le dialogue intérieur... La liste serait très longue. Nous pourrions penser que le développement personnel se situe hors du champ thérapeutique. *A priori* il ne s'inscrirait pas dans une perspective de soin psychologique. Il se situerait en aval de celui-ci ou s'adresserait tout simplement à des individus bien portants psychologiquement, engagés dans une recherche personnelle de connaissance et de réalisation de soi. Cela ne semble pas être la réalité et les frontières ne sont pas clairement marquées. En effet, nombre de méthodes et de techniques utilisées dans le développement personnel se veulent aussi des méthodes thérapeutiques.

En s'élargissant, le champ du développement personnel devient ainsi un peu plus flou et ambigu. Ce qui n'est pas sans rappeler l'utilisation du mot coaching.

Dans notre société, le développement personnel a fait un retour en force au cours des vingt dernières années. Offre pléthorique de stages divers, formations nombreuses pour devenir « thérapeute », développement de techniques à l'ésotérisme assumé et de techniques se présentant comme scientifiques. C'est aussi le succès de *Psychologie magazine*, dont le tirage augmente de façon impressionnante au fil des années, le retour de la philosophie *via* un magazine mensuel dédié et de réguliers hors-séries de revues d'information générale, lorsqu'il ne s'agit pas de premières pages de couverture. Au pays du développement personnel dire qu'il y en a pour tous les goûts n'est pas un abus de langage ! Il se propose comme le moyen que chacun s'épanouisse, atteigne son meilleur niveau de réalisation personnelle, en un mot, il promet et promeut bonheur et épanouissement par le développement du moi. Dans cette perspective, le développement personnel vient à point nommé renforcer, et peut-être exalter, la prévalence de l'individu...

Coaching et développement personnel entretiennent des liens dont l'amplitude est déterminée par le champ et la définition donnés au coaching. Or, en observant l'offre des coachs, on constate parfois une faible différenciation, voire une indifférenciation, entre coaching et développement personnel. La situation est d'autant plus évidente dans l'un des champs du coaching appelé *life coaching* – entendons « coaching de vie ». Le *life coaching* prend en charge toutes les demandes exprimées par des personnes à titre privé : avoir plus de confiance en soi, améliorer sa relation avec son conjoint, mieux équilibrer sa vie professionnelle, familiale, personnelle, lutter contre l'addiction – arrêter de fumer, de boire – ou la compulsion – la boulimie. La porosité entre cette forme de coaching et les démarches de psychothérapie est évidente. Et, compte tenu de la largeur du rayon d'action du « coach de vie », nous ne pouvons exclure une rencontre régulière de personnes dont les difficultés peuvent relever de la pathologie. Ce type de coaching ne se différencie donc pas d'une démarche de développement personnel apparue avant l'arrivée du terme coaching. Cela pose à nouveau la question du mot dans la définition de son champ et de son objet.

Les dérives du coaching

Les dérives ne sont pas l'apanage du coaching. Elles sont caractéristiques des activités humaines. Il est d'autant plus important de le rappeler que l'image du « gourou » peut parfois planer sur le coaching. C'est du reste ce que la presse ou les reportages télévisés en montrent lorsqu'il s'agit d'en dénoncer les dérives. Même s'il est très marginal, ce phénomène existe en effet, mais force est de constater que le « gourou » n'a pas attendu l'arrivée du coaching pour sévir. De tout temps nos sociétés en ont connu. Ce phénomène d'emprise d'une personne sur d'autres ne relève pas tant d'une dérive que d'une déviance…

Deux types de dérives du coaching peuvent être identifiés. L'un lié à sa définition et l'autre lié à ses pratiques. Nous avons jusqu'ici évoqué les conséquences d'une absence de définition du coaching quant à son champ et son objet. De notre point de vue, ce « tout est coaching » est porteur de dérives, ce qui ne signifie pas nécessairement que les acteurs soient mal intentionnés. Une démarche de coaching appréhendée comme un accompagnement requiert d'avoir un champ déterminé, une finalité, un cadre qui lui donne ses limites. Faute de quoi, le coaching ne peut être qu'un ersatz, et les pratiques des coachs peuvent être plus proches d'un barnum que de la rigueur indispensable à l'exercice d'un métier. Les dérives liées aux pratiques des coachs apparaissent ainsi comme une conséquence de ce « tout est coaching », même si aucun praticien ne peut en être définitivement à l'abri.

À partir de cette distinction, trois formes de dérives liées aux pratiques du coaching peuvent être repérées :

- *la « dérive para-thérapeutique »* amène le coach à ne pas différencier coaching et démarche thérapeutique. Une illusion se crée autour de la nature de l'accompagnement. Dans cette configuration, le risque est de laisser croire que le coaching est le prétexte d'une psychothérapie qui ne dirait pas son nom. Sur la base d'une technique d'intervention plus ou moins élaborée, la personne coachée en arrive à être persuadée de faire « un travail » équivalent à une psychothérapie… Conséquence : il n'y a en réalité ni thérapie ni coaching. Cette forme de dérive résulte le plus souvent d'un cadre insuffisamment explicite, d'un champ mal identifié, d'un coach qui n'a peut-être pas intégré la dimension particulière du coaching ou qui a cédé à une personne qui a préféré un coaching à une psychothérapie – alors que sa demande et ses besoins en relevaient. Il n'est pas à exclure que cette dérive se trouve renforcée par la législation relative à la protection du titre de psychothérapeute ;

- *la « dérive utilitariste »* est la conséquence d'une focalisation excessive sur les résultats à obtenir. C'est moins la personne accompagnée qui est prise en compte que le résultat. Dans ce cas, on peut se demander qui, du coaché ou du coach, a le plus besoin de résultats... Le coaching, le coach et le coaché se font coreligionnaires d'un culte, celui de la performance. Elle est envisagée comme but ultime, comme réponse aux injonctions d'un modèle dominant. La performance, comme l'alpha et l'oméga d'un individu hypermoderne, tel qu'il est décrit par la sociologue et psychologue Nicole Aubert[1]. La fin justifie les moyens. Elle est dans ce cas orientée vers un dépassement de soi pris dans les rets d'une exigence de performance qui ne laisse pas de répit... Une approche « utilitariste » du coaching n'a d'autre ambition que de mettre en conformité une personne avec un résultat, une attitude, un comportement attendu. Cette pratique est par nature normative parce qu'il s'agit bien d'adapter une personne à un ensemble de normes. Ce type de coaching ne peut être qu'orthopédique... Cette forme de dérive est dite « utilitariste » parce que seul ce qui est « utile » est valorisé, ne laissant ainsi apparaître que la seule dimension utilitaire en mettant autant que possible toute subjectivité à l'écart. Il est permis de penser qu'elle trouve ses ressorts dans ses sources sportives d'une part, et dans une certaine culture du résultat d'autre part ;
- *la « dérive magique »* est l'expression d'un type de pratique qui vise à simplifier systématiquement les situations évoquées par la personne coachée. À des problèmes complexes sont proposées des lectures simplificatrices et des réponses simplistes. Les questions à travailler, les enjeux, les difficultés et les problèmes étant sous-estimés, voire gommés, la complexité des situations s'en trouve allégée ! Cette démarche « magique » va aussi se fonder sur des suggestions volontaristes – que ne renierait pas le bon docteur Coué – qui visent à faire apparaître le changement comme facile et évident. Ici, tout est possible, il n'y a qu'à... Ce qu'illustrent par exemple des formulations qui présentent ainsi le coaching :

1. Nicole Aubert, *L'individu hypermoderne*, Érès, 2004.

> *« Coachez à 100 % avec l'intuition, et donc deux fois plus vite et plus profondément qu'avec n'importe quelle autre technique... » Et aussi : « Grâce au coaching, restez serein face à toutes les situations... » Ou encore : « Le coaching, pour découvrir votre mission de vie et vivre au niveau du cœur, de l'âme, la synchro-destinée. »*

Un tel discours peut prêter à sourire, à ceci près qu'avec ce type de pratiques qui constituent la dérive magique, c'est à la construction d'une fiction qu'auront tendance à se livrer les acteurs. C'est-à-dire qu'il se créait entre eux et dans l'espace du coaching une réalité qui n'a finalement pas grand-chose à voir avec la vie quotidienne. Passé l'euphorie du coaching et de ses séances, la chute peut être rude pour la personne qui s'aperçoit que la vraie vie la rattrape très vite. Cette dérive va s'appuyer sur des théories psychologisantes, explicatives, prêtes à l'emploi, valables dans toutes les situations, accessibles à la compréhension de tous. Associées à de multiples outils et grilles de lecture, elles servent de supports pour « décoder » les événements, les fonctionnements des personnes, des organisations. Reste à appliquer scrupuleusement des solutions simples, évidentes et pragmatiques. Tout devient clair, limpide et facile. C'est magique...

En résumé

Si « tout est coaching » alors rien n'est « coaching »... L'abus de l'emploi du terme entraîne une dérive qui n'a rien à voir avec la finalité d'un coaching appréhendé comme démarche d'accompagnement. N'est pas coach qui veut et s'intituler « coach » n'est pas en soi une garantie. Pour celui qui souhaite être « coaché », la seule mention « coach » n'est ni la garantie d'une réelle démarche de coaching, ni la garantie d'un professionnalisme. La pratique du coaching est exigeante et ne peut s'improviser. Il en va du coaching comme des autres métiers. Ainsi, le coach doit être formé et supervisé. Il doit avoir une pratique du coaching cohérente et adaptée au monde professionnel. Et c'est, par ailleurs, un des enjeux du « coaching orienté solution® ».

Chapitre 2

Le coaching dans le monde du travail

« Le sens de la réalité n'exclut pas une orientation morale mais au contraire l'accompagne. »
Vaclav Havel

Dans le précédent chapitre, nous avons abordé le coaching comme un phénomène qui se généralise. Or, avant cette omniprésence, le coaching en tant que démarche d'accompagnement est d'abord apparu dans le monde professionnel et dans celui de l'entreprise tout particulièrement. Il paraît essentiel, pour saisir les enjeux du coaching dans le monde du travail, de le situer dans son environnement sociétal et dans son contexte socio-économique.

Mettre en perspective le coaching avec le contexte dans lequel il se déploie, c'est par là même l'envisager dans ses possibilités, ses finalités autant que dans ses limites. Contrairement aux apparences, ses développements dans le monde du travail ne tiennent ni du hasard ni de l'effet de mode. Ils ne sont pas non plus un « allant de soi ». Il appartient au coach de prendre du recul pour interroger ses positions, ses postures. Pour les professionnels s'ouvre alors un espace de questionnement dont l'éthique est l'objet central.

Alors que le coaching est souvent décrit comme un « révélateur » de potentiels, de talents pour les individus, son introduction dans le champ professionnel vient révéler ce qu'il en est de la relation du sujet au travail. Il devient aussi révélateur des nouvelles contradictions des organisations, des nouvelles modalités d'engagement attendues des managers et, plus généralement, de chacun.

Mobiliser l'ensemble des acteurs du coaching sur une réflexion relative aux fondements, aux enjeux, aux finalités est la meilleure garantie pour que celui-ci ne se transforme pas en un « outil », banalisé et normalisé, mais en un espace de travail singulier, original et centré sur les besoins professionnels.

Business et coaching

Puisant à de multiples sources, et parmi elles, dans le champ sportif, le coaching s'est d'abord développé dans le monde des affaires et de l'entreprise, et ce, de façon confidentielle. Il était à cette époque réservé aux élites dirigeantes des sociétés privées. Ces premiers coachings semblent s'être fondés sur une pratique très inspirée de « l'entraînement ». Pionnier dans le déploiement du « coaching en entreprise », John Withmore[1] montre dans son ouvrage la grande proximité avec le coaching du sportif. Bien que les pratiques se soient élargies, cette porosité avec le monde du sport et l'imaginaire qu'il véhicule n'a pas pour autant complètement disparu de nos jours. C'est d'abord aux États-Unis, dans les années 1980, puis au cours de la décennie suivante en Europe et en France, que le coaching en entreprise est apparu.

Qu'est-ce qui a permis le développement du coaching dans l'entreprise ? À quels besoins venait-il répondre qui ne pouvaient être satisfaits par les dispositifs déjà existants ? En réponse à ces questions, nous avancerons certaines hypothèses. L'émergence du coaching dans le monde des affaires coïncide avec deux événements qui ont profondément bouleversé les organisations du travail.

1. John Whitmore, *Le guide du coaching : entraînement individuel – amélioration des performances*, Maxima, 2e édition, 2002.

Le premier événement est la révolution technologique : elle a, certes, accéléré le mouvement de globalisation et des échanges, mais elle a aussi profondément modifié les modes de travail, la relation au travail et, dans une certaine mesure, les relations professionnelles. Cette révolution a bouleversé notre relation au temps au profit « d'un temps court », celui de l'immédiateté. Nous pouvons – et devons ! – être connectés à tout instant et répondre en temps réel, par exemple, aux sollicitations des courriels. Avec les nouveaux outils de communication, les frontières traditionnelles entre espace professionnel et espace privé tendent à se réduire, voire à disparaître. Ce bouleversement technique a aussi engendré une complexité toujours accrue. Notre monde contemporain est en effet d'une complexité sans égale dans toute l'histoire. Les organisations de travail n'échappent pas à cette complexification. De nouvelles formes d'organisation ont donc vu le jour, rendant les repères habituels obsolètes. Il n'est pas rare que les managers et leurs équipes se perdent un peu dans les dédales organisationnels. Alors que les moyens de communication deviennent très performants et instantanés, il est fréquent d'entendre les acteurs de l'entreprise exprimer leur sentiment de solitude et d'isolement face à la pression du poids des responsabilités.

Ces bouleversements se sont produits au cours de ces vingt-cinq dernières années, soit dans un temps très court. Ils engendrent des situations inédites, complexes et fréquemment paradoxales. Sont alors apparues des problématiques nouvelles, une transformation des liens sociaux et des relations de travail. Des formes nouvelles d'organisation se sont développées en amenant par exemple des acteurs, des managers le plus souvent, à avoir différents types de hiérarchies. Il est fréquent qu'un manager soit assujetti à deux, parfois trois hiérarchies. Il n'est pas rare qu'il soit amené à rendre compte de ses activités à plusieurs acteurs et se retrouve pris(onnier) dans des logiques contradictoires, voire conflictuelles. Les logiques de l'organisation sont interdépendantes. Ainsi, les contraintes hiérarchiques peuvent se trouver en contradiction avec les logiques et contraintes d'un projet, ou encore, avec les contraintes et logiques propres d'une ligne fonctionnelle. Les rapports sociaux, les relations interpersonnelles se trouvent conditionnés par ce type de situation. Conditionnés aussi par la pression du temps et des résultats. Les dimensions du temps, des résultats et des moyens mises en tension vont se traduire dans les modes relationnels d'une part, dans le vécu et l'intériorisation de ces tensions à un niveau individuel d'autre part. Face à cela, les acteurs du management des entreprises doivent imaginer des solutions nouvelles, aiguiser leur réflexion et leur analyse des situations, faire évoluer les styles et les formes de management. Bref, ces bouleversements se traduisent par des effets très concrets, tant sur les modes relationnels que sur les pratiques professionnelles. Comment ne pas faire de corrélation entre coaching et transformations vécues par l'entreprise, alors même que le coaching – du moins une certaine vision de celui-ci – se présente comme une réponse aux besoins des personnes dans leur contexte professionnel ?

Le deuxième événement qui a profondément bouleversé les organisations du travail fait référence à une transformation du modèle économique. Les années 1980 voient l'accession au pouvoir d'acteurs tels Ronald Reagan et Margaret Thatcher, promoteurs d'un nouveau modèle qui ne tardera pas à se « mondialiser ». Le néolibéralisme jette les bases d'un nouvel ordre économique dont l'impact va porter sur les différents acteurs de l'entreprise, en particulier sur les managers. Mais le néolibéralisme n'est pas seulement une doctrine économique. Il est aussi porteur d'une vision idéologique du monde et *in fine* de l'être humain. Ce modèle ne fait pas qu'engager les rapports économiques, il détermine un certaine « politique de civilisation »[1].

Avec le néolibéralisme, il ne s'agit donc pas seulement de limiter le rôle de l'État en matière sociale, économique, juridique, ni même d'élargir à l'ensemble des activités les lois économiques du marché. Il s'agit de soumettre les rapports sociaux, et l'individu dans son existence même, aux lois du marché. Dans cette vision, chacun est invité à développer ses ressources et à se gérer à l'instar d'un capital.

C'est à cet endroit que se trouve un autre point de convergence avec le coaching. Nous ne pouvons occulter le contexte socio-économique, culturel et politique dans lequel le coaching est apparu pour en

1. Edgar Morin, *Pour une politique de civilisation*, Arléa, 2002.

appréhender les ressorts. Comment alors ne pas faire de corrélations entre le coaching dans le monde du travail et le développement d'un modèle de société dans lequel la performance, la compétition, la réussite matérielle, les résultats sont privilégiés ? Un modèle dans lequel chacun est invité à « se » développer, à « se » gérer comme une entreprise ? De quelle façon le coaching participe-t-il de cela ?

L'individu « micro-entreprise »

Nous l'avons évoqué précédemment, nos sociétés modernes sont devenues individualistes. L'individualisme n'est pas à comprendre uniquement comme un effet de repli sur soi bien qu'il soit souvent présenté comme tel. Il est aussi à appréhender dans la place centrale qui est consacrée à l'individu dans notre modèle de société. Il est maintenant acquis comme une évidence que l'individu est une « ressource » de l'entreprise. Et il est intéressant d'observer un déplacement, un basculement du lieu de la ressource. En effet, les individus sont invités à développer *leurs* ressources propres. Aussi est-on passé de « l'individu ressource » aux « ressources de l'individu ». L'entreprise mise sur ce type de ressources pour se développer, faire croître son capital et rester dans la course. Pour optimiser ses ressources, l'individu-manager est engagé à se développer, à « travailler sur lui ». Un autre déplacement va alors s'opérer à la frontière du personnel et du professionnel. Où s'arrête « le professionnel » et ou commence « le personnel » lorsqu'il s'agit de développer ses ressources, ses capacités individuelles ? L'une des spécificités du coaching est d'avoir créé, dans le champ professionnel, un espace individuel engageant le développement de la personne. Cela distingue la nature du coaching des autres formes d'accompagnement professionnel comme le « bilan professionnel », le « bilan d'orientation », le « bilan de compétences », ou encore l'*out-placement*, pour ne citer que les principales. Or, ces formes d'accompagnement professionnel ne visent pas le développement de la personne, mais plutôt celui de son projet professionnel. En revanche le coaching apporte une réponse à la tendance du modèle dominant qui oriente vers le développement des ressources individuelles des acteurs de l'entreprise.

L'« individu micro-entreprise » est l'archétype de l'individu contemporain et moderne. Il est un modèle, pour ne pas dire un idéal valorisé. L'individu micro-entreprise n'est autre qu'un *entrepreneur de lui-même*[1].

Un glissement semble s'opérer des logiques et des règles qui organisent le fonctionnement de l'entreprise et de l'économie à l'endroit des individus. Cela est particulièrement saillant dans les discours véhiculés et dans le langage employé. Il est très intéressant d'observer comment un type de langage – et les formes qui lui sont associées – issu du champ des affaires et de l'entreprise est aussi utilisé pour les individus. Ces glissements sémantiques vont imprimer de nouvelles formes de pensée dont découleront les pratiques sociales.

Ces glissements vont par exemple se retrouver dans des représentations et des pratiques de coaching qui s'appuient explicitement sur l'imaginaire sportif, afin d'établir un parallèle entre le coach d'un manager et l'entraîneur vis-à-vis de son champion[2]. Or, peut-on vraiment considérer que managers et sportifs soient à la même place ? Qu'ils aient des ambitions partagées ? Que leurs contrats de travail sont comparables ?

Des glissements s'observent aussi avec le langage militaire qui a pénétré le monde économique et celui de l'entreprise. Pensons à des termes comme « stratégie », « tactique », « cible », « objectif ». Il en va de même des emprunts au marketing qui glisse vers le langage managérial et s'y installe. Mais l'exemple le plus flagrant est probablement celui qui concerne la terminologie de la gestion appliquée à l'individu : la « gestion de soi ». L'emploi du terme est aujourd'hui tellement évident que l'on n'y prête pas ou plus attention. Et pourtant ! Le mot d'ordre est la gestion, « se » gérer. Il appartient au

1. Pierre Dardot et Christian Laval, *La nouvelle raison du monde. Essai sur la société néolibérale*, Éditions de la Découverte, 2009.
2. Vincent Lenhardt, *Les responsables porteurs de sens. Culture et pratique du coaching et du team-building*, INSEP Éditions, 1995.

manager – et au-delà à chacun, y compris dans la sphère privée – de *gérer* son temps, *gérer* ses émotions, *gérer* sa carrière, *gérer* ses collaborateurs, *gérer* son management, *gérer* les humeurs des uns et des autres, y compris les siennes, *gérer* son potentiel... Il sera tout aussi essentiel au manager de *capitaliser* ses réussites et ses échecs, de *capitaliser* ses expériences. Il lui faut également apporter la meilleure *plus-value* tout en développant le *capital* de compétences de ses équipes. Il doit par ailleurs être attentif aux *retours sur investissement* des actions engagées, des solutions expérimentées, des décisions qu'il a prises. Mais gérer n'est qu'une étape, ce n'est pas une fin en soi, il est aussi nécessaire de *maximiser* les performances, les résultats... Ces glissements sémantiques induisent de nouvelles représentations de soi dont il est saisissant de constater les effets sur les personnes quand les mots passent ainsi d'un champ à l'autre, transportant l'imaginaire qui leur est associé.

L'« individu micro-entreprise » n'est pas seulement soumis aux lois de la gestion. En toute logique, il l'est aussi à celles de l'évaluation qui connaît un essor et un engouement très forts. Parce qu'une bonne gestion suppose la normalisation, l'évaluation, réduite à une dimension instrumentale qui procède par la « mesure », tend à devenir une composante essentielle des activités. Et pas seulement dans le champ professionnel et dans celui de l'entreprise, puisque ce phénomène, cette posture idéologique, est aussi à l'œuvre dans les domaines de la santé, de l'éducation, etc. La statistique est sacralisée, le chiffrage est permanent avec l'illusion de rendre toujours plus visible et transparent ce qui, par nature, ne peut l'être.

Cela vient questionner le coaching et ses finalités, interroger le coach sur son rôle et sur ce à quoi il participe par sa pratique.

Management et coaching

Ce sont les managers qui bénéficient le plus du coaching dans l'entreprise. Soit parce qu'ils le demandent pour eux-mêmes, soit parce qu'il leur est prescrit par leur hiérarchie. Il est manifeste que le management, dans ses orientations, ses pratiques et sa « posture », évolue sous les effets du contexte socio-économique. La recherche de l'efficacité managériale est d'autant plus essentielle que les modèles d'organisation fondés sur le pouvoir hiérarchique disparaissent et que les économies sont en état de crise quasi permanent depuis le premier choc pétrolier.

Dès la fin de la Seconde Guerre mondiale est apparue progressivement la nécessité de créer des relations hiérarchiques dans lesquelles l'échange, le dialogue, prenait une place plus importante. La pratique du pouvoir managérial s'est ainsi transformée pour aller dans le sens d'une recherche d'adhésion. Il ne s'agit plus de « faire obéir », mais bien de « faire adhérer ». Changement radical de perspective. L'image du manager « leader » qui s'est développée au cours des années 1970 en est le meilleur exemple. Et, dans un monde où la « guerre économique » fait rage, il n'est pas suffisant pour une entreprise d'être performante, elle doit être la meilleure. Ainsi, exploiter au mieux les ressources individuelles – en particulier les capacités comportementales et psychiques – devient une clé et donc un enjeu. Le management se retrouve avec un nouveau rôle à jouer pour faire émerger et mobiliser les ressources. Afin de mieux solliciter les ressources de ses collaborateurs et pour donner l'exemple, le manager va engager ce « travail sur soi » supposé conduire aux ressources qui doivent faire la différence dans un contexte hyper-compétitif. N'y aurait-il pas un risque possible que le coaching participe à une hyper-responsabilisation des individus qui consisterait à leur attribuer des responsabilités qui relèveraient en réalité de la dimension collective ou organisationnelle ?

Le management n'échappe pas aux effets de mode. La littérature managériale est à cet égard très révélatrice. Ce peut être le « manager minute » dont parlent David Autissier et Frédéric Wacheux lorsqu'ils expliquent au lecteur de leur ouvrage[1] qu'*« il s'agit non seulement d'accroître la productivité et les profits de son entité, mais aussi de contribuer à l'épanouissement des membres de son équipe »*. Et ils ajoutent que *« cette quête initiatique du manager idéal ne manque pas d'interpeller*

1. David Autissier et Frédéric Wacheux, *Manager par le sens : les clés de l'implication au travail*, Eyrolles, 2006.

par sa simplicité et sa limpidité ». Mais c'est aussi une constellation d'ouvrages qui vont des *Cent règles d'or du management* au *Management de la créativité*, en passant par *Le management des compétences*, *Le management de la connaissance*, *Le management stratégique*, *Le management situationnel*, *Le management intégré, Le management des idées et de la créativité*, et même *Manager en restant vous-même*... Autant de publications qui laissent entendre que le manager serait un « homme-orchestre », autant dire un mouton à cinq pattes ! Des ouvrages tels que *Manager par le sens* montrent également le déplacement qui s'est opéré d'un management centré sur la compétence à un management orienté par les valeurs et le « sens », et où le coaching est associé dans le rôle qu'il peut tenir pour y tendre. Le savoir-faire du manager n'est plus l'enjeu, la clé est maintenant son savoir-être. Le « savoir-être » du manager, concept aux contours assez flous, vient fréquemment désigner les capacités relationnelles du manager et son style de leadership. Avec le savoir-être, c'est un tout autre registre de compétences, d'aptitudes, de qualités personnelles qui sont maintenant valorisées. Le manager se doit de donner l'exemple et de transmettre ce savoir-être pour obtenir un engagement subjectif plus fort de chacun dans l'entreprise.

La représentation d'un idéal managérial tend à se créer à partir de valeurs qui finissent par agir comme des normes. Pour s'en convaincre, la littérature du management n'a pas son pareil. Par-delà les effets marketing, le concept de « manager-coach », par exemple, relève de cet idéal managérial qui, de surcroît, recèle un paradoxe insoluble. Car il y a une antinomie radicale entre le coach et le manager : alors que ce dernier est en position hiérarchique, le coach n'a, quant à lui, aucun pouvoir à exercer. La nature de la relation coach/coaché et manager/managé ne se fonde pas sur des paradigmes et finalités équivalents. L'idéal managérial suggère un manager autonome et responsable, sachant faire face à la complexité et prendre les bonnes décisions en temps réel, un manager qui sait prendre des risques sans mettre en péril l'entreprise, son service ou encore son équipe, un manager qui s'engage, cherche à se dépasser, à repousser ses limites, faisant preuve de réactivité et sachant accompagner la permanence du changement. Un manager qui est aussi proactif, naturellement orienté vers la communication et la relation, ouvert à son intuition, qui sait utiliser son intelligence émotionnelle et dont le charisme fait autorité…

La dimension « communicationnelle » est omniprésente dans l'entreprise, il semble bien qu'elle soit devenue aussi la pierre angulaire du management. C'est d'ailleurs ce que nous retrouvons par le biais des types de demandes de coaching adressés par les entreprises. La capacité de communication et d'expression du « leadership » du manager apparaît décisive.

Le coaching du point de vue de l'entreprise

Dans la perspective de mieux appréhender le coaching et son utilisation dans l'entreprise, différentes classifications ont cours. Foisonnantes, elles ont comme finalité un repérage des besoins et une mise en adéquation avec un coaching adapté. Cette formalisation est le plus souvent réalisée soit par les professionnels eux-mêmes, soit par l'entreprise qui a accumulé une expérience du déploiement du coaching. Trois types de critères sont classiquement utilisés pour ce faire. Ils sont liés :

- aux besoins et à la demande : coaching de management, coaching de leadership, de relation ;
- aux fonctions et aux rôles de la personne coachée : coaching de dirigeants, coaching de managers ;
- aux contextes particuliers : coaching de prise de poste, coaching en situation de crise (de conflit, par exemple), coaching sur un enjeu important, une échéance-clé comme une prise de parole.

Peu d'estimations existent sur le marché du coaching, que ce soit en termes de chiffre d'affaires ou de nombre de coachs dans notre pays. Or, elles vont du simple au double ! Autant dire qu'il n'y a pas de données fiables pour cerner quantitativement le coaching dans l'entreprise.

Sur le plan qualitatif, des études partielles donnent des indications intéressantes sur la perception du coaching par « l'entreprise ». En particulier, citons l'étude du syndicat SYNTEC – Conseil en évolution professionnelle[1]. Elle porte sur les clients des cabinets membres de ce syndicat, clients qui ont la particularité d'être principalement de grandes entreprises, les personnes ayant répondu à l'étude étant très majoritairement les DRH et RRH. Les données de l'étude mettent en évidence que dans l'entreprise le coaching est essentiellement « prescrit », c'est-à-dire demandé par un tiers. Ce point sera développé dans le chapitre suivant. L'étude fait apparaître que les acteurs-prescripteurs de l'entreprise appréhendent le coaching comme un moyen de « renforcement des capacités managériales dans les situations à fort enjeu » autant que comme un « outil efficace pour le développement professionnel ». Au-delà du manque de précision de ces formules, nous voyons bien que le recours au coaching est fondé sur le développement des capacités et des pratiques de management. Il est perçu comme une « méthode » et un « outil ». Réduit à sa dimension technique et instrumentale, il n'est pas compris comme pouvant amener à une réflexion approfondie sur le rapport au travail d'une personne alors même qu'il permet de mettre au travail des dimensions subjectives qui ne peuvent réellement s'exprimer ailleurs. Il est montré également que le coaching est plus particulièrement mis en œuvre sur des thèmes clés :

- amélioration du leadership, du style de management, élargissement des responsabilités ;
- amélioration de son fonctionnement avec son équipe ;
- accompagnement sur un « enjeu fort » ;
- accompagnement à la prise de poste.

Nous voyons comment, au travers des différents thèmes, le coaching s'inscrit dans les mutations de l'entreprise et les orientations du modèle sociétal exposées précédemment. Ces thèmes, et plus généralement les demandes adressées aux coachs par les entreprises, sont porteurs de normes implicites. Il appartient aux coachs de les questionner, c'est-à-dire de les travailler.

---

1. SYNTEC – Conseil en évolution professionnelle : étude consultable sur le site *www.syntec.evolution-professionnelle.com*

Il nous paraît vital que le coaching ne soit pas pensé par les professionnels comme un service qui chercherait à répondre à la demande de façon « mécanique », en la prenant comme telle. Nous voyons là une position éthique.

De l'éthique…

En effet, combien de coachings s'engagent sur la base notamment de :

- la « gestion de soi » ;
- la recherche d'une plus grande performance ;
- un développement de la personne corrélé à une meilleure connaissance de soi ?

Au-delà des différents codes de déontologie existants, l'augmentation des demandes de coaching amène le coach à réfléchir sur son éthique.

Cette attitude devrait être un réflexe et donc se manifester systématiquement. Les questions éthiques ne peuvent trouver de réponses définitives et « prêtes à l'emploi ». L'éthique est de l'ordre de la position personnelle. Il appartient au coach de s'interroger sur sa place, sur son rôle et sur ce à quoi il contribue par son intervention. Cette démarche réflexive ne saurait faire abstraction des conceptions philosophiques de l'éthique. Notamment, l'éthique des vertus, d'après Aristote, l'éthique des devoirs, d'après Kant, et l'éthique de la liberté, d'après Spinoza, dont l'œuvre tente de concilier déterminisme et liberté. Celle-ci conserve donc toute son actualité ! Si le coach ne peut faire l'économie de cette réflexion, n'en va-t-il pas de même pour le manager ? Le coaching sera alors être cet espace dans lequel le manager élaborera une pensée pour une éthique managériale.

Le coaching est-il condamné à n'être que l'instrument d'une *servitude volontaire*[1] au service d'une performance à renouveler sans cesse ? Une

1. Eugène Enriquez, *Jeux du pouvoir et du désir dans l'entreprise*, Desclée de Brouwer, 1997.

démarche nouvelle dans l'entreprise pour que chacun se connaisse mieux, devienne lui-même et réalise ainsi l'adage socratique ? Peut-on exclure une dimension normative liée au coaching ? Doit-on le concevoir comme un « outil » ? Comme une démarche fondée sur une rencontre, sur l'altérité ? N'est-il qu'un euphémisme nouveau permettant de masquer un peu plus les problématiques des acteurs de l'entreprise ?

Et le coach ? Quelles valeurs soutiennent son projet et sa pratique ? Par quelle vision du monde est-il animé et comment se traduit-elle dans sa praxis ? Ces questionnements doivent inviter la personne du coach à construire ses repères épistémologiques, à identifier son système de valeurs mais aussi la posture idéologique qui est la sienne pour définir au service de quoi il se met, dans le cadre de l'entreprise.

L'un des enjeux de la première partie du présent ouvrage a pour ambition d'apporter une contribution à cette réflexion sur le métier de coach.

L'avenir du coaching dans le monde professionnel

Le déploiement du coaching dans le champ professionnel ne va pas de soi. Alors qu'il répond à des besoins spécifiques liés aux évolutions de l'entreprise, le risque de son instrumentalisation n'est pas exclu. Entre démarche normative d'un côté et humaniste de l'autre, le coaching et le coach doivent trouver leur voie singulière. Le débat conserve toute son actualité entre les professionnels et les acteurs concernés (prescripteurs, coachés, clients...) pour qui le coaching est une pratique, là où pour d'autres il est un métier et pour d'autres encore, une profession.

Par ailleurs, ce débat met en exergue que le coaching dans le monde professionnel n'a pas acquis sa pleine maturité, et que ce processus est en marche.

Afin que le coaching ne devienne pas un « outil » parmi d'autres au service du développement des ressources humaines de l'entreprise, il va lui falloir développer son socle épistémologique, dégager des pratiques en cohérence avec son objet, ses finalités et le contexte dans lequel il se met en œuvre. Ce sont notamment ces enjeux qui ont donné naissance au modèle « coaching orienté solution® » auquel la seconde partie de l'ouvrage est totalement consacrée. Ils sont d'ores et déjà mis au travail, notamment au sein des organisations professionnelles de coachs. Parmi les principales, mentionnons la Société française de coaching (SFCoach©), l'International Coach Federation (ICF), la Fédération francophone de coachs professionnels (FFC-Pro), l'Association européenne de coaching (AEC).

À l'évidence le coaching, comme démarche d'accompagnement dans l'espace professionnel, va devoir s'extraire des amalgames et autres mélanges de genres dont nous avons donné quelques exemples dans le précédent chapitre. Il appartient aux professionnels exerçant le coaching d'élaborer leurs pratiques, de les questionner, de les expliciter afin de pouvoir rendre compte de ce qu'ils font. Les associations professionnelles de coachs jouent aussi un rôle déterminant sur ces questions.

Le coaching dans le milieu professionnel suppose une clarification de la place et des enjeux du « développement personnel ». Si le coaching dans ce contexte ne peut se résumer, se réduire à une démarche de développement personnel, les articulations entre *développement professionnel* et *développement personnel* doivent être travaillées. La nature même de ce que l'on appelle développement personnel, dans le contexte de coaching en milieu professionnel, a besoin d'être questionnée, définie et délimitée – étape essentielle pour questionner ensuite les pratiques du coaching, leur adaptation à son contexte et à ses finalités.

Enfin, il parait essentiel que le coaching professionnel construise son identité propre afin de s'affranchir de ses origines, c'est-à-dire du milieu sportif. Le monde de l'entreprise et le monde sportif ne sont et ne sauraient être comparables. Le manager ne peut être assimilé à un finaliste de Roland Garros. Les métaphores produites par le déplacement d'un champ à un autre sont peut-être séduisantes en matière de communication, mais elles peuvent s'avérer redoutables dans les effets qu'elles induisent et les impasses dans lesquelles elles conduisent. Sur ce point comme sur d'autres, nous ne pouvons faire l'économie d'une réflexion de fond sur les fondements d'une pratique du coaching dans le champ professionnel. Une réflexion qui est aussi une position éthique.

En résumé

On ne peut dissocier les développements du coaching dans le monde professionnel des conditions dans lesquelles il est apparu. Mener une réflexion critique et s'ouvrir aux arguments qui sont opposés au coaching et aux coachs sont des conditions indispensables pour permettre aux professionnels d'alimenter leurs questionnements. Prendre en compte les effets de l'environnement, le mettre en perspective avec la pratique du coaching professionnel, a comme enjeu la construction d'une identité propre et durable à ce métier encore émergent. La position éthique du coach va s'avérer déterminante au regard du champ particulier dans lequel le coaching s'exerce : les organisations de travail. Et la question de sa place dans le dispositif de coaching ne saurait être éludée.

Chapitre 3

Vers le coaching professionnel

> *« L'ouvrier qui veut bien faire son travail doit commencer par aiguiser ses instruments. »*
>
> Confucius

Ainsi que nous l'avons décrit dans les pages qui précèdent, le coaching se présente comme un phénomène de société. Son développement dans les entreprises, et plus largement dans le champ professionnel, s'inscrit dans une tendance, un environnement social et économique générateur de besoins auxquels le coaching ouvre un espace de réponses.

Relier le coaching au temps et à l'histoire, c'est pouvoir en questionner les fondements, les orientations et les impasses. Le coaching est une démarche d'accompagnement. Par conséquent, il s'inscrit dans la longue tradition des pratiques de l'accompagnement. La source liée au monde du sport ne saurait rendre compte de sa richesse. Le coaching ne saurait donc être ni assimilé à l'entraînement sportif ni réduit à cette source qui lui a néanmoins donné une coloration particulière. Dans les ouvrages et publications sur le sujet, il est fréquemment associé à la maïeutique, en référence à Socrate. De ce point de vue, le coaching puise ses références et trouve sa place dans l'histoire ancienne des démarches d'accompagnement. Sur ces aspects, nous invitons notre lecteur à se reporter à l'ouvrage de Reine-Marie Halbout[1].

Or, si le coaching est un accompagnement, tous les accompagnements ne sont pas pour autant du coaching. Il y a donc un certain nombre de caractéristiques spécifiques du coaching en tant que démarche singulière. De multiples dispositifs existent dans le champ professionnel. Le coaching vient y prendre sa place sans se substituer, par exemple, aux bilans de compétences, *out-placement*, bilans professionnels, ou bilans d'orientation.

Pour que le terme coaching ait un sens, il est indispensable qu'il soit défini dans un champ et par un ensemble de caractéristiques déterminé. De nombreux ouvrages développent de façon détaillée et argumentée les composantes génériques du coaching. Notre ambition dans ce chapitre sera de nous centrer sur les caractéristiques du coaching professionnel, de les développer en les construisant comme des repères structurants.

Les caractéristiques du coaching comme accompagnement professionnel

Il existe de nombreuses définitions du coaching. Certaines sont formulées par des organisations professionnelles de coachs, d'autres le sont de façon individuelle par des praticiens. Cette multiplicité des définitions autant que leurs sensibles différences soulignent à nouveau, si besoin était, l'hétérogénéité du coaching quant à son champ, sa nature et son objet. La définition du coaching donnée par la Société française de coaching – SFCoach© – est celle que nous privilégions en ceci qu'elle rejoint notre conception : « Accompagnement de personnes ou d'équipes pour le développement de leurs potentiels et de leurs savoir-faire dans le cadre d'objectifs professionnels (2009). » Cette formulation ne peut se soustraire aux contraintes que posent toutes les définitions. Elles ne peuvent être que générales,

1. Reine-Marie Halbout, *Savoir être coach : un art, une posture, une éthique*, Eyrolles, Éditions d'Organisation, 2009.

partielles et finalement vagues. Néanmoins cette définition pose trois éléments essentiels. En premier lieu, le coaching y est défini comme un accompagnement (individuel ou d'équipe) ; en second lieu, son objet est le développement des potentiels et des savoir-faire ; en troisième lieu, il est fondé sur des objectifs d'ordre professionnel. Identifions maintenant les principales composantes du coaching appréhendé comme un « accompagnement individuel dans un cadre professionnel ».

Demande du coaching

La *demande* fonde toute démarche d'accompagnement. Il ne peut y avoir de coaching que là où une demande est exprimée. Dans notre vision, la demande est formulée dans le champ professionnel. Exprimée par la personne, voire par un tiers, elle se structure autour de différents niveaux comme le contexte, des éléments historiques, des éléments relatifs aux difficultés et aux problèmes rencontrés. La demande est ainsi portée par un ensemble de vécus, de sentiments, d'émotions, et par différentes expériences issues de la vie professionnelle. Sous forme d'attendus vont également s'exprimer des éléments partiels ou potentiels d'objectifs et de solutions. La demande indique aussi des besoins, des motivations, des attentes, tant vis-à-vis de soi-même que des autres. Elle contiendra également sa part d'idéal et d'utopie. Elle se présente comme une toile de fond complexe, donnée à voir à travers l'évocation et les descriptions apportées par la personne. Elle est nécessairement large, vaste et comporte différents axes potentiels de travail pour la personne. Des exemples sont exposés dans la deuxième partie de l'ouvrage.

Deux composantes définissent sa nature.

- D'une part, c'est une demande d'aide adressée par une personne aux prises avec :
- un objectif qu'elle n'arrive pas, seule, à atteindre ;
- des difficultés ponctuelles ou récurrentes auxquelles, seule, elle ne peut apporter de réponse ;
- un problème face auquel toutes les tentatives de solutions, toutes les initiatives déployées pour le résoudre n'ont pas abouti.

Elle est adressée au coach supposé être en mesure d'apporter l'aide nécessaire et attendue.

- D'autre part – autre composante venant caractériser le coaching professionnel – c'est une demande de changement souhaité et défini par la personne coachée. Ainsi, le dispositif de coaching vise à créer les conditions de la réalisation du changement voulu.

Objectif du coaching

Nous l'avons écrit, il s'agit dans un premier temps – et c'est « vital » – de mettre au travail la demande de coaching, c'est-à-dire en faciliter l'expression et en permettre l'élaboration dans ses dimensions historiques, contextuelles, et dans ses enjeux. Cette étape va aboutir à la formulation d'un objectif qui deviendra l'*objectif du coaching*. Construit par la personne – avec le concours du coach – il correspond à la cristallisation d'un aspect de la demande ou d'un ensemble d'éléments qui la compose. Il est à la fois axe de travail et but du futur coaching. Sa formulation aura toute son importance car il sera exprimé avec les mots mêmes de la personne. Ce sera donc bel et bien l'objectif de la personne – et non celui du coach –, la pierre angulaire sur laquelle s'appuiera la singularité du coaching. Cette démarche est un des éléments clés du contrat de coaching professionnel.

En lien avec l'objectif s'avèrent déterminants le contexte particulier dans lequel le coaching est demandé et la configuration dans laquelle celui-ci s'inscrit. En situant le coaching comme un « accompagnement individuel dans un cadre professionnel », trois configurations qui déterminent celui qui « demande » et celui qui « paie » peuvent alors se présenter : a) *coaching prescrit*, quand ce sont les acteurs des entreprises ou des organisations publiques qui le sollicitent pour un tiers – dans ce cas, il est financé par l'entreprise ; b) *coaching non prescrit*, lorsqu'il est demandé par la personne qui, dans l'entreprise, est en situation de le décider pour elle-même (cadre dirigeant, PDG…) ou par une personne qui, après en avoir fait la demande auprès de son entreprise, a reçu un accord de celle-ci – il est alors financé par l'entreprise ; c) *coaching à titre privé*, lorsque la personne est à l'origine de la démarche en dehors de tout lien avec l'entreprise – il est dans ce cas financé à titre privé.

- Dans le cas du *coaching prescrit* pour un collaborateur, un manager dans la plupart des cas, la demande émane du responsable hiérarchique ou encore d'un responsable des services des ressources humaines. Cette configuration va impliquer une relation tripartite entre l'entreprise, le collaborateur et le coach. Elle supposera de mettre au travail deux niveaux de demandes : l'une exprimée par « l'entreprise », l'autre par la personne susceptible de s'engager dans le coaching.
- Dans le cas du *coaching non prescrit*, pour un manager qui souhaite s'engager dans un coaching pour lequel son entreprise a donné son accord, un cadre dirigeant, le dirigeant, une personne indépendante, en profession libérale par exemple : il n'y a pas de « tiers » prescripteur, c'est-à-dire de « tiers » ayant une légitimité, une demande et des attentes de changement. Toutefois, prescrit ou demandé à l'initiative du bénéficiaire, le coaching est financé par l'entreprise. Les tarifs d'une séance vont être compris entre cinq cents et huit cents euros.
- Enfin, troisième configuration, le *coaching demandé à titre privé*. Il se déroule en dehors de tout lien avec l'entreprise de la personne qui s'engage dans la démarche. De notre point de vue, bien que demandée et menée dans un espace privé, la démarche ne pourra bel et bien correspondre à du coaching que si la demande est ancrée dans le cadre professionnel. Les types de demandes peuvent être en rapport avec un emploi actuel, un projet professionnel, une recherche d'emploi. Dans ce cadre, le coût du coaching est financé par la personne. Les tarifs sont généralement compris entre soixante-dix et cent vingt euros par séance.

Objet et finalité du coaching

Une fois le coaching défini comme démarche d'accompagnement individuel à partir d'un objectif dans un cadre professionnel impliquant un changement se pose alors la question de la nature de ce changement. Précisons que nature du changement et finalité du coaching sont étroitement liées. Ainsi, de quelle vision du changement s'agit-il ? Elle est variable selon la définition des différentes organisations professionnelles. Pour l'International Coach Federation (ICF), il s'agit pour le client d'« obtenir des résultats concrets et mesurables dans sa vie professionnelle et personnelle, à travers le processus de coaching : il approfondit ainsi ses connaissances et améliore ses performances ». Pour la Société française de coaching (SFCoach©), le changement permet « le développement des potentiels et des savoir-faire ». Pour la Fédération francophone de coachs professionnels (FFC-Pro), il est envisagé comme « la prise de conscience par une personne (ou un groupe/une équipe) de ses modes de fonctionnement, avec l'objectif de dépasser la situation dans laquelle elle se trouve ».

Sur cet aspect visant à définir le changement en tant qu'objet du coaching, ces différentes propositions ont en commun d'être larges, c'est-à-dire vagues. En effet quel sens donner à « approfondir ses connaissances » ? De quelles connaissances s'agit-il ? Qu'est-ce qu'un « potentiel » entendu comme potentiel humain ? Que signifie « dépasser la situation » ? Cette terminologie permet de construire des définitions qui, dans une formule ramassée, ne sont manifestement pas en mesure de rendre compte de l'objet du coaching. Les termes qui constituent ces définitions peuvent paraître évidents, d'autant qu'ils impliquent une forte dimension implicite. À chacun donc d'y donner sens.

Le changement dont il est question dans le coaching implique la personne elle-même dans son contexte professionnel. L'assimilation du coaching à une démarche de développement personnel tendrait vers une focalisation exclusive sur la personne, faisant du même coup disparaître l'entreprise. Dans cette perspective, le coaching professionnel s'inscrit dans le champ des interventions psychosociologiques. Cela ne fait pas du coach un psychosociologue, mais un professionnel qui travaille en tenant compte de différents niveaux, de différentes dimensions, d'intérêts multiples, d'enjeux divers, de jeux d'acteurs et de pouvoir, replaçant sans cesse la personne coachée dans son contexte élargi. Pour ce faire, il va s'installer dans une posture qui autorisera une mise au travail des éléments et des contenus exprimés par la personne. Dans la relation de coaching, son travail sera de proposer à la personne un espace de questionnement qui lui permettra d'élaborer ses propres réponses. D'où la référence à la maïeutique. Le ressort du coaching repose sur l'hypothèse que la personne possède les savoirs, les réponses, les solutions dont elle a besoin. Le savoir est alors du côté de la personne coachée. L'intervention du coach vise à permettre à la personne d'accéder à ses savoirs qu'elle pense ne pas posséder, savoirs qu'elle suppose en revanche à son coach. Ce qui signifie que le coaching s'engage sur une ambiguïté liée au rapport au savoir. C'est parce que la personne suppose au coach un savoir sur elle et sur les réponses à ses questions qu'elle s'engage dans le coaching, là où le coach va orienter son intervention vers la personne, seule détentrice des réponses à ses questions, des solutions à ses difficultés. Cette ambiguïté, au moins dans un premier temps, sera le moteur même du processus d'accompagnement. Cette relation particulière au savoir crée une différence fondamentale avec d'autres dispositifs, par exemple fondés sur une démarche pédagogique ou de conseil. De la part du coach, elle implique de la distance vis-à-vis de la personne coachée, vis-à-vis de la « pression » du résultat, et de soi-même en tant que coach.

Pour amener la personne à trouver en elle-même et par elle-même les réponses à ses questions et les solutions à ses problèmes, le coach s'appuie sur une technique et une compétence particulières de questionnement. En lien avec sa fonction « miroir », il va poser des questions visant à élargir le champ de perception de la personne, à envisager les situations sous d'autres aspects, à déconstruire et à reconstruire différentes façons d'appréhender et de penser la réalité. Ce processus amène à un décentrement de la personne. Elle expérimente ainsi d'autres points de vue et interprétations possibles. Ce questionnement permet également de générer des niveaux d'information qui peuvent ne pas avoir été perçus ni pris en compte par la personne. Il a aussi comme effet une prise de recul de la personne sur son environnement et sur les contextes professionnels quotidiens dans lesquels elle vit. Cette prise de recul est du reste indispensable afin que puisse être envisagée la réalité dans ses différentes dimensions et sous des angles multiples. Pour générer un questionnement porteur et constructif, le coach devra avoir renoncé à savoir pour l'autre…

Comme nous venons de le montrer, le coaching s'engage sur une certaine ambiguïté : la personne vient chercher les réponses à ses problèmes auprès du coach, alors qu'il va, au contraire, favoriser chez elle la construction de réponses singulières. Mais le coaching est aussi marqué par d'autres paradoxes que nous allons chercher à expliciter. Si le coaching vise à ce que la personne trouve elle-même la solution, alors coach et coaché sont pris dans un paradoxe avec lequel il va falloir composer. Il pourrait se résumer et se formuler ainsi du point de vue de la personne coachée : « Comment vais-je trouver seul ce que je ne trouve pas seul (puisque j'ai un coach) ? Comment puis-je être aidé pour trouver seul ? Et dans ce cas aurais-je trouvé seul ? » Autre paradoxe : le coaching est présenté dans ses finalités comme favorisant l'autonomie des personnes ! Le paradoxe peut également être lié à une demande, un objectif de coaching en lui-même paradoxal. De ce point de vue, il n'est pas rare que les demandes de coaching reflètent les paradoxes de l'organisation. Nous pouvons illustrer ce point avec le cas suivant : Christophe a 40 ans et dirige un service marketing. Son manager hiérarchique et lui sont d'accord pour qu'il se fasse coacher pour le « booster », qu'il soit « plus dynamique » (bien qu'il le soit déjà), qu'il « insuffle énergie et passion » dans l'équipe et que surtout le coaching lui permette de prendre du recul en apprenant à se détendre, car le manager de Christophe le trouve trop stressé… Christophe est parfaitement d'accord pour engager un coaching et « repousser les limites ». Il vise une promotion qu'il espère pour bientôt. Pourtant, chez Christophe des signes de surmenage sont observables ! Dans ce cas, la dimension paradoxale est évidente. Elle est le reflet des messages paradoxaux qui circulent probablement dans l'entreprise. Ce type de demandes paradoxales pose au coach de nombreuses questions – mais il les aura travaillées dans l'espace approprié de la supervision, et ce point sera développé plus loin au cours de ce chapitre. Elles peuvent notamment prendre cette forme : Comment concilier la dimension d'humanisme du coaching avec les impératifs de performance économique auxquels les entreprises sont soumises ? Comment concilier gestion de la performance et développement professionnel ?

Ces dimensions paradoxales ne peuvent trouver une réponse définitive. Les coachs ne doivent pas être dupes des situations dans lesquelles ces paradoxes sont présents. Ils doivent clarifier autant que nécessaire leur position et ce à quoi ils participent par leurs interventions. Ces situations engagent les notions de cadre, de déontologie et d'éthique.

Cadre du coaching professionnel

Le cadre pose les limites que le coach devra maintenir tout au long des séances. Le sens premier du cadre est de délimiter ce qui est possible et ce qui ne l'est pas dans l'espace de coaching et dans la relation de coaching. Installer un cadre permet de poser des repères communs et partagés entre coach, client, coaché, d'identifier les rôles et les places, d'appréhender les règles. Il instaure également la nécessaire distance à partir de laquelle un travail va pouvoir s'engager. De fait, le cadre a une fonction structurante autant qu'il est un support pour le coaching. Il autorise les moyens d'action du coach, il favorise un sentiment de sécurité indispensable pour la personne coachée. Il n'est pas par essence rigide, des modalités peuvent être ajustées à chaque coaching, à chaque personne. Il appartient au coach professionnel de manier le cadre dans le sens des intérêts du coaching et de la personne coachée. Le coach doit chaque fois déterminer ses marges de manœuvre, identifier ce sur quoi il doit tenir bon et ne pas céder. Le cadre est un réel socle sur lequel se construit la relation de coaching et à partir duquel un travail peut s'effectuer. *A contrario*, une absence de cadre qui donnerait l'illusion d'un « tout est possible » serait non seulement dommageable pour le travail de coaching, mais il pourrait l'être aussi pour les personnes. Ainsi, loin d'être une contrainte, le cadre offre un espace de possibilités et de responsabilités.

L'établissement d'un cadre n'allant pas de soi, il est indispensable d'en parler avec les personnes impliquées chaque fois que ce sera nécessaire. Le cadre n'est jamais posé une fois pour toutes. Viennent se cristalliser autour de lui les questions de la relation à la règle, aux lois et, *in fine*, à la Loi. Or, chacun entretient un rapport qui lui est propre avec ces dimensions ; cela vaut pour la personne coachée comme pour le coach. Le cadre du coaching passe en premier lieu par la notion intériorisée qu'en a le coach. Les éléments du cadre ne vont s'étayer que sur la représentation qu'il en porte. Son efficience est d'abord fondée sur l'intégration qu'il en a faite.

Trois éléments principaux constituent le cadre du coaching : l'objectif, le contrat et le code de déontologie.

- *L'objectif* fonde la raison d'être du coaching, sa finalité. Le coach s'engage à accompagner la personne sur la base de l'objectif qui a été convenu. Il s'engage à créer les conditions et à mobiliser les moyens nécessaires pour l'atteindre. Une fois déterminé, l'objectif est accepté dans le cadre du coaching. L'objectif, élément structurant du coaching, devient de fait un élément du cadre.
- *Le contrat* de coaching va lier le coach et l'entreprise tant sur les plans commerciaux que juridiques. Mais au-delà le contrat va fixer les modalités définies entre les différentes personnes impliquées par la démarche de coaching : le nombre, la durée et le rythme des séances. Précisons qu'il n'y a pas de règle pour fixer ces éléments de fonctionnement. Cela dépendra du contexte, de l'objectif mais surtout de la pratique du coach. Précisons néanmoins que :
  - Le *nombre de séances* se situe dans une fourchette allant de cinq à douze rencontres programmées, en général dans un intervalle de deux à quatre semaines. Le rythme de déroulement conditionnera la durée du coaching. La durée des séances peut, quant à elle, osciller entre 1 heure 30 et 3 heures. Le nombre de séances étant fixé initialement, la durée du coaching s'en trouve déterminée. Cette limitation du coaching, dans le temps et contractuellement définie, est un élément du cadre.
  - Le *lieu* : il produit des effets sur le coaching ; il n'est pas donc souhaitable qu'il se déroule dans bureau de la personne coachée. La prise de recul, le décentrement auxquels convie le coaching ne seront guère facilités si la personne coachée est

dans son cadre habituel où elle a ses repères et dans lequel elle tient un certain rôle. Le lieu du coaching ne produit pas que des effets de sens, il pose également la question de la confidentialité. Comment la préserver si la configuration des locaux ne s'y prête pas ? Si une salle de réunion dans l'entreprise peut convenir pour la séance, il apparaît beaucoup plus adéquat que la personne se rende dans un autre lieu, hors de l'entreprise. La séparation des espaces est importante d'autant que, pour la personne coachée, le temps du trajet génère une amorce de travail. Les enjeux autour du lieu des séances de coaching sont tels que celui-ci est une composante sensible du cadre.

– Le *code de déontologie* formalise l'ensemble des règles et des devoirs qui régissent l'exercice d'une profession. La déontologie est implicitement portée par les questions éthiques auxquelles les praticiens professionnels peuvent se confronter. Le code de déontologie, en fixant des repères génériques, y répondra pour partie. Toutefois, l'éthique dépasse largement le cadre d'un code de déontologie, qui ne saurait prévoir l'intégralité des situations, des configurations et des problématiques que les professionnels peuvent rencontrer. S'agissant de la pratique du coaching, il existe de nombreux codes de déontologie. Formulés par les associations et les instances professionnelles de coachs, chacun d'eux exprime une certaine vision du coaching, de son champ et de son cadre. En conséquence, les principes de ces différents codes peuvent varier sensiblement. La multiplicité des codes de déontologie n'est pas sans rappeler les multiples définitions du coaching et donc l'aspect protéiforme de l'objet du coaching… Les codes de déontologie, rédigés individuellement par certains professionnels et qu'ils s'appliquent à eux-mêmes, nous apparaissent comme une bizarrerie. Or, ce n'est pas rare ! Il nous semble que non seulement le code auquel chaque professionnel se réfère doit avoir été conçu et formulé par un « tiers » mais que, par ailleurs, celui-ci n'a de sens que s'il est porté par une communauté de professionnels. En France, nous pouvons recenser cinq organisations professionnelles de coachs dont la vocation est nationale ou européenne, voire internationale.

Les associations professionnelles de coachs qui se sont dotées d'un code de déontologie

- La Société française de coaching (SFCoach©)
- L'International Coaching Federation – USA (ICF)
- La Fédération francophone de coachs professionnels (FFC-Pro)
- L'Association européenne de coaching (AEC)
- SYNTEC – Conseil en évolution professionnelle

Ce qui signifie donc cinq codes de déontologie… Il appartient aux coachs de choisir le code sur lequel ils souhaitent s'engager.

Le tableau suivant propose, à partir de critères communs, une comparaison des positions exprimées par les différents codes de déontologie.

Critères retenus	Société française de coaching	International Coaching Federation	Fédération francophone de coachs professionnels	Association européenne de coaching	SYNTEC-Conseil en évolution professionnelle
Qualité profession-nelle du coach	Formation, expérience, supervision. *Art. 1.1*	Ensemble des qualités du coach.	Formation validée ou en cours. *Point 3* Expérience personnelle du coaching. *Point 4* Mise à jour des connaissances. *Point 8*	Formation profession-nelle initiale. *Point 1* S'engage à régénérer sa formation et son développe-ment personnel. *Point 1*	Formation, expérience validées par le cabinet. Développe-ment perma-nent. *Point 1*
Confiden-tialité	Secret profes-sionnel. *Art 1.2* Restitution avec accord du coaché. *Art 3.2*	Confidentialité recommandée. Information donnée au coaché en cas de restitution.	Confidentialité selon la loi du pays. *Point 6*	Tenu par le secret profes-sionnel. *Point 4*	Secret profes-sionnel. Restitution selon défini-tion préalable. *Point 3*

…

Contrat		Contrat écrit.	Contrat écrit. *Point 5*		Contrat commercial entreprise cabinet. Contrat moral coach-coaché. *Point 2*
Obligation de moyens	Obligation de moyens avec recours à un confrère si besoin. *Art 1.5*			Obligation de moyens avec recours à un confrère si besoin. *Point 9*	Mise en œuvre avec tout moyen nécessaire, y compris une expertise. *Point 6*
Supervision	Supervision établie pour les membres accrédités. *Art 1.3*	Recours à un Mentor Coach en cas de difficulté.	Supervision régulière. *Point 7*	A un lieu de supervision de sa pratique. *Point 3*	Recours régulier à un superviseur. *Point 7*
La personne coachée	Interdiction d'abus d'influence. *Art 1.4* Validation de la demande du coaché. *Art 2.3* Respect des étapes de développement du coaché. *Art 2.4*	Prise en compte et respect des besoins et demandes du client. Pas de recherche. d'influence sur le client.	Bénéfice du client visé. *Point 6*	S'abstient de tout abus de pouvoir et de passage à l'acte. *Point 6*	Adhésion du coaché requise. *Point 4* Interdiction d'abus d'influence. Autonomie du coaché visée. *Point 9*
L'entreprise / l'organisation	Attention portée à l'organisation dans son contexte global. *Art 3.1* Synthèse de l'intérêt du coaché et de l'organisation. *Art 3.3*	Respect du client, de la collectivité et de la société.	Veille aux intérêts du client. *Point 6*	Est attentif au métier, aux usages, à la culture, au contexte et aux contraintes de l'organisation pour laquelle le coaché travaille. *Point 8*	

•••

Refus de prise en charge	Refus de prise en charge possible. Indication d'un confrère. *Art 1.6*	En cas de refus, le coach indique trois confrères, dont un de l'ICF.	Obligation éthique d'interruption en cas de manquement au contrat. *Point 7*	Garde sa liberté de refuser un contrat. *Point 5*	Refus d'une mission possible. *Point 5* Interruption concertée possible. *Point 8*
Recours vis-à-vis du coach	En cas de manquement aux règles ou conflit, auprès de la SFC. *Art 5.1*	En cas de violation éthique, auprès de l'ICF.		En cas de non-respect d'une des règles ou en cas de conflit avec un coach de l'AEC. *Point 10*	En cas de différend, auprès du cabinet signataire. *Point 10*
Devoir de réserve	Obligation de réserve vis-à-vis des confrères. *Art 4.3*		Devoir de réserve vis-à-vis de la profession. *Point 2*	Devoir de réserve vis-à-vis des tiers. *Point 7*	

Les contre-indications au coaching professionnel

À la façon du négatif de la photographie à l'époque de l'argentique, les contre-indications posent les contours du champ et du cadre du coaching. Aborder les contre-indications consiste à reconnaître les limites du coaching, à identifier les situations dans lesquelles il n'est pas souhaitable ou même possible. Elles permettent d'élaborer d'autres repères qui viennent délimiter le champ du coaching professionnel et éclairer le coach dans son processus de décision vis-à-vis du coaching à engager.

En effet, le coaching n'est assurément pas une panacée nouvelle, une réponse universelle et encore moins le moyen de rendre « tout possible »… Engager un coaching, tant pour la personne coachée que pour le coach, n'est pas et ne doit pas devenir banal. L'expérience d'accompagnement ne saurait être anodine. Elle ne peut pas ne pas être sans effets. Cela requiert discernement et prudence de la part du coach professionnel.

Les contre-indications peuvent se situer chez le coach, chez la personne à coacher ou encore dans l'environnement professionnel de celle-ci. Le coach professionnel peut ainsi se confronter à trois types de contre-indications.

- *Les contre-indications liées à la demande de coaching.* Cela peut être le cas d'une demande irréaliste de la part de la personne (ou du prescripteur), d'une demande pouvant mettre en risque la personne, dans son équilibre personnel notamment, ou encore d'une absence de demande et de souhait de changement pour la personne lorsque le coaching lui est prescrit. Comment un coaching pourrait-il dans ce cas s'engager sans une demande construite, réaliste et motivante pour la personne ?
- *Les contre-indications liées au contexte.* C'est le cas du coaching prescrit et « sous contrainte ». Ce type de configuration signifie que le résultat attendu est conditionné à quelque chose (promotion, maintien dans le poste...), et que la personne n'a pas d'autre choix que de faire le coaching qui lui est imposé tout autant que d'obtenir le résultat. Cette configuration induit une mise en conformité de la personne avec les attendus de « l'entreprise », elle ne laisse aucune marge de manœuvre à la personne qui ne peut que subir... ou partir. Dans ce type de situation, le coaching apparaît instrumentalisé. Comment le coaching mis en œuvre dans ces situations pourrait-il se fonder sur un équilibre, la synthèse des intérêts des différents acteurs ? Mais les contre-indications au contexte peuvent également être liées aux valeurs. Dans ce cas, les systèmes de valeurs du coach et de l'entreprise à travers ses activités peuvent être décalés, voire conflictuels. Imaginons un coach, par ailleurs militant écologiste, et une entreprise produisant des pesticides. Comment celui-ci pourrait-il pratiquer son activité dans ce contexte ? Cet aspect relatif aux valeurs souligne que, dans une pratique d'accompagnement, le coaching professionnel, l'intersubjectivité et l'altérité sont impliquées.
- *Les contre-indications liées à la personne, à sa situation, à son état.* Ce serait le cas de personnes en souffrance psychologique, en détresse personnelle, présentant par exemple des signes de dépression, des symptômes physiques et/ou psychologiques, ou encore, dans

certains cas, une pathologie mentale. Le coaching professionnel n'est pas une psychothérapie. Il n'a pas de visée thérapeutique. Le cas d'une souffrance vécue et ressentie par la personne, perçue par son entourage et par le coach, ne peut donner lieu à un coaching, mais nécessite une prise en charge en médecine générale, en psychiatrie ou en psychothérapie.

Coacher, une activité pas comme les autres

Qu'est-ce qui amène une personne à vouloir devenir coach ? À vouloir se mettre à l'écoute des autres, à les accompagner ? Il ne saurait y avoir de réponses génériques, elles ne peuvent être que singulières. Pour autant, nous allons tenter de poser certains repères qui balisent le cheminement du coach. Nous avancerons que *devenir* coach… et *le rester* ne relèvent pas du même ordre. Il ne s'agit pas d'une même temporalité, ce ne sont pas les mêmes désirs qui sont engagés. Nous poserons ainsi que « devenir » et « rester » mettent en jeu des désirs que le professionnel doit aborder, éclairer autant qu'articuler. Entre ces deux étapes de développement, les points de suspension viennent indiquer le passage par lequel le désir se transforme. Ce passage est un temps. Temps d'élaboration, de mutation, de transformation.

Le coaching est un accompagnement – qui n'est pas une activité comme les autres. La relation humaine est le vecteur de l'accompagnement et elle engage. En mobilisant l'altérité, l'intersubjectivité, elle engage par conséquent la personne du coach. *Quelque chose* du coach est impliqué dans sa pratique. Ce *quelque chose* fait justement partie de ce qui est présent, de façon plus ou moins éclairée, dans son projet initial : devenir coach. Nous pensons que ce projet est porté par un désir, nous le nommerons « désir de devenir coach ». Ce désir est comme une empreinte qui porte les motivations, les attentes, la construction singulière de la personne à travers son histoire, ses rencontres, sa formation… Les besoins de la personne sont alors autant d'émergences de ce désir. Dans la perspective philosophique ou encore psychanalytique, la notion de désir est aussi fondamentale que fondatrice. Le désir est moteur. Il oriente, il conditionne, en l'occurrence, le choix d'accompagner l'autre, de se mettre à son écoute, de l'aider…

Nous pensons que ce « désir de devenir coach » est dépendant d'un autre désir : le « désir de savoir ». Le « désir de devenir coach » est donc assujetti au désir de savoir. Mais de savoir quoi ? Le désir de savoir n'est que l'expression de ce qui en est sa cause, c'est-à-dire l'ignorance. Désir de savoir et ignorance sont, à l'image des deux faces d'une même pièce, inséparables, se justifiant l'un de l'autre. Mais de quelle ignorance s'agit-il ? Nous faisons référence ici à un *savoir sur soi*. Un savoir qui a ceci de particulier qu'il nous échappe – totalement ou partiellement. Le « désir de devenir coach » est à la fois singulier et complexe. Il est inscrit dans la trajectoire de l'individu – qui entremêle histoire personnelle, familiale, sociale, professionnelle –, trajectoire qui sous-tend le « désir de devenir coach ». Ce désir est celui d'aller écouter l'autre, d'aller l'aider… Mais il contient en même temps une certaine ignorance sur soi. Ce « désir de devenir coach » implique un besoin de savoir (sur soi), lui-même associé à un besoin de réparation. Accompagner l'autre, l'aider, suppose de chercher à réparer quelque chose en soi. Il y a alors de l'accompagnement de soi dans l'accompagnement de l'autre… Du moins au début, avant que cela ne se transforme.

Le désir d'accompagner l'autre, de l'aider, ça commence comme cela ! Ici la question se trouve chez le coach. Qu'est-ce qui demande réparation ? Accompagner l'autre est une réponse à quoi, pour moi, en tant que coach ? Quelles sont les zones d'ombre, les blessures[1] qui demandent qu'on s'occupe d'elles ? S'ouvrir à une possible professionnalisation suppose de questionner le désir. Du reste, une réelle professionnalisation du coach ne peut commencer là où ce questionnement se met en route. Sans cette démarche, la professionnalisation du coach risque fort de n'être qu'un placage technique et méthodologique. Éclairer à travers son histoire ce que sont les ressorts de son « désir de devenir coach » va avoir des conséquences importantes pour la suite. Ce savoir-là, subjectif, personnel, est déterminant pour

1. Reine-Marie Halbout, *Savoir être coach : un art, une posture, une éthique*, Eyrolles, Éditions d'Organisation, 2009.

la qualité professionnelle du coach. Du reste, nous pouvons nous demander dans quelle mesure la quête – parfois effrénée – à vouloir en savoir toujours plus sur les « outils », les « méthodes », les « théories » ne serait pas un évitement... Faute de savoir ce qu'est son désir et ce qui le cause, il est tentant d'y répondre par un autre savoir, qui n'est pas du même ordre mais tellement plus facile d'accès… Sauf que cela ne soutiendra pas le professionnel dans sa pratique, ne lui permettra pas de « rester coach ». Mettre à la lumière et mettre au travail ce singulier savoir qu'est le « désir de devenir coach » suppose d'engager un travail sur soi. Un travail suffisamment approfondi pour aller par-delà les réponses et explications génériques, prêtes à l'emploi et passe-partout. Un travail approfondi est seul en mesure de permettre de débusquer et de questionner la part de fantasme comprise dans ce désir particulier de vouloir accompagner l'autre et de vouloir l'aider. Et, comme il en va pour tous les métiers de l'accompagnement et de la relation, ce travail sur soi est à la fois une condition et une composante de la professionnalisation.

Voilà pourquoi, selon notre perspective, le coaching professionnel est assurément bien autre chose qu'une technique ou qu'un « outil » mis en série dans une offre.

Résumons : devenir coach repose sur un désir. Celui-ci cristallise les motivations, les besoins, les réparations liés à une histoire singulière. Il y a « de soi » dans le projet d'accompagner l'autre. Désirer devenir coach implique d'abord de s'occuper de soi, de ses besoins, de ses blessures. Il est fondamental que le coach en devenir accède à ce savoir sur lui-même pour être en mesure de s'engager dans une démarche professionnelle.

Devenir coach et la professionnalisation…

Distinguons plusieurs aspects et composantes de la professionnalisation.

Celle-ci s'inscrit dans un processus dynamique, où le coach prend conscience du développement des compétences nécessaires pour exercer son activité dans un contexte donné, lui-même en évolution permanente. La professionnalisation du coach, en formation initiale et continue, renvoie à la notion de parcours, où l'intéressé devient capable d'appréhender les situations dans leur complexité et d'agir sur elles de manière appropriée. En deuxième lieu, la notion de professionnalisation renvoie à trois niveaux et partant, à trois sens différents :

- *la professionnalisation des activités,* envisagée comme l'organisation sociale d'un ensemble d'activités. Ce qui implique la création de règles pour l'exercice de ces activités, la reconnaissance sociale de leur utilité, la construction de référentiels de compétences[1], mais aussi de programmes de formation à ces activités et ces compétences ;
- *la professionnalisation des acteurs,* qui engage la transmission des savoirs et des compétences nécessaires pour développer la pratique du coaching, et implique aussi la construction d'une identité professionnelle ;
- *la professionnalisation des organisations*, qui suppose la formalisation d'un système d'expertise, rôle dévolu aux organisations professionnelles de coachs. Elle est alors un processus de négociation pour faire reconnaître l'autonomie et la spécificité d'un ensemble d'activités.

La professionnalisation met en mouvement des acquis personnels comme les savoirs, les connaissances, les capacités et les compétences. Au-delà, elle consiste dans le jeu de la construction et de l'acquisition de ces éléments qui permettront au final de reconnaître à un coach son professionnalisme. La professionnalisation est un processus continu et permanent. En conséquence, il ne peut complètement aboutir, à l'image du coaching qui, par sa nature même, ne peut être achevé. Comment pourrait-il y avoir de l'achevé dans le coaching, alors même que c'est la personne dans son développement qui est au travail ? Lorsque le coaching se termine, c'est-à-dire qu'il y est mis un terme fixé contractuellement, il n'en est pas pour autant fini... Et d'ailleurs dans quelle mesure pourrait-il l'être ? Il y a là un parallèle

1. Société française de coaching, *Référentiel de compétences du coach*. Site Web : *www.sfcoach.org*

avec la formation et plus généralement la professionnalisation du coach qui, elles non plus, ne peuvent s'achever. Enfin, la professionnalisation pose la question de l'identité professionnelle et de sa construction. En paraphrasant la formule de Jacques Lacan, nous pouvons dire que le coach « s'autorise de lui-même… et de quelques autres[1] ». Cette deuxième partie de la phrase est tout aussi importante que la première. La construction d'une identité professionnelle implique les autres, les pairs, les référents, les clients, en cela que cette construction est un processus social. N'est-ce pas du reste une des finalités des organisations professionnelles de coachs que de favoriser cela ? À travers la question identitaire se déploie la question de la pérennité de la profession, autant que celle du coach dans son activité.

Coach est une fonction

Il y a un intervalle entre « devenir » coach et le « rester ». C'est le temps d'une maturation personnelle et professionnelle. Il procède d'une transformation du désir. La réflexion sur le « désir de devenir coach » permet une élaboration qui entraîne le développement professionnel du coach. Nous parlerons alors du « désir du coach ». Ce désir crée chez le coach un déplacement, fruit de son travail personnel. La question n'est plus « Qu'est-ce que je veux pour moi ? », elle devient « Qu'est-ce que je veux pour l'autre ? ». Cette question vient soutenir le professionnel dans sa pratique en ceci que si le « désir de devenir coach » est une condition nécessaire pour « s'engager » dans une pratique, il ne sera pas une condition suffisante pour le « rester ».

Reconnaître un désir au coach n'est pas sans conséquence. C'est reconnaître et accepter son impossible « neutralité » et ainsi ouvrir à la question de son influence et de la nature de celle-ci. Accepter l'idée qu'un désir anime le coach revient à prendre le contre-pied d'une normalisation de la pratique qui tendrait à fabriquer un coach dénué de sa subjectivité, un coach « clean », c'est-à-dire vidé de tout désir. Sauf qu'à dénier le désir il ne reste plus au coach qu'à se référer au

1. Jacques Lacan, *Autres écrits*, Seuil, 2001.

pire, c'est-à-dire à son idéal. Ce dernier n'est autre qu'un personnage imaginaire, une image construite qui n'a pas grand-chose à voir avec la personne réelle du coach... Basculer dans l'idéal, c'est pour le professionnel se trouver dans une position de grand écart permanent, être condamné au surinvestissement d'un « être coach » qui n'a d'autres fondements qu'imaginaires. Celui-ci serait alors contraint toute la journée de « jouer au bon et parfait coach », et d'imposer dans le regard de l'autre la nécessité impérieuse d'être en accord (« congruent », comme disent les coachs...) entre ce qu'il est et ce qu'il joue à être. Et vient inévitablement le moment où l'écart se creuse et se montre entre la personne du coach et son idéal. Et là, la situation peut être féroce... Qu'est-ce que cet « être » aurait de différent des autres ? Quelle serait donc cette marque de fabrique de « l'être coach » ? Pour notre part, nous pensons que le coach est une personne tout à fait comme les autres et qu'aborder le coaching par le prisme d'un « être coach » est une impasse redoutable pour trois raisons essentielles.

- Précisément parce qu'une conception de « l'être » ne peut se passer de son idéal, c'est-à-dire d'une représentation imaginaire de ce que doit être cet « être coach ». À n'en pas douter, le prix à payer par le coach (et à coup sûr aussi par son client) est nécessairement conséquent pour qu'il puisse se conformer, dans la durée, à cette image idéale.
- L'idée d'un « être coach » fait basculer le coaching et sa relation du côté d'une relation imaginaire, c'est-à-dire dans une fiction. En outre, l'idée d'un « être coach » impose une normalisation venant recouvrir le désir du coach, qui pourtant en fait sa singularité en tant que praticien.
- Nous pensons que « coach » ne relève pas de « l'être » mais de la « fonction ». Le coach « fait fonction » dans le dispositif de coaching. Accompagner le travail d'une personne à partir de sa demande relève d'une fonction : se faire « révélateur », « catalyseur » – pour reprendre les termes communément employés – est une fonction. La position et la posture du coach autorisant le travail de réflexion et de réflexivité du coaché sont

donc du côté de la fonction du coach et n'ont rien à voir avec « l'être coach ».

La professionnalité pour « rester coach »

Devenir coach et le rester met en scène deux temporalités qui impliquent un passage. Les motivations qui ont présidé au projet de devenir coach vont se transformer. Un autre désir se construit afin de soutenir le coach pour qu'il le « reste ». Au-delà de la professionnalisation, le « rester coach » engage un autre processus. Nous l'appellerons « professionnalité ».

Le processus de « professionnalité » permet d'interroger l'ensemble des compétences professionnelles mobilisées dans l'exercice de la pratique, et cela dans une double perspective : celle de *l'activité* et celle de *l'identité professionnelle*.

Le travail sur la professionnalité permet de comprendre la façon singulière dont se combinent, dans la pratique du coaching, les savoirs, les expériences, les relations, les contraintes, c'est-à-dire l'ensemble des éléments mobilisés dans la pratique, qu'ils soient professionnels ou personnels, pour ne pas dire les deux, le plus souvent. La professionnalité est le lieu de la recherche d'équilibre entre les dimensions intellectuelles, apprenantes, institutionnelles, organisationnelles, voire militantes, et les dimensions personnelles, subjectives engagées dans l'activité du coach.

Cette notion permet d'insister sur les ressources et les attaches au monde professionnel qui contribuent à construire la compétence professionnelle. Celle-ci est inséparable des valeurs professionnelles auxquelles les coachs se réfèrent pour juger de la qualité et du sens de leur travail, des ressources dont ils disposent pour en assurer la réalisation, des situations dans lesquelles elles sont engagées.

Travailler à la professionnalité :

- permet de saisir la singularité des parcours professionnels, par-delà la notion de qualifications. La professionnalité prend forme selon le point de vue des professionnels qui sont les mieux placés pour décrire et analyser leur travail : articuler parcours professionnel et subjectivité biographique, monde du travail et monde privé, en revenant de manière réflexive sur les expériences professionnelles singulières et sur la construction d'une position professionnelle à partir de pratiques effectives ;

- consiste à construire un processus réflexif entre la subjectivité et la pratique professionnelle, entre les compétences et la singularité de leur mobilisation. C'est donc tout autre chose que de chercher à acquérir de nouvelles compétences, pour ne pas dire de nouveaux outils…

L'espace privilégié pour travailler la professionnalité est de toute évidence la supervision. L'enjeu n'est pas d'aborder la supervision comme une fin en soi, une réponse à une règle déontologique, mais de l'envisager comme un support de sa professionnalité au même titre que le développement et l'enrichissement permanent de sa culture professionnelle et personnelle, l'implication dans les organisations de coachs – lieux de débats, de rencontres, de mise au travail de ses positions personnelles et professionnelles, lieux de confrontations aussi. Ajoutons que l'un des enjeux de ce type d'engagement est d'être le contrepoids collectif à la pratique nécessairement individuelle du coaching.

En résumé

Le terme « coaching » ne prend sens que dans un cadre et un champ déterminés. Nous réservons ce terme pour désigner un accompagnement professionnel individuel. Le cœur du dispositif du coaching est son cadre. Celui-ci est fondé sur différentes composantes, dont la déontologie est un élément clé. Il appartient au coach de les maîtriser et de les intégrer comme moyens de travail. Le professionnalisme du coach est la résultante d'un double mouvement qui met en lien la professionnalisation – qui renvoie à l'acquisition des compétences – et la professionnalité – qui renvoie à leur mobilisation en situation de travail.

Chapitre 4

Sources et ressources du coaching professionnel

« La vraie découverte ne consiste pas à chercher de nouveaux paysages mais à changer de regard. »

Marcel Proust

Afin d'aller un pas plus loin encore dans la définition des repères sur le coaching professionnel, nous allons porter notre attention sur les pratiques des coachs. Une tentation pourrait d'ailleurs être de définir le coaching à travers ses pratiques. Cela reviendrait à réduire le coaching à sa partie visible. Or cela aurait comme conséquence de faire apparaître le coaching comme une démarche instrumentale, alors que, par son déploiement dans le champ des organisations de travail, le coaching vient se situer au carrefour de disciplines diverses. Bien qu'intimement liées aux pratiques, il faut néanmoins les distinguer. Les pratiques renvoient aux modalités d'intervention du coach. Elles s'expriment au travers des méthodes, des techniques utilisées au cours des séances. Elles se réfèrent à des courants théoriques, à des modèles. Pour l'essentiel, ceux-ci préexistaient à l'avènement du coaching. Étant utilisés dans d'autres champs et d'autres formes d'accompagnement, en particulier la relation d'aide, le développement personnel mais aussi la psychothérapie. Cette situation n'est pas sans alimenter les ambiguïtés quant au cadre spécifique du coaching comme nous l'avons précédemment évoqué à propos du développement personnel. Cette situation montre l'absence d'une épistémologie et de modèles propres au coaching.

La notion de modèle n'est pas spécifique d'une pratique ou d'une discipline. Dans le champ des sciences, le modèle est une pièce centrale de la pensée. Les sciences humaines, les sciences économiques, les sciences physiques, les mathématiques ont développé leurs modèles. Nous pensons que le modèle est au cœur de l'intervention du coach, parce qu'il lui est indispensable. C'est lui qui donne son homogénéité à ses interventions. C'est aussi lui, au travers de sa logique propre, de sa cohérence interne, qui permet au coach de penser sa pratique, d'organiser ses interventions. Le coach professionnel ne saurait donc se passer d'un modèle, voire de plusieurs qui peuvent être articulés, combinés entre eux. Sans eux, l'intervention et la pratique du coach reposeraient sur l'aléa, le hasard ou ses seules intuitions du moment.

Le modèle d'intervention du coach doit être en adéquation avec l'environnement, le cadre, la nature et les finalités du coaching professionnel. Construire et développer un modèle, formaliser une pratique cohérente et adéquate avec le coaching professionnel a été le projet fondateur du « coaching orienté solution® ».

Il reste la question de l'utilisation, en coaching, de techniques et autres références issues du champ de la psychothérapie. À l'évidence, la confusion se trouve alimentée à l'heure où tout, et n'importe quoi, se dit et s'écrit sur le coaching. Si cette confusion a tendance à se restreindre avec le coaching professionnel – au sens où nous l'avons défini – elle risque au contraire de s'amplifier lorsque le champ du coaching est ouvert à toutes formes de demandes personnelles, comme c'est le cas avec le « coaching de vie ». Quoi qu'il en soit, coaching et psychothérapie ne sont pas du même ordre. Leurs finalités et leurs cadres respectifs sont radicalement différents. Pour aller à l'essentiel, nous pourrions les distinguer par les indications suivantes :

- la psychothérapie s'adresse à des personnes qui sont dans un mal-être, qui éprouvent une souffrance, alors que le coaching professionnel est orienté vers le développement des pratiques professionnelles ;

- le cadre de la psychothérapie intègre l'ensemble des dimensions de l'existence humaine (affectives, sexuelles, existentielles, la vie et la mort, le deuil, les blessures...), alors que le coaching professionnel se situe dans le cadre de la vie professionnelle, ce qui n'exclut pas que les éléments de la biographie personnelle soient évoqués ;
- la psychothérapie œuvre aux réaménagements de la personnalité (de ses fondations, de sa structure...). Elle vise à ce que l'individu gagne en liberté personnelle, alors que le coaching professionnel vise une évolution des savoir-faire, du positionnement et des pratiques professionnelles.

À partir de ces quelques indications, non exhaustives, nous voyons combien coaching et psychothérapie ne peuvent se confondre. Un travail d'explication, de pédagogie auprès des clients du coaching est engagé, mais il reste encore à faire dans ce domaine. Il appartient à chaque praticien d'insister sur ces différences pour éviter que le client potentiel attende d'un coaching ce que ce dernier n'a pas vocation à lui apporter.

Avec une perspective panoramique, abordons maintenant les pratiques du coaching professionnel.

La multidisciplinarité comme fondement

Envisager le coaching professionnel dans la plénitude de ses dimensions, sans le réduire ni à un outil ni à un ensemble de techniques, implique de l'appréhender de façon multidisciplinaire. Le coaching convoque les sciences et les disciplines dont l'Homme et le travail sont les fondements. Elles constituent la trame, le fond sur lequel l'intervention du coaching se déplie. Il s'inscrit alors dans le champ large des sciences sociales et humaines. Sans prétendre à l'exhaustivité là non plus, repérons les disciplines clés qui traversent le coaching professionnel. Celles-ci partagent des interactions, des liens avec le coaching et lui fournissent cadres de référence, outils conceptuels, modèles d'intervention.

La *psychosociologie des organisations* étudie leur fonctionnement du point de vue des relations qu'entretiennent les personnes entre elles et avec leur environnement de travail. D'une certaine façon, nous pouvons avancer que l'intervention du coach est d'ordre psychosociologique. En effet, elle requiert la prise en compte de l'organisation et de ses effets, elle implique également les effets – notamment la culture de l'entreprise. Ces aspects constituent en quelque sorte une trame, souvent invisible mais aux effets réels, sur laquelle le coaching se déploie. Par exemple, les valeurs et la culture dominante de l'entreprise vont colorer les interventions du coach, et même la façon dont il va se vêtir ! Comment penser que le coach ne s'adapte pas, selon qu'il coache un manager dans une PME familiale ou un cadre dans la finance ? Bien que la démarche soit individuelle, le coach doit être attentif au fait que l'entreprise est « physiquement » absente dans le coaching, elle n'est portée et représentée que par la personne coachée tout au long de l'accompagnement. Or, le plus souvent l'entreprise prescrit et paie le coaching. Faire disparaître l'entreprise, l'oublier ou même l'assimiler à l'objectif qu'elle a assigné au coaching ne pourrait qu'induire des conséquences négatives sur le travail du coaching. La dimension de l'organisation, dans tout ce qu'elle a de subjectif puisqu'elle est présente, au cours des séances, à travers les paroles de la personne coachée, est un axe qui structure l'intervention du coach. Dans cette perspective, les équilibres (ou déséquilibres) entre l'individu et le collectif, qui renvoient à la mise en tension particulière à une entreprise, doivent être pris en compte car ils participent de la trame dans laquelle le coaching vient s'insérer. Intégrer ces différents aspects est aussi une façon d'éviter le risque d'une focalisation exclusive et donc excessive sur la personne coachée. Elle n'est pas seule, n'est pas responsable de tout, n'a pas toutes les marges de manœuvre. La personne coachée est assujettie à un contexte, une culture, des modes relationnels. Ce point est important : il renvoie à une possible hyper-responsabilisation des personnes qui repose le plus souvent sur une abstraction du contexte, voire sa disparition. Un peu comme si la personne était seule, seule responsable de ce qui se passe. Parmi les psychosociologues qui ont publié sur ce sujet, citons Eugène Enriquez[1] ou encore Christian Lujan[2].

Il ne s'agit pas de conclure, nous l'avons déjà dit, que le coach doit être psychosociologue, ni d'ailleurs qu'être psychosociologue suffirait pour être coach. Les postures, les pratiques et les visées de ces intervenants sont par nature différentes. En revanche, nous voyons bien l'intérêt pour le coach de développer sa culture dans cette discipline aux nombreux courants, et cela renvoie à la notion de professionnalité développée précédemment.

La *psychologie sociale,* en s'intéressant aux transformations des comportements et des caractéristiques psychiques que subit l'individu en société, développe un corpus théorique dont le coach peut se saisir. Fondée sur l'expérience et l'expérimentation, la psychologie sociale a travaillé à de nombreux sujets qui font partie de l'environnement du coaching. À titre d'exemple, nous pouvons citer l'expérience de Milgram[3] qui met en jeu l'autorité et la soumission à celle-ci. Cette expérience a montré qu'un individu peut aller jusqu'à l'abolition de ses valeurs morales pour obéir à une autorité. Ce sont aussi : les expériences et les travaux de Lewin[4] sur les groupes et leur dynamique, les normes collectives et leur valeur ; les travaux de Moscovici[5] sur les réseaux d'influence, en particulier les minorités actives ; les travaux de Mead[6] relatifs à la nature sociale de la conception de soi et de la pensée. Ces travaux et bien d'autres, par les conclusions auxquelles ils ont abouti, sont porteurs de référents qui permettent au coach de mettre en perspective les propos de la personne coachée.

La *sociologie* est aussi une source précieuse pour le coach. Et pas seulement parce que le coaching est un phénomène de société ! Les travaux

---

1. Eugène Enriquez, *Vocabulaire de psychosociologie : références et positions*, Érès, 2006.
2. Christian Lujan, *Quand le travail rend fou*, Jean Attias, 2003.
3. Stanley Milgram, *Soumission à l'autorité*, Calmann-Lévy, 2e édition, 1994.
4. Kurt Lewin, *Psychologie dynamique : les relations humaines*, PUF, 1967.
5. Serge Moscovici, *Psychologie sociale*, PUF, 2003.
6. George Herbert Mead, *L'esprit, le soi et la société,* PUF, 1963.

des sociologues, apportant des clés de lecture sur la société et ses évolutions, permettent au coach de relier les contenus travaillés au cours des séances pour les mettre en perspective avec un environnement élargi, avec les dynamiques à l'œuvre dans la société dans laquelle vivent coachs et coachés. De nombreuses études sociologiques démontrent, par exemple, les multiples obstacles rencontrés par les femmes dans leur projet professionnel. Savoir que le temps qu'elles passent aux tâches ménagères n'a pas varié au cours des dix dernières années n'est pas inutile lorsqu'on coache une femme... Par ailleurs, comment imaginer que l'entreprise, reflet de la société, le travail et la relation que l'on entretient avec lui, les évolutions des modes de vie, les variations autour des aspirations individuelles et/ou collectives ne puissent être présents, fussent en creux, dans le travail de coaching ? Même si le coaching accompagne l'individu dans son champ professionnel, il n'en reste pas moins qu'il est aussi acteur de la société, citoyen... La sociologie est multiple, les travaux issus de la sociologie clinique et les publications de Vincent de Gaulejac[1], notamment, fournissent de nombreux repères, concepts et études sur les évolutions du monde professionnel. Nous pouvons citer les travaux relatifs aux dérives gestionnaires[2]. Ils sont importants pour aider les coachs à penser leurs interventions.

Les *théories du management et des organisations* sont essentielles pour le coaching professionnel, dans la mesure où il est en « prise directe » avec la pratique managériale, l'exercice du pouvoir, l'expression de l'autorité et la gouvernance lorsqu'il s'agit des cadres dirigeants. Une culture approfondie des théories du management et des organisations s'avère indispensable pour le coach qui peut alors « entendre » et « relier » les propos de la personne coachée au cours des séances. Bien qu'aucune situation ne soit identique à une autre, et bien que les vécus individuels exprimés par les personnes coachées ne puissent être superposés, il n'en reste pas moins que des contextes différents partagent des caractéristiques communes formalisées dans les théories. C'est, par exemple, le cas typique des nouvelles formes d'orga-

1. Nicolas Aubert, Vincent de Gaulejac, *Le coût de l'excellence*, Seuil, 2007.
2. Vincent de Gaulejac, *La société malade de la gestion*, Seuil, 2005.

nisation, les organisations matricielles. Le coaching de managers évoluant dans ce type d'organisation va devoir prendre en compte, et travailler, la complexité des positionnements, des différents types de relation, des interactions. Comment le coach pourrait-il méconnaître ce type d'environnement et les problématiques afférentes ? Comment pourrait-il entendre la personne qui vit dans ces formes d'organisation sans avoir de repères, sans y avoir réfléchi lui-même ? Pour le coach, pouvoir s'appuyer sur les outils conceptuels proposés par les théories managériales s'avère précieux pour accompagner la personne. Ainsi, il appréhende plus facilement la culture métier et la culture d'entreprise auxquelles la personne est assujettie, et il peut mieux en éclairer la portée et surtout les effets. Ces éléments étant constitutifs du contexte propre à la personne, ils deviennent de fait des clés de compréhension autant que des leviers d'action. Parmi les travaux de référence, nous pouvons citer ceux de Mintzberg[1] et de Crozier[2].

Démarche d'accompagnement professionnel, le coaching embrasse un ensemble de disciplines et il serait vain de chercher à les recenser toutes. Nous aurions pu développer dans ces quelques repères essentiels la philosophie, l'éthologie, l'anthropologie… Ces fondements et ces sources constituent une toile de fond à laquelle le coaching se relie par la nature même de son activité et sur quoi vont se superposer les théories et les modèles orientés vers l'accompagnement et le développement des personnes, qui forment le « réservoir » des pratiques des coachs.

Modalités et pratiques

Les séances en face-à-face sont la modalité principale et privilégiée du coaching. Leur durée est en général comprise entre une heure trente et trois heures. Il semble que la durée de deux heures soit la plus communément pratiquée. Partant du postulat que la relation entre la personne coachée et le coach est le vecteur essentiel sur lequel repose

1. Henry Mintzberg, *Le pouvoir dans les organisations*, Eyrolles, Éditions d'Organisation, 2003.
2. Michel Crozier, *L'acteur et le système*, Seuil, « Points Essais », 1992.

le travail de coaching, il apparaît évident que l'entretien en face à face est la modalité non seulement la plus cohérente mais surtout la plus fructueuse. Ce postulat est déterminé par la vision de l'accompagnement et de la personne accompagnée, développée précédemment.

Parmi les modalités de travail proposées, l'introduction et probablement le développement des technologies utilisées dans le coaching soulèvent des questions. Certaines offres de « coaching » apparaissent aujourd'hui, avec comme modalité de travail exclusive l'e-mail ou encore le téléphone. Si ces deux médias sont peu comparables, ils ont en commun de ne pas relier physiquement les personnes dans un même espace-temps. Un « coaching » mené exclusivement par e-mail nous paraît pour le moins limitatif et réducteur du fait de l'absence de la dimension relationnelle, du corps et de ce qu'il exprime. Une telle modalité, réduite au discours écrit sur une machine, peut avoir comme conséquence de générer des malentendus dans les échanges. Il peut aussi amplifier des phénomènes imaginaires qui ne pourront être repris dans le travail de coaching. Cette modalité pose aussi la question de la nature de ce type d'accompagnement. Qu'est-ce qui est « accompagné » lors d'un travail par e-mail ? Il est difficile d'envisager que ce soit la personne coachée. Ce type de modalité va inévitablement être centrée sur de la « production », sur les seuls « résultats » et les plans d'action qui vont avec. La personne disparaît alors derrière une démarche méthodologique prégnante, déterminée par le binôme action-résultat.

À l'évidence, le téléphone a un autre statut. Ici la voix est présente et avec elle une dimension non verbale, très importante dans l'accompagnement. Si un « coaching téléphonique », comme de nombreuses offres le proposent aujourd'hui[1], préserve une certaine « richesse » par rapport à l'e-mail, il n'en demeure pas moins limitant, selon nous. Ce type de « coaching » se caractérise par le fait que l'on se concentre exclusivement sur les *débriefings*, sur les actions, les résultats et les objectifs. De notre point de vue, le « coaching téléphonique » ne peut prétendre à autre chose qu'à être une

1. Voir l'offre de « coachtel » sous la marque « posaction® » présentée comme « service confidentiel de coaching pour managers ».

démarche corsetée, « orthopédique », dans laquelle la personne est évacuée au profit de la seule recherche de résultats.

En revanche, dans le cadre d'un coaching mené à partir de séances en face à face, l'utilisation plus ou moins fréquente du téléphone peut s'avérer pratique et utile. Pratique dans la mesure où des échanges brefs, intermédiaires, peuvent avoir lieu entre la personne coachée et le coach. Ces échanges pouvant porter sur des expériences menées, des situations liées directement au travail de coaching. Et utile dans la mesure où ces échanges peuvent venir soutenir la personne coachée, dans un moment difficile de son travail par exemple. Ces échanges ne sont donc pas – sauf cas particulier et défini comme tel entre le coaché et le coach – des séances comparables à celles qui sont menées habituellement en face à face.

Les principaux modèles de référence

Au-delà des disciplines évoquées précédemment, les coachs mobilisent en général un, parfois plusieurs modèles pour l'accompagnement des personnes. Comme nous l'avons indiqué, ces modèles sont également utilisés en développement personnel d'une part, et en psychothérapie d'autre part. La dénomination « modèle de référence » désigne la théorie, les méthodes et les techniques associées à un corpus théorique. Il fonde alors la pratique du coach qui s'y est formé. Le choix que fait le coach du modèle dans lequel il s'inscrit, dans lequel il va construire sa pratique, est lié aux affinités qu'il entretient avec le cadre théorique du modèle. Chaque modèle est porteur d'une vision de l'Homme, de valeurs et conditionne une orientation dans l'accompagnement. Aucun modèle – théorie et pratique de l'accompagnement de la personne – ne saurait prétendre prendre en compte la diversité des facettes de l'individu. Ainsi, chaque coach professionnel accompagne à partir d'un modèle de référence auquel il s'est formé. Il pourra d'ailleurs se former à d'autres modèles de référence, qu'il combinera dans la singularité de sa pratique d'accompagnement.

Un « modèle de référence » appartient à un courant théorique plus large, duquel il se décline. Concernant les pratiques développées dans le coaching professionnel, nous pouvons recenser quatre courants principaux et les modèles de référence qui en découlent.

Le courant psychanalytique

Le courant psychanalytique a ceci de spécifique qu'il est en lui-même son propre modèle de référence : la psychanalyse. Même si le coaching d'inspiration psychanalytique est peu représenté parmi les pratiques des coachs, il n'en n'est pas pour autant absent. Dans ce cas, il ne s'agit pas d'une psychanalyse sous couvert d'un coaching, mais d'une pratique de coaching qui va se référer à la doctrine de la psychanalyse. Celle-ci se fonde sur le primat de l'inconscient, d'une vie psychique sous-tendue par les pulsions et un ensemble de mécanismes de défense, d'une structure psychique qui oriente un certain rapport au monde.

Ces praticiens vont s'appuyer sur l'écoute flottante, spécifique à la psychanalyse, et l'appliquer à la pratique du coaching. Ils seront attentifs aux dimensions inconscientes de la parole de la personne coachée, à ses mécanismes de défense, à la nature de la relation transférentielle qui s'est établie entre les deux protagonistes, aux tendances à la répétition, et à ce qui se répète de l'histoire de la personne dans les situations professionnelles. Cette pratique de coaching orientée par la psychanalyse conduit la personne coachée à mieux appréhender ce qu'elle mobilise de sa dynamique personnelle (consciente et inconsciente) et de son histoire dans les situations professionnelles qu'elle est amenée à vivre.

Le courant psychanalytique n'est pas « unitaire », c'est-à-dire que les références théoriques des coachs s'attachent à des figures différentes de la psychanalyse : Freud, Jung ou Lacan pour citer les principales.

Au cours des années, des travaux et des publications[1] ont porté sur la confrontation du modèle théorique de la psychanalyse avec le monde professionnel des organisations de travail.

1. Roland Brunner, *La psychanalyse expliquée aux managers*, Éditions d'Organisation, 2004.

Le courant psychodynamique

Il s'inspire des théoriques « analytiques », c'est-à-dire psychanalytiques, en y associant la dimension du corps, du corporel. Ce courant a donné naissance à de nombreux modèles de référence, particulièrement employés dans le cadre de la psychothérapie ou du développement personnel. Dans le champ du coaching et de ses pratiques, certains coachs ont recours à des modèles de référence issus de ce courant psychodynamique. Parmi eux nous pouvons identifier la « gestalt[1] », la « sophrologie » ou encore, bien que moins fréquent, la « bioénergie ».

Chacun de ces trois modèles a ses orientations théoriques propres et ses méthodes et techniques d'intervention. Ils ont en commun de mettre l'accent sur le « vécu » et le « ressenti », au niveau physique, des situations rencontrées par la personne coachée, invitée à élaborer les liens entre la dimension « psychique » (ce qu'elle pense) et la dimension corporelle (ce qu'elle ressent).

Les pratiques des coachs référencées à ce type de modèles vont nécessairement mettre l'accent sur la notion de développement personnel. La question se pose de l'équilibre entre développement professionnel et développement personnel – les deux axes qui structurent le coaching. De même se pose, dans le cadre du coaching, la question de l'adaptation de ses méthodes et de ses techniques, déployées dans le champ professionnel et dans celui des organisations.

Le courant comportementaliste

De nombreux praticiens du coaching professionnel se réfèrent à ce courant très ancien du champ de la psychologie (les travaux de Pavlov, de Skinner...) qui a évolué au fil des découvertes et de la naissance de disciplines contemporaines, comme les sciences cognitives. Pour autant, il conserve ses fondamentaux initiaux, dont l'apprentissage et les théories comportementales associées sont la clé de voûte. L'idée principale du comportementaliste, pour la résumer schématiquement, est que les actions et comportements d'une personne sont

1. Chantal Higy-Lang, *Le coaching*, Éditions d'Organisation, 2002.

la résultante d'apprentissages (selon le schéma stimuli-réponse). La démarche d'accompagnement visera à aider à « désapprendre » pour « réapprendre ». Le courant comportementaliste, appelé alors « behaviorisme », s'est particulièrement développé aux États-Unis. Ce modèle a ensuite donné naissance à d'autres modèles qui se sont appuyés sur les théories constructivistes. Parmi les modèles connus et très utilisés par les coachs, nous citerons les deux principalement utilisés.

- En premier lieu, la « Programmation neurolinguistique » ou PNL. Ses fondateurs ont défini chaque terme de son intitulé. *Programmation* : depuis la naissance, les apprentissages, les manières de penser, de sentir, de ressentir et de se comporter, se sont programmés. Selon la PNL, et par analogie avec l'informatique, le cerveau a ses programmes qui animent notre « ordinateur », lui permettent d'obtenir ses propres résultats et de les répéter. Le matériel neurologique (cerveau et système nerveux) étant le même pour chacun, nous pouvons penser que ce que réalise une personne, une autre en est potentiellement capable. *Neuro* : cette capacité d'apprentissage de pensée, de ressenti et d'action repose sur le fonctionnement du système nerveux. C'est lui qui, par les cinq sens, perçoit l'environnement dans lequel nous vivons. Il l'interprète, le codifie et transmet les messages. Du point de vue de la PNL, ses techniques agissent directement sur cette organisation neurologique. *Linguistique* : le langage structure et reflète la façon de penser. Il véhicule les expériences, les perceptions et les représentations du monde.
- En second lieu, « l'analyse transactionnelle – AT ». Notre hypothèse est de l'inscrire dans le courant comportementaliste, même si ce modèle trouve aussi une partie de ses sources dans un courant psychodynamique. Créée par le psychiatre américain Eric Berne, l'analyse transactionnelle est à la fois une théorie de la personnalité – et de son fonctionnement – et une pratique psychothérapeutique. Elle s'est développée en élargissant ses champs d'application notamment au développement personnel et à la formation des managers dans l'entreprise. La particularité de la théorie de l'analyse transactionnelle est de s'être inspirée de la

psychanalyse freudienne autant que des théories du « behaviorisme ». Elle s'intéresse aux « transactions », c'est-à-dire aux relations interpersonnelles et à ce qui s'échange en leur sein. Les « transactions » correspondent à des échanges « stimuli-réponse », et sont appréhendées à travers la théorie de la personnalité, propre à l'analyse transactionnelle : états du moi, messages intériorisés, scénario de vie… L'analyse transactionnelle se présente comme une approche pratique et pragmatique de la communication et du comportement. À partir de son cadre théorique, elle implique une certaine normativité au regard de sa finalité : le changement de comportement.

Le courant systémique

Le courant systémique est assez présent chez les coachs et dans leurs pratiques, tant il a proposé de nombreuses applications dans le champ des organisations. Le courant systémique a connu ses développements à partir des travaux de la cybernétique et de la théorie des systèmes. L'hypothèse du courant systémique est d'aborder les situations humaines de façon globale. Un « système » est conçu comme un ensemble d'éléments en interaction et formant un tout. Celui-ci est intégré à un environnement et va s'exprimer dans des contextes spécifiques. Le système est influencé par son environnement qu'il influence en retour. Par exemple, nous pouvons considérer une entreprise comme un « système » global, composé de systèmes qui lui sont rattachés. Chaque service de l'entreprise devient ainsi un système dans le système global. L'analyse systémique s'intéresse alors aux multiples interactions entretenues entre les différents systèmes. La personne, elle-même envisagée comme un système, est aussi abordée dans ses interactions avec l'ensemble des éléments du système. Par exemple, dans une situation donnée telle que la réunion de travail en équipe, l'attitude et les comportements d'un membre de l'équipe sont influencés par les attitudes des autres. Les comportements individuels dépendent de « boucles » d'interactions qui ne cessent de s'alimenter. Dans une perspective systémique, nous ne pouvons comprendre le comportement d'une personne qu'en fonction du contexte dans lequel il s'exprime et en fonction des interactions existantes dans ce contexte.

Tout système est assujetti à des lois de fonctionnement qui sont générales (pour tous les systèmes) et peuvent aussi être particulières (propres à un système). Dans la perspective systémique, le mode de pensée n'est plus ordonné par une logique linéaire, mais déterminé par une autre logique et un autre regard : celui de la circularité. La focalisation ne se fait donc pas sur la personne (coachée, par exemple) mais sur ses interactions dans le contexte particulier dans lequel elles se développent, de même que sur les équilibres et les déséquilibres de fonctionnement du système. Le courant systémique a donné naissance à différents modèles qui ont leurs spécificités. Nous citerons les deux principaux modèles systémiques de référence auxquels les coachs se réfèrent et s'appuient pour leurs pratiques.

Le plus ancien modèle systémique est celui de l'École de Palo Alto. Du nom d'une petite ville de Californie, cette « école » s'est développée autour du Mental Research Institute (MRI). Elle est née d'un mouvement d'intellectuels et de chercheurs, dont les figures principales sont Gregory Bateson, anthropologue et ethnologue, et sa femme, Margaret Mead, anthropologue. Ce mouvement s'est concrétisé au sein du MRI autour de la conception de nouvelles théories de la communication et notamment de l'élaboration du concept de « double contrainte ». L'ensemble de ces travaux novateurs va ensuite constituer le corpus de la « thérapie brève » (individuelle, familiale). Le modèle systémique et stratégique de Palo Alto se présente comme un modèle « complet » d'intervention. Il fournit un cadre théorique et méthodologique pour aborder les problèmes humains. Il est ancré dans une perspective : la résolution de problème. L'approche de Palo Alto, par son orientation systémique et son paradigme constructiviste, n'aborde pas les problèmes humains dans une démarche de recherche de cause. Le parti pris consiste à découvrir les « tentatives de solution » mises en œuvre par la personne et qui, parce qu'elles n'aboutissent pas, finissent pas maintenir et alimenter le problème, et même à devenir le problème. Fondée sur une approche par le paradoxe, l'École de Palo Alto implique un renversement des modes de pensée « traditionnels ».

Le plus récent de ces modèles est le modèle systémique « centré sur la solution » dont le premier texte fondateur date de 1986. Ce modèle a été développé sous l'impulsion de Steve de Shazer et de son épouse, Insoo Kim Berg. Alors qu'ils travaillaient à partir du modèle de Palo Alto, ils ont décidé de s'en éloigner, estimant cette démarche trop focalisée sur la notion de « problème ». Leurs expériences et leurs travaux menés au centre de thérapie brève et familiale de Milwaukee, Wisconsin, les ont conduits à développer d'autres hypothèses de travail et surtout d'autres pratiques d'accompagnement au changement. Le modèle systémique centré sur la solution part alors de l'idée que dans l'accompagnement il est inutile de se mobiliser sur le problème et qu'il convient d'aborder différemment la notion de problème humain. Le fondement de cette théorie est qu'il faut considérer les solutions comme étant déjà là, et qu'à partir d'une démarche collaborative l'enjeu va être de les construire.

L'approche systémique centrée sur la solution est la source qui va donner naissance à la fin des années 1990 au modèle « coaching orienté solution® ». Ce modèle, spécifiquement conçu pour la pratique du coaching professionnel, se fonde sur l'originalité des travaux de Steve de Shazer. La deuxième partie de ce présent ouvrage est entièrement dédiée à la pratique et à la mise en œuvre du modèle « coaching orienté solution® ».

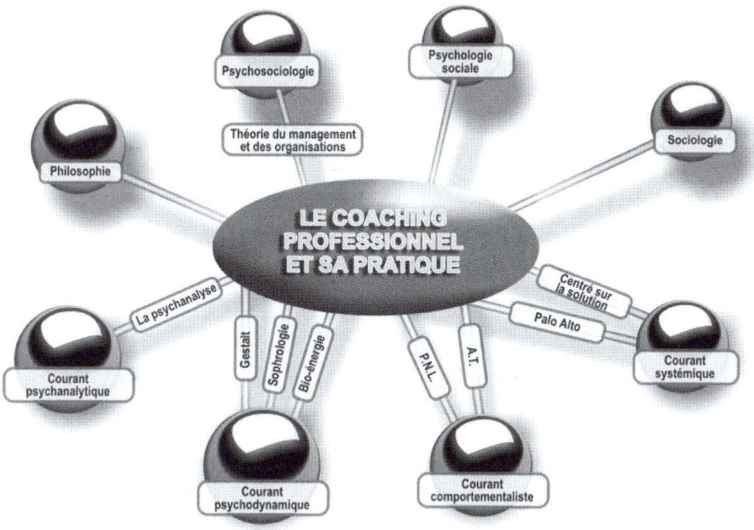

Schéma 1 – Disciplines, courants et modèles

En résumé

Le coaching professionnel est au carrefour de multiples disciplines. Les pratiques d'accompagnement mobilisées par les coachs sont issues de courants théoriques qui préexistaient au coaching et qui trouvent leurs applications dans différents champs, dont la psychothérapie. À partir de ces courants théoriques se sont constitués des modèles de référence dont la visée est de proposer une méthode pour l'accompagnement de la personne et de générer le changement (le développement de la personne). La plupart des coachs travaillent à partir d'un modèle de référence auquel ils se sont formés, d'autres encore vont travailler à partir de plusieurs modèles qu'ils combinent dans leur pratique du coaching. Ainsi, le choix de son modèle de travail par le coach ne saurait être neutre dans le déroulement du coaching et donc pour la personne coachée. Chaque modèle, à travers le prisme qui est le sien, donne une orientation et une coloration particulière au coaching et à la forme qu'il va prendre. Il y a encore peu de modèles spécifiques pour la pratique du coaching. Créé il y a plus de dix ans, le « coaching orienté solution® » est aussi précurseur que novateur.

Conclusion

Au-delà des effets marketing, des effets de mode et du folklore qui enserrent le terme coaching depuis le début des années 2000, nous avons posé que le *coaching* désigne un accompagnement professionnel individuel. Ancré dans le champ professionnel, le coaching ne saurait être assimilé ou réduit à une démarche de développement personnel. Ainsi, nous avons cherché à en dégager l'objet, le cadre, les modalités et les spécificités. En le situant dans son environnement, nous avons montré que, selon nous, le coaching s'inscrit dans un mouvement tant sociétal qu'économique, et qu'il répond à des besoins auxquels les dispositifs traditionnels ne peuvent satisfaire. Le coaching requiert rigueur et exigence. Parce que sa mise en œuvre ne saurait s'improviser, nous avons mis en perspective la double dynamique de la professionnalisation et de la professionnalité du coach. En développant les principaux courants théoriques et les principaux modèles d'intervention des coachs, nous avons mis en évidence la variété de leurs pratiques, révélant aussi leur hétérogénéité. En effet, s'il y a une grande diversité de visions et de conceptions du coaching, nous nous apercevons qu'elle est aussi à l'œuvre dans les pratiques. Du reste, cette diversité des pratiques est également une richesse et un atout qui permet de proposer une offre répondant à la multitude des besoins et des personnes. Nous pensons possible de construire une voie singulière face aux écueils potentiels du coaching professionnel. Les pratiques participent de cette voie et c'est un des buts du « coaching orienté solution® » que d'y contribuer.

Deuxième partie

LA PRATIQUE DU « COACHING ORIENTÉ SOLUTION® »

Chapitre 5

Le modèle « coaching orienté solution® »

« On a toujours tort d'essayer d'avoir raison devant des gens qui ont toutes les bonnes raisons de croire qu'ils n'ont pas tort ! »

Raymond Devos

Le modèle est la représentation d'un processus. C'est un système, c'est-à-dire une construction formelle, élaborée à partir de situations réelles. Un modèle détermine une certaine façon de voir la réalité, il ne saurait être neutre parce qu'il est conditionné et orienté par ses prémisses. Ainsi, le modèle vise à rendre compte d'une certaine réalité, ou encore à rendre intelligibles des éléments qui sans lui ne le seraient pas. Là où la théorie est abstraite, générale, le modèle va chercher à la traduire au plus près des situations. Alors que la théorie est une fiction, le modèle, lui, est une figuration.

La notion de modèle s'illustre très bien de la formule du linguiste Alfred Korsybski[1] : « La carte n'est pas le territoire. » Ainsi, aucune « carte », aucune représentation, si précise soit-elle, ne sera en mesure de définir le « territoire », c'est-à-dire la réalité qu'elle désigne. Il y a nécessairement et inévitablement un écart. Cela vaut

1. Alfred Korsybski, *La carte n'est pas le territoire*, Éditions de l'Éclat, nouvelle édition, 2001.

aussi pour le modèle. Aucun modèle ne saurait rendre compte avec exactitude de la multitude et de la complexité des situations qu'il formalise. Il donne des repères, il demande à être régulièrement mis en question, à être revisité. En somme il doit rester ouvert, sous peine de basculer dans une logique totalitaire…

En abordant précédemment les pratiques des coachs, nous avons repéré que celles-ci se réfèrent à des courants théoriques et à des modèles issus du champ de la psychothérapie ou du développement personnel. Ce qui signifie que ces modèles, conçus pour être déployés dans un cadre particulier, se sont déplacés dans un autre cadre, celui du coaching professionnel. À l'évidence, les coachs ont été amenés à produire des aménagements entre ces modèles et le cadre spécifique du coaching. Mais ces modèles ainsi transférés et fussent-ils adaptés en font-ils des modèles pour le coaching, un modèle de coaching ?

Le modèle « coaching orienté solution® »

C'est à partir de cette question, d'une expérience pratique, mais aussi du constat d'un certain décalage, entre les pratiques issues d'un modèle de développement personnel et de psychothérapie et le cadre de coaching professionnel, que nous est venue l'idée de construire un modèle dédié au coaching : le modèle « coaching orienté solution® ».

La construction du modèle « coaching orienté solution® » est le fruit d'une expérience, celle de son auteur, faite d'une vingtaine d'années dans les métiers et les pratiques de l'accompagnement. Les caractéristiques principales de ce modèle sont les suivantes :

- un modèle spécifiquement conçu et dédié à la pratique du coaching professionnel ;
- un modèle adapté au monde professionnel et des organisations de travail ;
- un modèle qui prend en compte l'environnement professionnel de la personne coachée et l'y resitue de façon permanente, en questionnant notamment les interactions, la relation au travail, les dynamiques ;

- un modèle dont les pratiques orientent vers la construction d'un équilibre dans le travail du coaching entre ses deux pôles, constitués par le développement professionnel et le développement de la personne ;
- un modèle dont les pratiques sont cohérentes par rapport au cadre dans lequel elles sont mobilisées et par rapport au champ dans lequel elles se déploient : celui des organisations de travail ;
- un modèle qui s'affranchit de la logique du seul développement personnel en s'orientant vers la dimension sociale de la personne dans son environnement professionnel, et qui autorise une réelle « écologie » pour la personne coachée par le type de travail proposé.

Le choix de la dénomination « coaching orienté solution® » est intimement lié aux sources qui l'ont inspiré, à savoir l'approche « centrée sur les solutions » développée par Steve de Shazer[1].

> Steve de Shazer (1940-2005), d'abord musicien classique et saxophoniste de jazz, va s'orienter ensuite vers le travail social. Il rejoint le MRI de Palo Alto en 1975 où il se forme à la pratique de la thérapie brève. Il fonde en 1978 le Brief Family Therapy Center de Milwaukee, et s'éloignera de l'École de Palo Alto et de sa pratique en fondant l'« Approche Thérapie Brève centrée sur les solutions » dans le courant des années 1980.

Cependant, d'aucuns pourraient voir dans cette dénomination une certaine provocation ! En effet, elle pourrait laisser entendre, en creux, que des pratiques du coaching ne seraient pas « orientées solutions », et qu'elles seraient alors « orientées problèmes » ! Ce qui n'est pas inexact… Alors que ce qui caractérise le coaching est d'être orienté vers un objectif, cela ne dit rien du chemin emprunté pour y aller. Dans une approche « classique », le coach va aider la personne à définir son objectif, le changement qu'elle attend. Que voulez-vous changer ? Quel objectif voulez-vous atteindre ? Le coach va chercher à déterminer les freins : Qu'est-ce qui vous empêche d'atteindre cet objectif ? Qu'est-ce qui fait que vous ne l'avez pas encore atteint ?

1. Steve de Shazer, *Différence*, Satas, 1996.

Quels sont les problèmes rencontrés ? Le coach va aider la personne à identifier les vrais problèmes qui font obstacle à l'objectif : Quel est le problème ? En quoi est-ce un problème pour vous ? Comment se manifeste t-il ? À quel moment le problème apparaît-il ? Qu'est-ce qui le déclenche ? À quoi attribuez-vous ce problème ? Quelles en sont les origines ? Les causes ? Comment pouvez-vous agir sur ce problème ?... Tout le travail du coach consistera, au cours du coaching, à aider la personne coachée à dépasser les freins, les obstacles, à résoudre les problèmes en mobilisant ses ressources.

Comme nous allons le développer et l'illustrer, le « coaching orienté solution® » implique de penser en termes de « solution » et d'orienter le travail vers celle-ci. Il suppose pour le coach un changement de perspective pour se décaler d'une approche « par le problème » qui est aussi le schéma de pensée largement dominant. Dans une perspective « orientée solution » le coach va aider la personne à construire les objectifs : Quels changements attendez-vous ? Qu'est-ce que ces changements vont vous permettre de faire, d'obtenir ? Quel serait un premier objectif à atteindre et qui serait un premier succès ? Le coach va essentiellement orienter la personne coachée vers les « débuts de solutions » : que va-t-il devoir se passer pour que les premiers signes de changement apparaissent ? Qu'allez-vous faire pour cela ? Comment allez-vous vous y prendre ? Que faites-vous dans les situations où le problème n'est pas présent ? Quelles compétences savez-vous utiliser dans ces situations-là ? À travers cette pratique, c'est un autre chemin qui est proposé, ni mieux ni moins bien, mais très différent.

Enfin, la dénomination « coaching orienté solution® » vise aussi à être cohérente par rapport à l'environnement dans lequel elle s'exprime. La notion de « solution » n'est-elle pas ce qui intéresse et oriente les acteurs dans l'entreprise, confrontés à la nécessité de sans cesse en trouver ?

Les sources du « coaching orienté solution® »

Pour son élaboration, le « coaching orienté solution® » s'est nourri de trois sources principales. Une source conceptuelle, une source théorique et enfin une source méthodologique et technique.

La source conceptuelle

Elle se réfère au courant du « constructivisme social », appelé également « constructionnisme social » ou encore « socioconstructivisme ». Cette pensée a été développée initialement dans le champ de la sociologie par Peter L. Berger et Thomas Luckmann[1]. Elle participe aujourd'hui de la philosophie et de la psychologie, comme le soulignent les travaux de Kenneth J. Gergen[2] qui mettent en évidence les liens et les apports de philosophes tels Jacques Derrida ou encore Paul Ricœur. Le constructionnisme social – dénomination que nous retiendrons – est une évolution du mode de pensée, soustendue par un changement de paradigme. Pour l'aborder, nous allons le situer brièvement dans la chronologie historique des autres modèles de représentation du monde qui l'ont précédé :

- *le paradigme moderniste* renvoie à la « pensée scientifique, rationnelle, logique ». Il présuppose l'existence *d'une* vérité, d'un monde objectif et objectivable indépendamment des personnes qui le décrivent. Ce paradigme est à l'origine des sciences dites « dures ». Il a permis l'élaboration du savoir « scientifique » dans de très nombreux domaines. Ce paradigme introduit le monde du quantifiable et du reproductible comme base des réalisations techniques et de la notion de progrès liée à l'accumulation des connaissances ;
- *le paradigme postmoderniste* a donné naissance aux sciences humaines, dites molles. Il postule qu'on ne peut saisir la réalité

1. Peter L. Berger et Thomas Luckmann, *La construction sociale de la réalité*, Armand Colin, 2e édition, 2006.
2. Kenneth J. Gergen, *Le constructionnisme social : une introduction*, Delachaux et Niestlé, 2001.

objective, puisque cette réalité est toujours décrite par un observateur particulier, situé dans le temps et dans l'espace. En particulier dans les « sciences humaines », il existe une infinité de points de vue possibles, liés aux observateurs et aux niveaux d'observation ;

- *le paradigme constructiviste* – développé en épistémologie – postule que le « monde extérieur » n'est accessible qu'au travers de la pensée d'un observateur particulier et que cette pensée est une construction mentale. Ainsi, toute « réalité » est une réalité perçue et observée, et donc une construction. Et, en retour, c'est à travers nos constructions de la réalité que l'on perçoit le monde extérieur. Pour les constructivistes, la réalité reste une référence bien qu'elle ne soit pas accessible, et il existe autant de « réalités » que d'individus. Le constructivisme étudie la façon dont les constructions mentales se forment, se maintiennent ;
- *le paradigme du constructionnisme social* postule que toute représentation, tout savoir, toute pensée est une construction sociale, c'est-à-dire issue de nos relations et interactions avec les autres. Et que celles-ci sont en permanence influencées par une quantité (infinie) de niveaux, de messages, de contextes familiaux, culturels, socio-économiques, professionnels, politiques, religieux, ethniques. Autrement dit, aucune personne n'est dépositaire d'une construction qui lui serait propre puisqu'il n'y a de construction que sociale. Il n'y a en fait que des co-constructions qui ne cessent de se redéfinir en permanence, se rejouent dans chaque échange, dans chaque interaction en fonction du contexte, mais aussi bien sûr de l'interlocuteur. Ainsi, le savoir et le sens se fabriquent en interagissant avec les autres. L'accès au savoir ne relève pas de la découverte mais de la co-construction. Pour le constructionnisme social, nous ne découvrons pas le monde dans lequel nous vivons, nous l'inventons. Le langage, en étant le vecteur des échanges sociaux, occupe alors une place centrale. Les formes de langage, la narration d'une situation vont revêtir une importance toute particulière. En résumé, nous pouvons dire que, pour le constructionnisme social, il n'y a d'autre réalité accessible que celle qui se construit dans nos échanges et nos interactions avec les autres.

Le paradigme de pensée du constructionnisme social ainsi introduit dans le « coaching orienté solution® » va entraîner une multitude d'incidences qui vont en déterminer la pratique. Nous retrouverons ce paradigme décliné dans les dix postulats du « coaching orienté solution® » au prochain chapitre, mais repérons d'ores et déjà ses implications principales pour le coaching et sa pratique.

L'hypothèse du constructionnisme social amène à considérer la séance de coaching, les échanges entre la personne coachée et le coach, comme un espace de co-construction. L'accent est alors mis sur l'« ici et maintenant » de ce qui s'élabore et se construit entre les protagonistes. La séance de coaching devient le lieu dans lequel la personne coachée va être en mesure de déconstruire et de reconstruire des représentations (d'elle-même, de situation, de relation) par le biais des échanges et du questionnement proposé par le coach. Les contenus des séances, les réflexions mobilisées, les situations évoquées, les problèmes travaillés et les solutions ne sont pas découverts, mais re-construits, co-construits, de telle sorte qu'ils expriment de nouvelles potentialités, de « nouveaux possibles ».

Une autre conséquence importante du constructionnisme social comme paradigme du « coaching orienté solution® » est que le coach est impliqué dans le processus de co-construction. C'est-à-dire qu'il participe à la redéfinition des constructions opérées par la personne coachée, grâce à leurs échanges. En d'autres termes, le coach ne saurait être neutre dans l'espace social et d'interactions que représente la séance de coaching. En orientant la personne coachée vers la construction de solutions, le coach influence le processus. Cette influence a une visée principale : restaurer son pouvoir à la personne coachée. « Pouvoir » pris dans son sens premier de « capacité à agir pour modifier les situations ». L'écoute du coach va alors être orientée par les points forts, les capacités, les actions menées qui fonctionnent, les potentialités, les débuts de solution… exprimés par la personne coachée dans l'interaction de la séance.

Ajoutons que le ressort du coaching ne se situe pas dans le savoir du coach, dans son expertise propre – puisque le savoir n'est pas « possédé » comme un objet mais sans cesse reconstruit dans l'interaction –, mais dans la capacité des acteurs à co-créer de nouvelles formes de représentation, à utiliser autrement les pièces d'un puzzle pour dégager de nouvelles images porteuses de « nouveaux possibles ». Cela implique une posture particulière pour le coach dont nous détaillerons les caractéristiques et les composantes dans un prochain chapitre.

La source théorique

Le référentiel théorique du modèle « coaching orienté solution® » est fondé, pour partie, sur les travaux et théories développés par l'École de Palo Alto[1], particulièrement sur les recherches sur la « nouvelle communication » – dont on peut se demander si au terme de plus de cinquante années elle est encore nouvelle... – qui mettent l'accent sur les théories de l'information d'une part, et de l'interaction d'autre part. Le « coaching orienté solution® » convoque également la théorie de la « double contrainte » aussi appelée *double bind*. Ce concept phare du mouvement de Palo Alto renvoie aussi aux travaux sur les paradoxes dans la communication et sur les « injonctions paradoxales ». Elles désignent une position impossible et intenable pour celui qui reçoit un tel message, à l'image du classique « Sois spontané » ou encore « Sois performant et réactif, prends du recul et évite le stress... ». Or, force est de constater que dans le monde moderne des entreprises ce type de message n'est pas rare... Parmi les développements théoriques, les travaux sur la question de « l'intervention sous contrainte » élaborés par les chercheurs et les théoriciens[2] de Palo Alto ont aussi inspiré ce modèle de coaching, en référence et en lien avec la prescription de coaching, qui est une configuration de sa mise en œuvre très fréquente dans les entreprises.

Le modèle « coaching orienté solution® » s'appuie également sur les idées développées par les praticiens des « approches centrées sur les solutions », tout particulièrement les travaux de Steve de Shazer. Ils ne forment pas tant un corpus théorique au sens plein du terme qu'un

1. Jean-Jacques Wittezaele et Teresa Garcia, *À la recherche de Palo Alto*, Seuil, nouvelle édition, 2006.
2. Voir la liste des principales publications de ces théoriciens en bibliographie.

ensemble de prémisses et de présupposés qui orientent une pratique singulière. Nous pouvons entre autres citer les idées développées sur la notion de « solution » et spécifiquement les fondements d'une théorie de la solution[1], posés par de Shazer. En effet, son projet était d'apporter les repères essentiels d'un processus visant à générer des solutions, là où il faisait le constat qu'une telle théorie n'existait pas. Alors que nombreuses sont les théories sur le problème – modèles d'analyse, modèles explicatifs, arbre des causes, modèles de résolution – rien n'était dit sur « comment construire des solutions ».

La source méthodologique et technique

Elle est principalement issue des pratiques mises en œuvre dans l'approche centrée sur les solutions, telles qu'elles sont expérimentées et formalisées par Steve de Shazer, Insoo Kim Berg, Peter de Jong, William Hudson O'Hanlon ou encore Michele Weiner-Davis[2]. Le modèle « coaching orienté solution® » emprunte à cette approche des techniques de questionnement, les stratégies de conduite de séance, et s'inspire de la position de l'intervenant, du principe de coopération, de la relation à l'objectif. Ces axes, concepts et contenus ont été retravaillés afin d'être contextualisés au coaching d'une part, et à notre culture d'autre part. D'autres méthodes et techniques viennent s'y associer, notamment autour du travail sur l'objectif comme nous le verrons tout au long des chapitres qui suivent.

Le « coaching orienté solution® » : une démarche systémique

L'orientation de travail du « coaching orienté solution® » est de nature systémique. L'hypothèse fondamentale est que les interactions qu'établissent et vivent les personnes (coachées) sont la source de leurs difficultés mais contiennent aussi les clés des changements qu'elles veulent obtenir.

1. Steve de Shazer, *Explorer les solutions en thérapie brève*, chapitre 6, Satas, 2002.
2. Voir les principales publications de ces auteurs en « Bibliographie ».

Nous allons donc nous focaliser sur les interactions, pour déclencher et générer les changements attendus. Les interactions, que l'on peut aussi appeler « relations d'un individu », sont multiples autant qu'inépuisables. Les relations sont celles qui sont entretenues avec « les autres », mais pas seulement. Il s'agit aussi de travailler la relation que la personne entretient :

- avec elle-même ;
- avec son objectif de coaching ;
- avec le « problème » ;
- avec son environnement de travail.

Dans cette perspective, l'accent n'est pas mis sur la personne elle-même, isolée de son contexte. De fait, le questionnement du coach sera orienté vers les interactions, leur description notamment, pour en dégager les éléments utiles.

Le « coaching orienté solution® » aborde le langage comme étant en lui-même un système. Le langage de la personne coachée est un système, c'est-à-dire qu'il a sa façon propre de s'exprimer, de narrer les situations, les événements, ses mots propres, dont certains peuvent être récurrents. Ces systèmes sont des « jeux de langage[1] », pour reprendre l'expression du philosophe Ludwig Wittgenstein. Ils sont les activités langagières par lesquelles sont construites – mais aussi entretenues – les réalités, les relations. Les « jeux de langage » sont déterminés culturellement. Ils sont structurés par la langue et expriment la façon dont la personne se sert du langage pour expliquer, décrire les situations. Ils sont des systèmes de communication autant que des systèmes de signification, dans la mesure où c'est à l'intérieur de ces systèmes que les mots, les gestes, la communication non verbale prennent leur sens. Mais ce système que forme le langage au cours de la séance implique le coach. Comment pourrait-il être en dehors de ce système ? Il participe alors de la co-construction des « jeux de langage ». Et c'est parce que le coach y participe qu'il peut aider à la construction d'autres « jeux de langage », autrement dit,

1. Ludwig Wittgenstein, *Le cahier bleu et le cahier brun*, Gallimard, 1965.

aider à leur re-définition, à de nouvelles définitions autorisant la création d'autres significations.

Le « coaching orienté solution® » engage une écoute du coach qui n'est pas seulement centrée sur ce que dit la personne – le contenu – mais qui est surtout orientée par les « jeux de langage ». Comment la personne exprime-t-elle l'histoire qu'elle raconte ? Comment structure-t-elle sa description ? Quelle place occupe-t-elle ou se donne-t-elle dans sa description ? Comment a-t-elle construit la trame de son histoire – à l'image de la trame d'un tissu ? Trame qui peut être porteuse de potentialités et de possibilités ou, *a contrario*, être à l'image d'un labyrinthe qui parfois peut être sans issue. Certains « jeux de langage » peuvent en effet créer des « réalités » insolubles. Il s'agira alors de les faire évoluer. Nous en reparlerons dans le chapitre 8.

Le « coaching orienté solution® » : un changement de perspective

Le changement de perspective réside en ceci : penser en terme de *solution* et non pas en terme de *problème*, là où justement notre culture, notre formation nous conduisent le plus souvent. Par exemple, un manager engage son coaching pour un « problème » de délégation. La délégation est donc pensée et vécue en termes de « problème » : « Je ne fais pas confiance », « Je crains de rater des choses, de perdre des informations... ». Penser en termes de *solution* permettrait d'aborder et de questionner la délégation comme une solution. En quoi est-elle nécessaire ? Que va-t-elle permettre ? Quelles différences au quotidien va-t-elle générer ? Que va-t-elle changer ? Force est de constater que ce n'est pas le pied d'appel habituel...

Penser en terme de solution, c'est penser que la solution n'est pas la réponse au problème, à l'instar de la clé qui ouvre la serrure. Il convient de se départir de l'image d'une solution qui prendrait la place du problème. Si cette démarche peut avoir toute sa validité en mécanique, elle a peu de chances de donner des résultats opérants en matière de problèmes humains. Les éléments qui relèvent de la solution, qui appartiennent à « la classe des solutions », ne peuvent être du même ordre que ceux qui appartiennent à « la classe des problèmes ». Et si d'aventure on en vient à utiliser les éléments (que l'on croit être) de solution qui appartiennent à la « classe des problèmes », nous construisons là un nouveau problème, à plus ou moins brève échéance. Bref, espace du problème et espace de la solution sont différents et ne sont pas reliés entre eux. Le changement de perspective du point de vue de la pratique consiste alors à ne pas chercher à résoudre des problèmes mais à construire de nouvelles façons d'agir et d'interagir.

Dans la perspective du « coaching orienté solution® », la notion de « solution » ne saurait s'inscrire dans une définition académique ou littéraire. La dénomination du modèle met l'accent sur « solution » au singulier pour désigner un espace, mais aussi un état.

La notion de solution est associée aux éléments qui vont la composer et concourir à la construire. Les solutions renvoient au cheminement particulier que suit la personne pour les créer, pour développer un « espace solution » tout au long du coaching. Ce cheminement est en lui-même « solutionniste », dans la mesure où il va permettre à la personne de mobiliser ses points forts, ses capacités et ses qualités. Il repose sur un travail spécifique pour décrire et recenser l'ensemble des compétences – pris au sens des compétences personnelles, relationnelles – sur lesquelles s'appuyer. Il vise aussi à identifier, dans les situations professionnelles, ce que la personne fait, sait faire, et qui marche, comme autant de compétences et d'actions qui seront utiles pour atteindre l'objectif du coaching. Initier ce cheminement suppose de déployer une forme spécifique de questionnement et d'être dans une attitude qui favorise la coopération, comme nous le verrons plus loin.

Ce cheminement « solutionniste » va permettre de générer des éléments concrets liés à l'action, à l'interaction. Ils ont ceci de particulier qu'ils forment et font une différence entre les situations dans lesquelles ils sont présents et les situations dans lesquelles ils sont absents. Certains de ces éléments « différents » sont plus sensibles que d'autres. Ils produisent plus de modifications dans les situations.

Dans ce cas, on voit que certaines différences créaient plus de différence. Celles-ci sont de l'ordre de l'action, du comportement. Elles sont alors facilement accessibles et potentiellement mobilisables. Il s'agit de « petites choses » à faire... Il y aura à expérimenter ces « différences » dans les contextes, les situations et les interactions concernés par l'objectif du coaching. Introduire des (petites) « différences » dans une situation relationnelle par exemple ne peut que l'amener à se modifier et, en se modifiant, à engager un repositionnement, un recalage des différents acteurs. Chacun s'adapte. Et c'est précisément dans ces moments d'adaptation que se construisent les solutions...

Ce n'est donc pas dans les séances de coaching que se fabriquent les solutions. La séance permet de créer les conditions de leur construction en identifiant les « débuts de solutions » que nous appelons aussi « ressources actionnables »[1]. La solution, quant à elle, c'est *in vivo* qu'elle se construit.

1. Voir chapitre 10.

En résumé

Le « coaching orienté solution® » est un modèle conçu et dédié à la pratique du coaching professionnel. Il s'appuie sur la source conceptuelle du constructionnisme social qui repose sur l'idée que les réalités dans lesquelles nous vivons sont construites socialement, par les relations et les échanges que nous développons tout au long de notre vie. Ainsi, ce modèle aborde le coaching comme un espace de co-construction et de co-création entre la personne coachée et le coach. Le corpus théorique, quant à lui, est inspiré des principaux travaux de l'École de Palo Alto, et le cadre méthodologique est fourni par les méthodes et techniques développées par l'approche centrée sur les solutions. Celles-ci ont été redéfinies pour en adapter les pratiques et créer ce modèle de coaching. Le COS s'inscrit résolument dans une pratique systémique. Il vise à travailler et à développer les interactions des personnes avec leur environnement au sens générique du terme. Enfin, ce modèle original engage le coach dans un changement de perspective, celui-ci ne s'orientant pas (ou plus) vers la résolution de problèmes, mais vers les processus générateurs de solutions.

Chapitre 6

Les fondements du « coaching orienté solution® »

« Rien n'est plus pratique qu'une bonne théorie. »
Kurt Lewin

Nous insistons sur l'importance des développements qui suivent pour la pratique du « coaching orienté solution® ». En effet, les méthodes et techniques qui seront présentées dans les prochains chapitres n'ont de sens, de pertinence et, le cas échéant, d'efficacité que dans la mesure où elles sont reliées au cadre qui leur donne une cohérence. Coacher par la construction de solution ne réside pas tant dans les techniques que dans le développement d'une posture d'accompagnement juste et adaptée. C'est tout l'enjeu de ce chapitre.

Les spécificités du « coaching orienté solution® »

Pour sa mise en œuvre, le « coaching orienté solution® » se fonde sur *huit spécificités différentes* qui vont orienter sa pratique. Celles-ci participent à définir la vision portée par ce modèle, et l'esprit et la philosophie du coach.

1. Un modèle et une pratique « non diagnostiques »

Nombre de pratiques de coaching s'appuient sur différentes méthodes diagnostiques. Mentionnons des outils d'évaluation comme le 360°, des outils d'auto-évaluation, comme les inventaires typologiques de personnalité, ou encore des outils de diagnostic de situation et d'organisation, comme la « théorie des organisations » de Berne, qui visent à « objectiver » des données donnant au coach des pistes et des orientations.

De son côté, le « coaching orienté solution® » ne procède d'aucun diagnostic que ce soit lors de l'engagement de la démarche de coaching ou encore au cours de celle-ci. Le parti pris du modèle, en cohérence avec ses référentiels conceptuels et théoriques, est celui d'un travail de coaching construit à partir de la parole. Ce mode de travail vise pour la personne coachée :

- à élaborer de nouvelles formes de représentation, de nouvelles façons de construire la « réalité » ;
- à identifier, en contexte, les ressources qui sont utiles et mobilisables dans les situations qui impliquent le changement ;
- à expérimenter des formes nouvelles d'action, de comportement, de relation qui permettent aussi d'initier l'action.

C'est le travail à partir du langage, de ce qui s'échange pour obtenir des formes nouvelles de langage et de description, qui sera l'axe privilégié de la pratique du « coaching orienté solution® ».

2. Le nombre de séances

Le temps du coaching renvoie autant à sa durée qu'à son rythme. C'est pour le « coaching orienté solution® » un moyen et une ressource permettant de mobiliser les capacités et les compétences de la personne pour concrétiser les changements attendus. Dans cette perspective, le nombre de séances de coaching est fixé à six. L'expérience de la pratique centrée sur les solutions a mis en évidence que ce nombre était suffisant pour initier les changements. Elle démontre également qu'un nombre supérieur de séances ne saurait garantir qu'il s'y produirait alors ce qui ne se serait pas produit avant. Selon les travaux de Steve de Shazer, une durée longue d'accompagnement s'avère peu ou pas productive. Dix années de pratique du « coaching orienté solution® » mettent aussi en évidence que certains coachings sont terminés au terme de quatre ou cinq séances.

Ce nombre de six séances convient à la personne coachée pour qui la contrainte de temps et les échéances déterminées du temps viennent amplifier l'engagement dans l'action ; les six séances s'appliquent tout autant au coach, l'incitant par là même à mobiliser les conditions du changement pour lequel la personne coachée s'est engagée. L'un et l'autre sont contenus dans le temps déterminé et par là même tenus d'aller à l'essentiel. Enfin, le processus de travail centré sur les solutions autorise ce nombre de séances. Nous préconisons une durée de deux heures pour chaque séance, avec une gestion rigoureuse du temps. Des marges de manœuvre sont possibles pour ajuster le rythme à l'actualité de la personne coachée, mais aussi pour lui accorder le temps nécessaire à l'expérimentation de ce qui est décidé lors de la séance. D'une façon générale, la durée d'un coaching oscillera entre trois et six mois.

3. La compétence du coaché

Le « coaching orienté solution® » s'appuie sur une conviction, portée par le coach et sous-tendue dans ses interventions : la personne coachée *est* compétente. Nous ne disons pas qu'elle a des compétences, mais qu'elle *est* compétente. Cette nuance, en apparence sémantique, a une portée qui se traduit par des effets réels dans la relation de coaching et dans le travail qui s'y mène. Le terme « compétence » est à prendre dans son acception la plus large. Parce que le coach est convaincu de la compétence de la personne, celle-ci peut mobiliser les changements attendus. Elle s'étaye alors sur la conviction implicite du coach. Cette conviction est une confiance inébranlable chez le coach qui peut et va mobiliser ses ressources au cours du coaching. Ce que nous nommons « compétence » est de cet ordre : la possibilité de la personne à mobiliser ses ressources propres, mais aussi le processus singulier par lequel elle y parviendra. Cette conviction du coach centrée sur la personne compétente est aussi à rapprocher de l'effet pygmalion décrit par les expériences de Rosenthal[1]. Il a démontré que les *a priori*, les certitudes et les convictions d'une personne (l'enseignant, dans l'expérience) influencent la relation et les résultats que peut obtenir une autre personne (le collégien, dans l'expérience), alors même que ces convictions ne sont pas exprimées verbalement…

4. Les points forts

La dénomination « point fort » recouvre des réalités très larges et vastes. Elle ne saurait se résumer à une définition stricte. Les points forts de la personne coachée renvoient à tout ce qu'elle sait faire, tout ce qu'elle fait et tout ce qui « marche bien » pour elle dans son quotidien et sa vie professionnelle. Ils peuvent donc être tantôt des actions, tantôt des comportements, des attitudes, un ton de voix… Un point fort ne l'est pas en lui-même, intrinsèquement, mais il prend sa valeur dans une situation donnée. Un exemple de point fort est la facilité et l'aisance avec lesquelles une personne sait entrer en relation avec des individus qu'elle ne connaît pas. Le « coaching orienté solution® » va s'attacher à explorer les points forts de la personne, à mettre le focus sur ce qu'elle fait d'utile, sur ce qu'elle sait bien faire. Le coach utilise pour cela les techniques de questionnement du modèle COS. Cependant, avant toute chose, il oriente son écoute vers ces points forts lorsqu'ils s'expriment ou lorsqu'ils sont potentiels. Orienter le regard de la personne coachée vers ses points forts est une démarche qui prend le contre-pied d'une pratique dont l'écoute est centrée sur le problème, sa compréhension et les solutions qui y sont liées. L'expérience du « coaching orienté solution® » montre que, même dans les situations les plus difficiles, les personnes possèdent des points forts. La motivation de la personne coachée augmente sensiblement lorsqu'une focalisation régulière est faite sur eux. S'orienter vers les points forts de façon fréquente permet à la personne coachée de « se décaler ». Elle envisage alors de faire des choses utiles même dans les situations difficiles. Par exemple, une personne exprime ses difficultés à se sentir sereine lorsqu'elle est en groupe ou lorsqu'elle participe à des réunions. Elle s'est finalement

1. Robert Rosenthal, *Pygmalion à l'école*, Casterman, 1971.

appuyée sur un point fort : sa capacité d'observation pour aborder différemment ces situations. En utilisant ce « point fort » elle se décentrait, au lieu de « s'observer » elle en est venue à observer l'environnement. La forme de son expérience a changé, elle a pu mettre en œuvre des comportements différents. Enfin, travailler à révéler les points forts ne relève pas d'une démarche positiviste, souvent simpliste. Les points forts ne sont pas des incantations ni des suggestions ou des autosuggestions. Ils sont mis en acte et exprimés dans des situations vécues par la personne coachée. Ils appartiennent à son expérience.

5. La créativité

Pour le « coaching orienté solution® » le changement visé par le travail de coaching est associé à la notion de créativité de la personne coachée. Elle est la clé de voûte du changement. Une personne qui rencontre des difficultés qu'elle ne sait résoudre ou une personne qui souhaite un changement ont en commun la nécessité de mobiliser leur créativité. Nous considérons que construire des solutions, s'adapter aux situations, aux imprévus relève d'une forme de créativité que chacun possède. Dans certains cas, celle-ci peut être en sommeil ! La pratique du « coaching orienté solution® » va alors mobiliser la capacité de la personne à imaginer, à trouver et expérimenter des façons de faire, des actions à mener. Elle est aussi le processus singulier par lequel la personne coachée trouve des aménagements, des combinaisons, des idées qui lui sont propres et qui feront l'objet d'expérimentation entre les séances. Avec le « coaching orienté solution® », la question de fond n'est donc pas, pour le coach, comment aider pour résoudre, dépasser un problème ou atteindre l'objectif, mais plutôt comment aider à mobiliser la créativité de la personne… Un déplacement de regard, et donc de pratiques.

6. Le premier pas…

Le coaching est centré sur un objectif. Il implique une mise en action de la part de la personne coachée. Mais parler d'« action » ne dit rien de la nature de l'action, de son importance, de sa difficulté. Le « coaching orienté solution® » va mettre l'accent sur la notion de

« premier pas » et même de « premier petit pas ». Le principe est alors d'engager l'action de façon très modeste afin qu'elle soit toujours à la portée du coaché. Dans ce « premier pas », il y a un peu de risques pour qu'il y ait suffisamment d'enjeu. Il induit surtout pour la personne la possibilité et l'assurance de réussir. Coaché et coach vont se mobiliser, dès la première séance, pour chercher ce ou ces « premiers pas » dans l'optique de faire quelque chose de différent (de l'habitude) dans une situation identifiée. Par exemple, un manager dans l'industrie se décrivait très prompt à donner des conseils et des solutions à son équipe, tout en remarquant qu'elle ne faisait guère preuve d'initiative. Un premier pas, pour lui, fut de décider de se taire pendant les premières minutes d'un échange avec un ou des membres de son équipe. Se taire... pour écouter. Ce premier pas lui a permis de découvrir que son équipe était porteuse d'idées et de suggestions. Or ce « premier pas », même s'il est facile à faire, même si la personne coachée est sûre de pouvoir le faire, il n'est pas assuré qu'elle le fera. Ce « premier pas » est un challenge. Et c'est bien cela qui compte...

7. Incertitude et doute

Le « coaching orienté solution® » fait de l'*incertain* et du *doute* des axes de travail. Cela peut, de prime abord, sembler curieux. D'autant qu'il peut paraître beaucoup plus confortable d'avoir des certitudes que des doutes... Dans la pratique du « coaching orienté solution® », l'incertitude et le doute sont porteurs de potentialités. Ils permettent d'aborder les situations avec de multiples regards, et par là, d'envisager des opportunités, des « possibles ». La certitude n'est pas la meilleure ressource pour le changement, pas plus qu'elle n'est un vecteur favorisant la créativité. La prévalence de certitudes participe souvent à bloquer les situations, à verrouiller les personnes dans des schémas de fonctionnement et de comportements qui s'avèrent peu adaptés. Les vérités ou les idées dogmatiques sont souvent d'excellents moyens pour alimenter les problèmes que rencontrent les gens. Ainsi la pratique du COS va consister, lorsque cela est utile – et ce n'est ni rare ni accessoire –, à amplifier les doutes, à les déclencher afin de pouvoir construire des nouvelles orientations, de nouveaux

« possibles ». Lorsqu'une personne coachée décrit une situation à propos de laquelle elle a une explication, et que cette explication est en passe d'être une réelle certitude, il pourra s'avérer utile d'instiller le doute sur cette explication afin de pouvoir en construire d'autres. Par exemple, un coaché explique sa conviction d'être la cause des difficultés de fonctionnement d'une équipe. Son absence de réactivité est une certitude qui vient justifier les dysfonctionnements. Il fallut un long échange pour que cette certitude « vacille ». Des explications autres que son absence de réactivité ont pu être identifiées. Et par le biais de nouvelles explications peuvent alors se dégager des marges de manœuvre nouvelles, des actions possibles. Ne perdons pas de vue que ce que décrit la personne est une construction et non pas la situation… La clé est alors de favoriser la construction d'autres « réalités » plus porteuses.

8. Minimalisme du coach

Pour terminer ce tour d'horizon des spécificités du « coaching orienté solution® », nous allons aborder l'intervention du coach. Elle concerne ce qu'il fait au cours des séances, les actions qu'il mène, les méthodes et techniques qu'il mobilise dans un but donné. Le parti pris du modèle COS est qu'elle doit être minimaliste pour deux raisons principales :

- la réussite du coaching ne dépend nullement du nombre d'interventions du coach, ni de la « puissance » de ses techniques et autres outils. Le moteur du coaching est la *relation* entre les deux acteurs centraux que sont la personne coachée et le coach ;
- la personne au travail, la seule personne qui puisse être actrice du coaching, c'est la personne coachée. Cela implique alors de lui laisser l'espace le plus large possible : l'espace du coaching est le sien, le temps du coaching est le sien.

En développant une pratique minimaliste, le coach n'est pour autant ni absent ni indifférent. Il cible ses interventions, ses questions. Il oriente le travail, les échanges. Mais *a minima*. Ce qui augmente la portée de ses interventions par ailleurs. Pour le coach, il ne s'agit donc pas d'en faire beaucoup, mais d'intervenir lorsque c'est opportun, lorsque c'est utile pour la personne coachée.

Les neuf prémisses du « coaching orienté solution® »

Les prémisses désignent les hypothèses dont vont découler les pratiques. Elles sont les repères qui balisent et permettent d'orienter les interventions du coach. Les neuf prémisses du « coaching orienté solution® » découlent de sa source conceptuelle : le constructionnisme social. Chacune d'elles va être présentée et argumentée.

1. Toute situation évoquée par la personne coachée résulte d'une infinité de paramètres présents, passés, futurs, culturels, sociaux, relationnels, familiaux, psychologiques...

Deux aspects principaux sont soulignés. En premier lieu, cette prémisse met l'accent sur le fait que le « matériau » de travail dans le coaching est apporté par la personne coachée. Il est essentiellement constitué des situations, des contextes qu'elle est amenée à vivre dans son quotidien professionnel. Il est essentiel que la personne parle des situations qu'elle vit, qu'elle ne reste pas dans un discours général. Les échanges au cours de la séance doivent être le plus souvent « contextualisés », c'est-à-dire raccrochés à des situations vécues par la personne, observées par elle. Ce point est capital dans la pratique, car c'est dans la description des situations que se trouvent les clés et les actions à mener. En second lieu, la prémisse tend à montrer la complexité. Toute situation évoquée par la personne coachée est nécessairement complexe, au regard du nombre infini de paramètres qui composent l'évocation. Il serait vain de chercher à les recenser, de « creuser » toujours plus, comme à la recherche de la pièce manquante. De la même façon, il serait vain de vouloir comprendre, comprendre toujours plus et mieux. Ce qui va être utile est moins ce que dit la personne de la situation – le contenu – que la construction de son évocation – la façon dont elle décrit et raconte. La question devient alors : Comment construit-elle son évocation ? Comment les éléments sont-ils organisés pour faire une « histoire » ? Quelles sont les « impasses » de la construction – construction à travers le langage par laquelle la « réalité » prend forme pour la personne et pour chacun. Exemple : un manager explique avoir à préparer un dossier d'appel d'offres très important. Il construit la situation à partir de lui, exposant qu'il lui était impossible de tout faire, qu'il n'avait ni les moyens matériels ni le temps nécessaire pour monter correctement le dossier. Il soutient sa « construction » à partir des causes passées et présentes. Entrer dans l'analyse de chaque paramètre de la situation serait alors vain. Il a fallu qu'il prenne en compte, pour la re-définir, d'autres composantes qu'il ne percevait pas, en particulier les membres de son équipe.

2. Les situations évoquées par la personne coachée ne sont pas des objets, mais des co-constructions complexes, dont l'analyse est infinie

Au fond, l'expérience est assez simple car tellement quotidienne : que se passe-t-il lorsqu'une personne (ou soi-même...) expose une situation ? Et surtout, que se passe-t-il lorsque cette même personne la raconte une seconde fois, à un autre moment ? Les évocations ne sont jamais identiques... à tel point que l'histoire peut sensiblement changer en fonction de l'ordre de présentation des paramètres, en fonction de l'importance donnée à tel ou tel élément de la situation, en fonction de la personne à qui elle est rapportée. Avec le langage par lequel nous construisons le monde dans lequel nous vivons, il y a toujours de l'insaisissable. De même, il y a quelque chose qui échappe à la personne coachée comme au coach, à l'image du sable que l'on voudrait enserrer dans ses doigts. Les situations n'ont en elles-mêmes pas de sens, du moins pas d'autres sens que celui que les acteurs lui assignent. Et de surcroît les situations relatées par la personne coachée ne sont pas, et ne peuvent être, accessibles. Ce ne sont pas des objets.

Il ne s'agit pas bien entendu de dénier l'existence d'une situation rapportée, d'un événement relaté. Mais, une fois passés, ces situations et ces événements n'ont plus d'autre consistance et existence que subjectives. On connaît le grand classique. Différents témoins assistent à un accident : il y a autant de versions (plus ou moins dissemblables) que de témoins. L'accident, l'événement, une fois pris dans les rets du langage, est une construction. Mener une enquête, développer un questionnement d'investigation pour re-trouver les « situations » dans leur « réalité » et leur « vérité » – comme pour un objet –, « factualiser », comme on dit, n'est pas la voie royale du « coaching orienté solution® » ! Nous chercherons plutôt à faire évoluer les descriptions des situations, à regarder les éléments sous des angles différents, ce qui impliquera d'autres formes de narration. C'est là que se situent les marges de manœuvre qui permettront d'initier les changements dans le temps imparti. En reprenant l'exemple du manager et du dossier d'appel d'offres, on s'aperçoit que si nous avions considéré sa description de la situation comme un « objet réel » – ce dont lui-même était convaincu –, aucune marge de manœuvre n'aurait pu être envisagée. Que faire face au manque de temps, de ressources, dont le manager se plaignait ? C'est parce qu'il percevait la situation sous un certain angle que ces manques lui apparaissaient. Modifier l'angle de vue à partir de données différentes issues de la situation autorisera de nouvelles possibilités.

3. Il n'y a pas de « vrai » problème, ou de « plus gros » problème derrière le problème…

Il est assez courant qu'une personne s'engage dans un coaching à partir d'un *problème*. Les personnes s'accommodent et se débrouillent comme elles peuvent avec lui, jusqu'au moment où un changement intervient dans l'environnement. Il devient alors impossible de composer. Bref, le problème demande à ce que la personne s'occupe de lui. Selon les coachings, cette notion de problème va être plus ou moins importante. À tout le moins, elle est présente. Le « coaching orienté solution® » ne consiste pas à faire le déni du problème. Au contraire, il va être pris en compte et travaillé d'une façon particulière. Cet aspect sera développé en détail dans le chapitre 8.

Cette prémisse va à contre-courant des théories traditionnelles selon lesquelles le problème présenté par la personne n'est pas le problème mais qu'il est ailleurs. Le « coaching orienté solution® » part d'une autre perspective qui va avoir des incidences pratiques notables. Lorsque la personne évoque le problème, ou ce qui lui « fait problème », nous postulons qu'il n'y a rien d'autre derrière ce qui est dit. Et que l'évolution de la formulation du problème, qui ne manque pas de se produire au cours des séances, n'implique pas qu'il s'agit alors d'un problème qui était derrière le précédent, ni que celui-ci est plus « vrai » ou « réel » que le précédent qui a été exprimé. L'évolution de la formulation du problème, qui n'est autre qu'une nouvelle façon de le poser, est ce que nous appelons une « redéfinition ». La démarche d'intervention du « coaching orienté solution® » consiste alors à amener la personne coachée à lui donner différentes définitions. Ainsi, un problème peut être défini de prime abord comme un « manque de confiance en soi » puis, au cours de la séance, être re-défini comme « difficulté à s'affirmer », et un peu plus tard comme une « peur du jugement des autres » et encore comme « je n'ose pas dire ce que je pense, pour ne pas heurter les autres ». Aucune de ces définitions n'est « la bonne », elles sont toutes justes pour la personne. Au cours du coaching, nous aurons à construire une définition qui rendra le problème « travaillable ».

4. C'est à partir des solutions que l'on crée des solutions

Cette quatrième proposition présente tous les attraits de la tautologie, et pourtant… Cette prémisse invite à nouveau le coach à se décaler du schéma de pensée dominant : problème → solution. L'idée est la suivante : si l'on décline les solutions à partir de l'espace « problème », nous n'allons que prolonger le problème sous la forme de ce qui paraît être une « solution » et/ou un objectif. Prenons l'exemple de la personne qui exprime un certain problème de « confiance en elle » lorsqu'elle doit s'exprimer et intervenir dans des situations à enjeux, dans des situations de réunion en présence de ses responsables hiérarchiques. Et dont l'objectif – qui est aussi pour elle sa solution – est qu'elle ait confiance en elle dans ces mêmes situations. Nous sommes toujours ici dans l'espace problème… La transformation en positif, dans la formulation, n'indique nullement que l'espace depuis lequel la personne se situe ait changé. Elle parle toujours « depuis la même place ». Ce serait le cas par exemple d'une personne qui identifie un problème de « manque de confiance en elle-même », et se fixerait comme objectif de « développer une meilleure confiance en soi ». Nous voyons qu'il n'y a pas de déplacement : l'espace problème est simplement transporté dans l'espace objectif. Mais solutions et objectifs impliquent que l'on change d'espace et que la personne se déplace. En conservant l'exemple précédent, l'objectif pourrait alors être « Dire ce que je pense », « Affirmer mes opinions ». Il en va de même pour les solutions. Pour les générer, on ne peut le faire que depuis et à partir des solutions selon le schéma : problème / solution → solution. Enfin, pour aller au bout de l'idée, nous pensons d'ailleurs que les solutions n'ont pas nécessairement de liens logiques avec le problème. Solutions et problèmes ne sont ni du même ordre ni de même nature.

5. La personne coachée est l'experte de son changement

Cette prémisse vient illustrer le parti pris exposé précédemment : la personne est compétente. Et non seulement elle est compétente mais elle est la seule à savoir ce dont elle a besoin pour initier le changement souhaité. Personne ne la connaît mieux qu'elle. L'intervention du coach va avoir une visée : renforcer son expertise, lui permettre de se l'approprier et de la déployer. Ainsi apparaît un autre aspect induit par cette hypothèse : le coach est dans une position de non-savoir. Le « sachant », c'est la personne coachée. Le coach ne sait pas pour la personne coachée. Il ignore tout des solutions possibles pour la personne, tout de ce qu'elle peut faire et de comment elle peut faire pour atteindre ses objectifs. Ne pas savoir pour l'autre est la condition pour créer une asymétrie dans la relation, de telle sorte que la personne coachée puisse construire ses solutions par elle-même. C'est en tenant cette position de non-savoir que le coach installe une relation qui permet de révéler en quelque sorte le savoir chez la personne coachée et, *in fine*, son expertise. Nous développerons d'autres aspects du « non-savoir » chez le coach, à la fin de ce chapitre.

6. La personne coachée a une manière propre de coopérer

La relation qui se crée entre coaché et coach est le moteur du coaching. Le « coaching orienté solution® » s'étaye sur un principe clé : la coopération. En ce sens, il est une approche coopérative, tant de la personne que du changement. En effet, à partir du moment où la personne a décidé de s'engager dans le coaching, à partir du moment où elle a construit son objectif et a manifesté son désir de changement, alors cette personne ne peut que coopérer. Reste que chaque personne aura ses façons bien à elle de le faire. Ainsi, le concept de coopération vient prendre la place du concept de résistance, c'est-à-dire de résistance au changement. Le « coaching orienté solution® » voit alors de la coopération, là où d'autres peuvent voir de la résistance. Tout comme la coopération, la résistance est un concept qui, une fois postulé, organise la perception et l'observation du coach. La résistance n'est donc pas une « réalité », sauf pour celui qui l'observe… Le principe de coopération va alors orienter la relation. Le rôle du coach est alors de l'amplifier et de s'appuyer sur elle. La démarche est tout autre lorsqu'il s'agit d'affronter la résistance… La coopération implique de valider les perceptions de la personne coachée – ce qui n'est pas une prise de position de la part du coach. Elle implique de considérer la personne dans son expertise, dans sa compétence à atteindre son objectif. En résumé, la coopération, c'est, pour le coach, de ne pas douter de la motivation et de l'engagement de la personne dans sa démarche de changement. La mise en œuvre du principe de coopération sera détaillée et illustrée au cours du chapitre 9.

7. Le changement est inévitable

Ce qui sous-tend cette prémisse est le principe de l'*impermanence*. Nous ne vivons jamais deux moments identiques, deux expériences identiques, rien n'est identique à rien, nos existences sont marquées par l'impermanence, l'incertitude. Cela n'est pas sans rappeler la philosophie bouddhiste. Alors si l'impermanence prévaut, nous allons créer de la permanence là où il n'y en a pas. Et nous avons besoin d'en créer, pour nous donner des repères, pour produire de la stabilité et nous fabriquer quelques certitudes. Il est possible d'ailleurs que certains problèmes rencontrés par une personne soient justement liés à sa façon de créer de la permanence. L'impermanence est alors du côté du changement, le changement perpétuel. Ce changement n'est pas une révolution permanente mais il est souvent si minime et si subtil qu'on ne le voit pas, ou que l'on n'y prête pas attention. Bref, chaque personne change, en permanence. Le rôle du coach est alors de permettre à la personne coachée de repérer ce processus à l'œuvre et de l'accompagner.

8. Le changement peut être rapide et durable : un premier petit changement déclenché par un « premier pas » est la seule chose utile…

Deux idées s'expriment dans cette proposition. La croyance est répandue, à propos du changement, qu'il serait lié au temps. Qu'il faut du temps pour qu'une personne obtienne des changements et que, si elle en obtient en peu de temps, ils ne peuvent être que « superficiels » et peu durables.

Une première idée portée par cette prémisse va à l'inverse de cette croyance. Le changement peut s'initier rapidement, se produire dans un temps court sans que cela n'enlève rien à sa durabilité. Le changement intervient parce que la personne s'y engage, parce qu'elle a décidé de changer quelque chose et que sa motivation est pleine et entière.

La seconde idée renvoie aux premiers signes du changement qui s'initie. Et ces signes sont déterminants pour enclencher un « effet boule de neige », systémique peut-on dire, d'un premier « petit » changement qui en entraîne d'autres. Ce premier petit changement est à gagner par la personne. Il repose sur les actes, les actions différentes (de ce qui se fait habituellement), qu'elle va poser et mettre en œuvre. Identifier ces premières actions à mener est le travail prioritaire pour ensuite accompagner leur expérimentation et observer le(s) premier(s) petit(s) changement(s).

9. L'intervention du coach consiste à augmenter le pouvoir de la personne coachée

La proposition peut paraître subversive ! Le pouvoir dont il est question n'est pas le pouvoir hiérarchique et il ne s'agit pas non plus d'inviter la personne coachée à « prendre le pouvoir » autour d'elle. Le pouvoir souligné ici fait référence au pouvoir d'action et d'agir de la personne. Du reste, c'est là l'étymologie même du mot pouvoir : « être capable de », pour sa racine populaire latine, *potere*, et « avoir la force de », pour sa racine latine classique, *posse*. Ainsi, en incitant la personne à s'engager dans l'action, on « augmente » son pouvoir dans la mesure où elle l'exerce.

> En conclusion des neuf prémisses du « coaching orienté solution® » :
> – si ce n'est pas cassé chez le coaché, ne réparez pas…
> – si ce que fait le coaché marche, encouragez-le à continuer…
> – si ce que fait le coaché ne marche pas, suscitez sa créativité…

La posture de « non-savoir »

Revenons un moment sur la posture de « non-savoir » qui vient s'associer à une prémisse précédemment développée : le coaché est l'expert de son changement, ces deux éléments venant se relier au concept de coopération inhérent au modèle « coaching orienté solution® ».

Ces éléments – avec d'autres – forment un tout cohérent. Aborder la personne comme experte, c'est-à-dire la regarder comme compétente et possédant les savoirs dont elle a besoin pour mobiliser le changement voulu, suppose et implique une démarche de coopération. Et partir de l'expertise de la personne dans une démarche de coopération requiert que le coach tienne une posture particulière, une posture de « non-savoir ». Il renonce par là à « savoir pour l'autre », à penser savoir ce que la personne doit faire et comment elle doit le faire. Le coach ne doit pas non plus se contenter de faire semblant de ne pas savoir, ce qui ne tiendrait pas longtemps : la tentation de guider, de conseiller referait surface très rapidement. À partir d'un cheminement personnel, le coach en vient alors à renoncer à « savoir pour l'autre » et intègre l'idée que c'est une illusion. Et en renonçant à « savoir pour l'autre », le coach renonce du même coup à exercer un « pouvoir sur l'autre ». Cet aspect est illustré par le concept de « position basse » de l'approche systémique.

Une fois ce cap franchi, le coach n'étant plus embarrassé par un prétendu savoir pour l'autre, il est en mesure de se centrer pleinement sur la personne coachée et son savoir à elle, son expertise à elle. Il va alors pouvoir s'installer, vis-à-vis de la personne coachée, dans une position dans laquelle ses interventions, ses questions vont traduire une « curiosité » authentique. Il s'agit pour le coach de manifester son besoin « d'en savoir plus », et d'inviter la personne à « en dire plus », afin d'éviter l'expression d'opinions personnelles et d'*a priori*, tant sur la personne que sur le problème présenté, les objectifs ou encore les contextes dans lesquels la personne interagit. Le coach orienté solution se positionne de telle façon qu'il est toujours en état d'être informé par le coaché.

Par-delà la position particulière dans laquelle le coach s'installe, la posture de « non-savoir » s'appuie sur quelques techniques essentielles.

L'écoute

L'écoute vient à l'appui de la posture de « non-savoir ». Elle est décentrée de l'écoutant et centrée sur la personne coachée. Le coach cesse d'être à l'écoute de son propre dialogue intérieur qui l'invite à commenter, analyser, évaluer et interpréter ce que dit la personne. Cette écoute implique de réduire autant que possible la subjectivité inhérente au coach. S'il n'est pas concevable que la subjectivité disparaisse, elle peut néanmoins prendre une place moins prépondérante. Cela passe par une distanciation de la part du coach, vis-à-vis de lui-même et de la personne accompagnée. Cette mise à distance est une condition importante pour développer une écoute centrée sur la personne, qui amène à emprunter le raisonnement, la perception et les constructions de la personne coachée pour les questionner.

Prenons un contre-exemple, celui du coach qui perd toute distance lorsque son coaché fait état de son impuissance à agir dans une situation conflictuelle, qui ressemblerait étrangement au vécu du coach. Une confusion peut alors s'installer chez lui, et ses questions seront peut-être moins déterminées par la personne coachée que par sa propre expérience face à laquelle il manque de distance. On comprend ici à quel point la supervision du coach s'avère indispensable.

Le silence

Le silence, tant du côté de la personne coachée que du côté du coach, est un moment particulier de l'entretien. Il est fréquent qu'à la suite d'une question posée par le coach la personne se taise. Ce temps correspond à un temps d'intériorisation, à un moment de réflexion et d'élaboration. Au-delà du fait que le silence montre alors que la personne n'a pas une réponse toute faite à la question posée – ce qui est préférable... –, cela indique qu'elle introduit une « rupture » dans le mode de pensée, qu'elle ne va pas de soi, qu'elle demande le temps de sa construction. Il est essentiel que le coach respecte ce silence, et ne cède pas à la tentation de le rompre. Par exemple, en reformulant la question ou encore en posant une autre question. En laissant le temps de silence, le coach signifie à la personne que ce n'est pas lui qui va répondre à sa place et il montre ainsi qu'il est confiant dans la capacité de la personne coachée à construire en elle-même et par elle-même sa réponse.

Le silence peut aussi être utilisé par le coach afin de créer un espace « vide » dans l'interaction. Cela amènera la personne à approfondir sa réflexion, à développer d'autres idées, d'autres solutions. Pour ces différentes raisons, le silence est bien une technique venant soutenir la posture de « non-savoir » du coach.

Le coach professionnel doit donc travailler sur son propre rapport au silence, dépasser une gêne possible face au silence de la personne coachée. Dans la relation, le silence ne va pas de soi : il est assujetti à la culture et aux normes ambiantes qui n'y incitent pas.

Le langage de la personne

Les mots employés par la personne coachée pour décrire les situations, parler de ses objectifs, des problèmes qu'elle rencontre ont toute leur importance. Le « coaching orienté solution® » va s'attacher à respecter toutes les nuances de l'expression verbale. Le coach s'intéresse au sens et au choix des mots, en demandant à la personne de développer ses idées et ce qu'elle veut dire par l'utilisation de tel ou tel mot, de telle ou telle expression.

De la même façon, les reformulations fréquentes du coach s'appuient sur le langage de la personne, donc sur les mots réellement employés par elle. À la différence d'autres manières de reformuler, il ne s'agit pas pour le coach de dire dans ses mots à lui ce qu'il a compris ou entendu de la part de la personne coachée, mais bien de lui renvoyer en écho les mots-clés, les expressions particulières qu'elle a utilisés. C'est le moyen par lequel la personne coachée peut « s'entendre » parler.

La validation des perceptions

Le terme « perception » est pris dans une acception élargie. C'est un terme générique qui désigne les pensées, les ressentis, les conceptions, les convictions, les actions de la personne coachée en lien avec un sujet, une situation, un contexte. L'idée de valider systématiquement les perceptions de la personne ne consiste pas à signifier que le coach approuve ou désapprouve ce qu'elle dit. Il ne s'agit ni d'un jugement ni d'une évaluation exprimée par le coach. En revanche, l'idée est de reconnaître le point de vue singulier de la personne et de l'accepter comme une « perception » possible. Pour le coach, l'enjeu de cette validation est de s'appuyer sur ce qu'exprime la personne pour le travailler, le développer et pour envisager d'autres perceptions qui ouvriraient justement à d'autres « possibles ». Ces validations viennent confirmer la position de coopération dans la relation de coaching, autant qu'elles confirment que le coach n'a pas d'avis personnel sur les perceptions exprimées par la personne. La validation des perceptions souligne ainsi la posture de « non-savoir » déjà abordée au cours de cet ouvrage. Dans le cas du manager et de son dossier d'appel d'offres, le coach a systématiquement « validé » ce que la personne a exprimé. « Je comprends l'impossibilité que vous percevez », « En effet, le manque de temps est une réelle difficulté dans ce que vous évoquez ». Ces validations – qui ne signifient pas « Vous avez raison » – permettent d'ancrer une coopération entre les acteurs du coaching. À partir de là, les situations vont pouvoir être travaillées puisqu'elles ont été reconnues comme telles.

Accompagner, juste un pas derrière

En se situant « un pas derrière », le coach s'ajuste au rythme de la personne coachée : rythme de réflexion, d'expression, d'élaboration et de construction de perceptions nouvelles et de solutions. De notre point de vue, le coach a un rôle actif dans la relation et le travail de coaching. Il sollicite, il questionne, il relance, il interpelle, il provoque au besoin... Ce rôle actif doit être adapté à la personne, car pour chacune il diffère. En poursuivant la métaphore du « un pas derrière », notons que le coach n'ouvre pas le chemin, il ne montre pas la voie à suivre. En restant « un pas derrière », il signifie à la personne qu'il ne sait pas pour elle ce qu'est sa route. Il accompagne un cheminement de la pensée, une route qui se co-construit entre les acteurs tout au long du coaching.

En résumé

Dédié à la pratique du coaching professionnel et reposant sur une démarche centrée sur la construction de solution, le « coaching orienté solution® » se fonde sur une source conceptuelle : le constructionnisme social, et sur un corpus théorique : le modèle de Palo Alto. La pratique singulière du COS découle de ses neuf prémisses qui constituent les repères fondamentaux. Ils forment un modèle cohérent. La pratique du « coaching orienté solution® » suppose une appropriation réelle de son architecture, de telle sorte qu'elle exprime toute sa pertinence. Pour que cette pratique ait un sens, elle doit être alignée sur les concepts qui la justifient, sur la posture particulière qui la sous-tend.

Chapitre 7

Construire les objectifs du coaching

« Demain ne sera pas comme hier, il sera nouveau et dépendra de nous. Il est moins à découvrir qu'à inventer. »

Gaston Berger

La notion d'objectif est au cœur du « coaching orienté solution® ». Des confusions sont possibles, voire courantes, entre les notions d'objectif, de changement, d'effet attendu du changement, de solution… Elles tiennent aussi au fait qu'un seul terme, « objectif », désigne des niveaux différents.

En cohérence avec ses prémisses, le modèle « coaching orienté solution® » porte l'idée que l'objectif n'est pas quelque chose à débusquer tant il est « bien caché » dans les arcanes mentaux du coaché. Au contraire, c'est une construction par le langage, rendue possible par la relation et l'interaction entre personne coachée et coach.

Nous chercherons dans ce chapitre à repérer les différents niveaux d'objectifs impliqués dans le coaching, depuis la phase préliminaire du coaching prescrit et du coaching non prescrit. Des processus de questionnement sont proposés à l'expérimentation du lecteur.

Grâce à une méthode originale et créative, nous montrerons comment engager concrètement la personne à travailler deux autres niveaux d'objectifs à partir de celui, plus général, du coaching dans son ensemble.

De la demande à l'objectif

Le terme de « demande » est fréquemment employé dans le coaching. Celui-ci est moins un terme issu du champ professionnel et de l'entreprise qu'un terme venant du champ de la relation d'aide. Dans le cadre du « coaching orienté solution® », le recours à la notion de demande est fait dans une double perspective :

- *en premier lieu*, mieux distinguer encore le coaching en tant que processus d'accompagnement, au regard d'autres démarches mises en œuvre dans le champ professionnel. Soulignons par exemple que l'entreprise passe une « commande » aux consultants ou encore aux formateurs. Ainsi, le terme « demande », tout en étant largement utilisé dans d'autres champs comme la relation d'aide, permet, dans l'entreprise, de caractériser le coaching. Ce point nous paraît essentiel ;
- *en deuxième lieu*, la notion de « demande » renvoie à un ensemble de données, d'informations, de besoins, qui implique la construction d'un objectif qui deviendra celui du coaching. Ainsi, pour le « coaching orienté solution® », la demande et l'objectif se distinguent l'un de l'autre. En conséquence, l'objectif est une construction issue de la demande.

La demande de coaching

C'est une demande d'aide au changement ou à l'accompagnement vers un changement souhaité. Cette demande, exprimée au coach par une personne ou par un tiers dans l'entreprise, est d'ailleurs la condition indispensable qui mènera à la construction d'un objectif de coaching – car il est possible également qu'elle relève d'une autre démarche. Dans une perspective de « coaching orienté solution® », la demande doit avoir les caractéristiques suivantes :

- être exprimée dans le champ professionnel ;

- correspondre à un changement identifié sur lequel engager le coaching, qu'il soit prescrit ou non ;
- que la personne à coacher manifeste son désir de changement et d'engagement dans le coaching ;
- que le type de changement visé par la personne (et/ou son entreprise) et par l'accompagnement du coach soit cohérent avec le cadre du coaching ;
- que le coaching soit une réponse appropriée à la demande exprimée (en lieu et place d'une action de formation, d'un bilan professionnel, etc.).

Ce travail sera tout l'enjeu de la phase préliminaire du coaching, sous la forme d'entretien(s) préliminaire(s).

La demande est une notion large. Elle est l'expression verbale d'un ensemble de besoins, d'attentes, de ressources, de début de solutions, de situations soit vécues par la personne soit qu'elle a observées autour d'elle, de difficultés et/ou de problèmes, de changements attendus ou voulus, d'espoirs et de craintes envers l'avenir… Bref, la demande forme un ensemble composite, constitué d'une grande quantité de paramètres liés aux représentations des situations et aux interactions de la personne avec les contextes dans lesquels elle évolue. Illustrons cet aspect avec une « vignette », extraite de l'entretien préliminaire au cours duquel la personne exprimait sa demande. Jean-Paul est cadre d'une entreprise de services implantée sur tout le territoire national. Il est en poste dans une agence du Sud depuis un an, à la suite de son retour d'outre-mer où il a passé près de dix ans. Il a demandé à sa DRH la possibilité de rencontrer un coach, le coaching aurait lieu non pas parce qu'il lui est demandé, mais parce qu'il l'a choisi.

Jean-Paul : Cela fait un an que je suis là, et je dois bien reconnaître que j'ai pas encore trouvé ma place… Je connais le travail par cœur, j'ai vu toutes les évolutions, j'ai même largement participé à faire évoluer les procédures et le système informatique… Je ne sais pas ce que la directrice d'agence attend de moi, je crois que nous n'avons pas d'atomes

➤

crochus...Je commence à regretter d'être parti, au moins là-bas, outre-mer, je savais pourquoi j'y étais... Peut-être que je suis lassé par ce métier et qu'il va falloir que je pense à me reconvertir dans autre chose, mais quoi ? À 52 ans, c'est compliqué... Je me verrais bien repartir dans une autre agence, mais ma femme ne le voit pas comme ça... J'ai essayé de m'insérer dans l'équipe de direction de l'agence dont je fais partie, mais j'ai le sentiment de ne pas être le bienvenu... Je me réfugie dans mes activités, j'évite les contacts et je développe des outils de gestion et de pilotage que, bien entendu, mon équipe et les commerciaux n'utilisent pas... C'est difficile d'initier des changements... L'autre jour, j'ai fait une réunion avec mon équipe pour leur expliquer les derniers changements de procédure et les prochaines évolutions des supports techniques, cela s'est bien passé, je les ai rassurés, je crois, et puis nous avons déjeuné ensemble... Peut-être qu'il faudrait que je leur consacre plus de temps ?... Je me pose plein de questions et j'ai le sentiment de tourner en rond... Je ne sais plus si j'ai envie, il se peut tout simplement que je m'ennuie... Peut-être que de travailler plus avec les personnes donnerait un peu de relief à mes activités, que je fasse plus de management, comme on dit... Ça pourrait être ça, la solution...

On voit bien ici la dimension « composite » de la demande. Elle embrasse différentes questions qui participent du problème, des objectifs, des ressources, des débuts de solution. L'intervention du coach sur la demande revient à orienter l'échange pour permettre la construction d'un objectif.

L'objectif du coaching

L'objectif est une construction élaborée entre la personne et le coach : il émerge de la demande. L'objectif définit un axe de travail spécifique et prioritaire pour la personne. Il indique une direction et un thème sur lesquels les séances vont être mobilisées. Construire l'objectif est un moment important qui engage le coaching. Pour autant, cet objectif ainsi construit lors de l'entretien préliminaire reste nécessairement « général » et se présente en quelque sorte comme la porte d'entrée du coaching. L'hypothèse du « coaching orienté solution® » est que l'objectif ne va cesser, tout au long du coaching, de se reconstruire, de s'ajuster, de se re-formuler. Ainsi, les séances de travail, les sujets abordés, les différents niveaux d'objectifs mobilisés dans le coaching vont avoir pour effet cette re-construction de l'objectif. De la même façon, les événements, la vie quotidienne qui se déroulent au cours du coaching auront aussi des impacts sur l'objectif. Celui-ci n'est donc pas d'ordre « matériel ». Il n'est pas gravé dans le marbre dès le début du coaching, immobile. L'objectif n'est pas un idéal défini une fois pour toutes. Au contraire, ici l'objectif c'est du langage, c'est-à-dire une co-construction formulée à un moment donné : celui de l'entretien préliminaire. À évoluer, l'objectif n'en devient pas pour autant autre. Les ajustements de sa formulation n'en font pas un nouvel objectif mais font qu'il s'affine.

L'objectif principal et général élaboré à partir de la demande est structuré autour de trois éléments :

- « quoi » : à partir de la demande, il détermine ce sur « quoi » le coaching va porter. Il peut s'agir du « leadership » de la personne, de son « style managérial », de sa « communication », de son « mode relationnel » ;
- « avec qui » : il s'agit d'identifier et de définir les acteurs concernés et impliqués par le thème de l'objectif (le « quoi »). Le parti pris systémique du modèle « coaching orienté solution® » invite à admettre que l'objectif engage les interactions entre la personne et son environnement, entre la personne et les acteurs qui l'entourent. En identifiant « avec qui », l'objectif cherche à être atteint, son contexte s'en trouve également précisé ;
- « pour quoi » : le « pour quoi », en deux mots, va permettre de définir l'effet attendu de l'objectif par sa réalisation. Cet effet attendu peut alors concerner la personne elle-même, les acteurs avec qui elle travaille, la mission… Il convient ici de préciser où les effets de l'objectif sont ciblés.

Enfin l'objectif du coaching satisfait aux quatre principaux critères suivants :

- *réaliste* : l'objectif doit en effet être réaliste, c'est-à-dire à la portée de la personne et sous sa responsabilité, l'atteinte de l'objectif devant dépendre essentiellement de la personne ;

- *réalisable* : l'objectif doit pouvoir être atteint dans le cadre et dans le temps du coaching ;
- *constructif* : la formulation de l'objectif est positive, elle exprime ce qui est recherché, visé par la personne ;
- *évolutif* : l'objectif du coaching est un objectif de changement, centré sur l'évolution de comportements et de pratiques professionnels.

Pour illustrer la construction de l'objectif, retrouvons Jean-Paul au cours de l'entretien préliminaire à partir duquel son objectif de coaching a été construit :

Le coach : Qu'est-ce que seraient pour vous des changements significatifs ?
Jean-Paul : Un élargissement de mes activités actuelles, de meilleures relations. Non ! Que j'aie des échanges avec les autres, que je puisse confronter mes idées, mieux comprendre leur point de vue, que j'arrive au bureau le matin en étant sûr que je vais être utile, que je ne vais pas m'ennuyer…
Le coach : De qui principalement dépendent ces changements ?
Jean-Paul : Ben, je ne suis pas seul… Mais je peux faire quelque chose.
Le coach : Très bien, en fait pour obtenir ces changements, quel objectif pensez-vous indispensable d'atteindre ?
Jean-Paul : Pas évident de répondre ! Mais ce qui me vient à l'esprit, c'est de renforcer mes relations avec les autres.
Le coach : Renforcer vos relations ?
Jean-Paul : Oui, un peu comme en informatique : il faut que je développe un réseau.
Le coach : Votre objectif serait de développer votre réseau relationnel ?
Jean-Paul : Oui, ça changerait bien des choses.
Le coach : Et auprès de qui souhaitez-vous développer votre réseau relationnel ?
Jean-Paul : Clairement, mon équipe, que je dois apprendre à connaître et à reconnaître. Il y a aussi le petit staff de direction d'agence duquel je fais partie, nous ne sommes que trois, et puis un peu plus loin, l'équipe commerciale, avec qui je n'ai des contacts qu'en cas de problèmes techniques.

➤

➤

Le coach : Bon, vous distinguez trois types d'acteurs dans votre réseau, et finalement à quoi vous servira de développer ce réseau ? Qu'en attendez-vous ?
Jean-Paul : Pour moi, une plus grande intégration, avoir le sentiment de faire partie de l'agence et de son équipe. Mais le plus important ce sont les échanges, les partages d'informations, contribuer à la réussite de l'agence car ce que j'aime faire, c'est trouver des solutions aux problèmes. Alors si les gens ont appris à me connaître, ils pourront me solliciter, et moi je pourrai plancher sur les défauts techniques et proposer des solutions. Cogiter jusqu'à trouver la réponse au problème, ça m'a toujours amusé…
Le coach : Je comprends que c'est important que vous preniez plaisir à faire ce que vous faites… En résumé, quel objectif vous fixez-vous ?
Jean-Paul : Tout ça ! Plus sérieusement, développer mon réseau relationnel auprès de mon équipe et de l'équipe de direction de l'agence pour que le travail soit réellement collectif, pour apporter mon aide et ma contribution au bon fonctionnement de l'agence.

Nous voyons ici de quelle façon la logique du questionnement amène progressivement à construire l'objectif du coaching. Ce travail de questionnement est présenté dans le détail dans les pages suivantes de ce chapitre.

Les indicateurs de l'objectif du coaching

Les indicateurs de l'objectif du coaching peuvent, par exemple, être exprimés ainsi : « Propose des contributions constructives », « Prends du recul dans les situations à enjeux », « Contacte dix prospects par semaine ». Ils ne désignent donc pas strictement des éléments qui permettraient de « mesurer » à terme la réussite. En effet, comment déterminer à l'avance quels vont être les effets d'un changement de comportements ? Fondé sur la subjectivité, le travail de coaching vise à accompagner la personne vers le changement que son objectif formule en partie. Mais il est impossible de déterminer à l'avance les effets « réels » de ce changement. Les indicateurs ne peuvent alors être abordés que sous un aspect prévisionnel. Ils sont une hypothèse. *A contrario*, à envisager les indicateurs comme des éléments de mesure, le coaching ne saurait avoir d'autres visées qu'une mise en conformité de la personne avec les indicateurs, qui agiraient alors comme des normes auxquelles elle aurait à se conformer : une démarche aux antipodes du « coaching orienté solution® »…

Ainsi, ces indicateurs sont-ils plutôt liés aux différents niveaux de perception dont nous avons évoqué la nature précédemment. C'est parce que la personne coachée peut envisager des dimensions nouvelles, des perceptions différentes, des interprétations renouvelées des situations qu'elle prend conscience que des évolutions sont possibles. Ces évolutions de perception vont influencer l'objectif lui-même, et donc les indicateurs initialement formulés. C'est d'ailleurs là, la preuve d'une mise en mouvement. Or, tout l'enjeu du coaching est justement de développer cette dynamique.

Les indicateurs viennent compléter l'objectif dans sa définition et en préciser la nature. Ils servent de repères afin de mieux identifier les contextes dans lesquels les effets du coaching devraient se traduire. Ils vont préciser non seulement les changements attendus, mais aussi de quelle façon ceux-ci seront visibles, observables. Idéalement, ils doivent être « concrets », c'est-à-dire descriptifs. Ils mettent en évidence ce qui doit être observé et montrent qu'un ou des changements se sont produits.

Avec la pratique, force est de constater qu'il est fréquent, au moment de la phase préliminaire du coaching, que la personne ne soit pas en mesure de formuler des indicateurs concrets. Y parvenir suppose qu'elle puisse se représenter les contextes une fois le changement intervenu pour identifier les indicateurs de ce changement. Répondre à la question « À quoi verrez-vous que des changements se sont produits ? » ne va pas nécessairement de soi. Et cela est dans l'ordre des choses. En effet, si la personne a un objectif clair et précis et que, par ailleurs, les indicateurs le sont tout autant, il est fort probable qu'elle n'ait pas besoin d'un coach ! Au stade de l'entretien préliminaire, les indicateurs formulés peuvent alors rester généraux, relativement imprécis. Cela souligne, si besoin était, qu'ils ne peuvent être pris au pied de la lettre et qu'ils vont, eux aussi, se construire tout au long du coaching.

Retrouvons Jean-Paul pour illustrer le travail de formulation des indicateurs.

Le coach : Comment saurez-vous que votre coaching a été utile ?
Jean-Paul : Ce qui sera évident pour moi c'est d'arriver le matin de bonne humeur au bureau.
Le coach : La bonne humeur sera pour vous un signe, et quoi d'autre ?
Jean-Paul : Je passerai plus de temps avec les personnes que derrière mon ordinateur.
Le coach : D'accord, donc le temps consacré aux autres sera plus important. Y a-t-il autre chose qui vous indiquera la réussite de votre coaching ?
Jean-Paul : Oui, il y a aussi le fait que mon activité sera différente, un peu comme si j'avais changé de poste...

Dans cet exemple, nous pouvons remarquer que les indicateurs formulés par Jean-Paul sont de natures diverses. Il est d'ailleurs intéressant que le choix des indicateurs « balaie » différents aspects du changement attendu. Il n'en reste pas moins, et c'est fréquemment le cas, que les indicateurs retenus expriment une précision relative.

Maintenant que nous avons abordé les notions de demande, d'objectif du coaching et d'indicateurs, nous pouvons présenter la phase préliminaire du coaching dans ses différentes configurations.

Le coaching non prescrit : conduire l'entretien préliminaire

Le coaching est « non prescrit » lorsque le demandeur et le bénéficiaire sont une même personne. Cette configuration laisse donc supposer que la personne a décidé de demander à un coach de l'accompagner vers l'atteinte d'un objectif professionnel. *A priori*, nous sommes tentés de penser que cette personne fait preuve d'autonomie en se prenant en charge, qu'elle est, de cette façon, actrice des changements qu'elle vise. Toutes ces hypothèses peuvent certes s'avérer, mais nous devons rester attentifs aux apparences. Bien qu'une personne puisse demander elle-même à s'engager dans un accompagnement-coaching, rien ne nous assure qu'elle ne reçoive pas les invitations ou les pressions de son environnement professionnel, personnel ou les deux !

La phase préliminaire du coaching « non prescrit » va reposer sur un entretien entre la personne qui le demande et le professionnel identifié. En général, un seul entretien suffit. Dans certains cas, un deuxième peut être nécessaire. En particulier lorsque l'objectif n'a pu être suffisamment construit, lorsque celui-ci ne paraît pas explicitement relever du coaching – mais davantage d'une démarche de formation par exemple –, lorsque des ambiguïtés trop importantes n'ont pu être clarifiées. Il est important d'insister sur le fait que l'entretien préliminaire n'est pas une séance de coaching. Il ne consiste pas à faire expérimenter à la personne ce que peut être le coaching, ou encore à montrer ou suggérer que le coach est très « outillé » comme preuve de sa compétence… L'entretien préliminaire, d'une durée d'une heure et se déroulant dans l'entreprise le plus souvent, vise plusieurs objectifs :

- définir la demande et construire l'objectif du coaching ;
- valider que le coaching est la réponse adaptée aux besoins et à la demande de la personne ;
- permettre aux deux parties prenantes de s'assurer qu'elles peuvent et souhaitent travailler ensemble ;
- répondre aux questions et aux demandes d'information de la personne sur le coaching et son déroulement, sur le coach et sa pratique.

La visée opérationnelle de cette étape est la construction d'un objectif de coaching, tel qu'il pourra figurer dans le contrat. À la suite de l'entretien, une fois confirmé par les parties prenantes leur souhait d'engager le coaching, le coach peut alors contractualiser la prestation.

Dans le cadre du modèle « coaching orienté solution® », nous proposons un fil rouge pour le déroulement de l'entretien préliminaire. Ce fil rouge est organisé autour de questions clés qui ont chacune leur fonction. Voici le processus que nous proposons, dont l'essentiel réside dans sa logique. Il demande à être ajusté, adapté à chaque situation. Cela vaut pour l'ensemble des processus proposés dans ce livre.

Le « coaching orienté solution® » : processus de l'entretien préliminaire non prescrit

Phase d'accueil et d'ouverture de l'entretien préliminaire

Le coach présente le déroulement, précise les finalités de l'entretien et ouvre sur une question non inductive :

Quel sujet vous amène à envisager un coaching ?

Phase d'exploration de l'environnement élargi

Le coach pose des questions pour situer la personne et sa demande dans l'environnement professionnel :

Qu'est-ce qui caractérise votre contexte professionnel ?

Il s'agit, là aussi, d'une question très ouverte : il est intéressant d'observer et d'écouter ce que la personne va exprimer, ce qu'elle va mettre en avant, l'ordre dans lequel elle va présenter son contexte. Des questions plus précises pourront, au besoin, être posées par le coach : Quelle est votre mission ? Depuis quand l'exercez-vous ? Dans cette entreprise ? Quelle est votre fonction ? Comment l'abordez-vous ? Quelles sont les contraintes de votre fonction ? Qu'est-ce que vous aimez et n'aimez pas dans votre fonction ?

Phase d'exploration des attentes

Qu'est-ce qui vous fait penser que le coaching peut vous aider ?

La question permet d'identifier le type de représentation du coaching que se fait la personne. Très large, la question lui permet, en lui laissant toute latitude dans la réponse, de définir ses attentes vis-à-vis du coaching et d'exprimer les besoins sous-tendus par ses attentes. Il est indispensable, à ce stade, de demander à la personne d'illustrer le plus précisément possible ses propos à partir de situations passées, présentes et à venir.

Phase d'exploration du changement

Quels changements souhaiteriez-vous voir se produire au cours de votre coaching ?

➤

La question va permettre d'identifier la nature des changements attendus. Il s'agit aussi de recenser ces changements en les associant aux situations dans lesquelles ils devraient se produire. Les réponses exprimées vont permettre d'évaluer le niveau de réalisme de ces changements attendus et s'ils relèvent d'une démarche de coaching professionnel. Les changements attendus sont un élément-clé de la demande, leur recensement facilite la réflexion sur l'objectif du coaching.

Phase de construction de l'objectif

Pour obtenir ces changements, quel objectif pensez-vous indispensable d'atteindre ?

Le principe est d'identifier d'abord le type de changements attendus, à partir de situations concrètes, pour aller vers l'objectif, qui apparaît alors comme englobant ces changements. L'objectif se situe donc comme un niveau juste au-dessus des changements identifiés. La formulation de l'objectif sera construite autour des trois composantes : le « quoi », le « avec qui » et le « pour quoi ». À ce stade intervient la formulation des indicateurs :

À quoi saurez-vous que votre coaching a été utile ?

Le questionnement autour des indicateurs est intimement lié à la construction de l'objectif. Du reste, un questionnement en « aller-retour » sur l'objectif d'une part, et les indicateurs d'autre part, permet souvent de préciser l'un et l'autre.

Phase d'information

À ce niveau de l'entretien, des informations sur le déroulement du coaching et ses modalités peuvent être proposées par le coach. Il s'agit aussi de répondre aux questions précises que se pose la personne sur le coaching et sur le coach.

Il nous paraît intéressant d'aborder cette phase non pas en début d'entretien mais plutôt à la fin, c'est-à-dire une fois la demande travaillée et l'objectif construit. Le type de questions et d'informations qui vont s'échanger à ce moment-là sera étayé sur l'entretien lui-même. Ainsi, les informations et les réponses apportées seront d'ordre moins général.

Ce processus repose donc sur six questions-clés, mais elles ne sont pas exhaustives. Elles créaient ici un fil conducteur et une trame logique pour le déroulement et la conduite de l'entretien. Suivre cette logique permet d'aller à l'essentiel au cours de l'entretien préliminaire qui, rappelons-le, n'est pas une séance de coaching.

Au terme de l'entretien préliminaire, il apparaît utile que la personne et le coach se donnent un temps de réflexion avant d'engager la démarche de coaching proprement dite. En effet, s'il est important que la personne choisisse le coach avec lequel elle souhaite être accompagnée, il est tout aussi important que le coach ait ce même choix. Pour le coach, ce temps de réflexion et de maturation lui permettra d'apporter des réponses aux questions utiles pour éclairer la décision :

- Qu'est-ce qui me fait penser que j'ai envie d'accompagner cette personne ?
- En quoi suis-je compétent pour répondre à cette demande ?
- En quoi le coaching est-il la meilleure réponse à cette demande ?

Il appartient au coach de s'engager de façon responsable dans la démarche, car le coaching implique les deux acteurs, coach et coaché.

Dès lors que l'engagement du coaching est décidé, le coach peut élaborer le contrat. Celui-ci indiquera :

- le nom du client / de l'entreprise ;
- le nom du bénéficiaire du coaching ;
- l'objectif du coaching, tel qu'il a été formulé lors de l'entretien préliminaire ;
- le lieu de déroulement des séances de coaching ;
- sa durée : nombre de séances et durée des séances. Rappelons que le modèle « coaching orienté solution® » est fondé sur six séances d'une durée de deux heures chacune ;
- les honoraires et les modalités de paiement ;
- les clauses générales : engagement des parties, report de séances, droit de réserve, conditions de résiliation et confidentialité ;
- les modalités de bilan ;
- les engagements déontologiques du coach (le code de déontologie sur lequel le coach est engagé peut être joint au contrat).

Modèle de base de contrat de coaching individuel

Entre :

Et :

Il est convenu ce qui suit :

Article 1 : La prestation

La mission concerne une prestation d'accompagnement individualisée dénommée « coaching », dont le / la bénéficiaire est monsieur/madame…

L'objectif du coaching est…

Le coach appelé à réaliser la prestation est…

Article 2 : Modalités de déroulement de la prestation

La prestation se déroulera sur la base de 6 séances de travail d'une durée de 2 heures. Deux séances complémentaires pourront être ajoutées à la demande du bénéficiaire et avec l'accord de sa hiérarchie. Un bilan sera réalisé à l'issue des séances. Il pourra être décidé de programmer de nouvelles séances de coaching. Celles-ci feront l'objet d'un nouveau contrat.

Les séances de travail seront programmées au fur et à mesure du déroulement de la prestation, au rythme d'une séance toutes les trois semaines en moyenne.

La première séance est fixée au :

Les séances auront lieu…

Article 3 : Dispositions financières

Le coût horaire est de … € H.T., soit … € H.T. par séance.

La facturation aura lieu au terme de chaque séance. Le règlement sera effectué à réception de facture.

Article 4 : Abandon, absence

En cas d'abandon de la prestation de la part du bénéficiaire, seules les séances réellement effectuées feront l'objet d'une facturation. Sauf cas de force majeure, l'absence non décommandée dans les 24 heures à une séance programmée fera l'objet d'une facturation.

Article 5 : Confidentialité

Le coach ne peut rendre compte de son action à un tiers que dans les limites établies avec le bénéficiaire. Le code de déontologie auquel l'intervenant souscrit est joint au présent contrat.

➤
Article 6 : Différend éventuel

Si une contestation ou un différend ne peuvent être réglés à l'amiable, le tribunal de XXXX sera seul compétent pour traiter le litige.

Fait à : le :

Signatures des parties

Le coaching prescrit : conduire les entretiens préliminaires

La prescription de coaching est une configuration typique et fréquente du coaching professionnel dans les organisations de travail, qu'elles soient privées ou publiques.

Il y a prescription lorsque le coaching est demandé par un tiers – le prescripteur – pour un collaborateur de l'entreprise. Dans cette configuration, le coaching va se fonder sur une relation triangulaire que nous pouvons représenter ainsi :

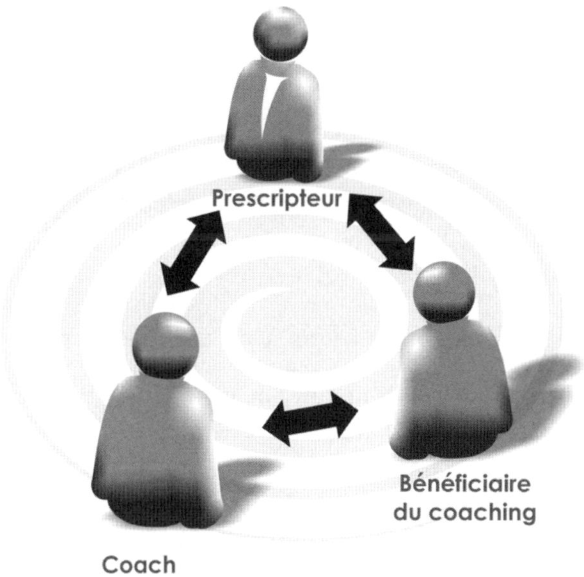

Schéma 2 – La relation triangulaire

Le coaching prescrit n'est pas sans poser de nombreuses questions, tant pratiques que déontologiques, voire éthiques, et en particulier la question relative au niveau de liberté qu'a le collaborateur d'accepter ou de refuser de s'engager dans le coaching. Le coach doit pouvoir apprécier dans quelle mesure le coaching prescrit est une proposition ou une mise sous contrainte de la personne. Si cette dernière est toujours possible, l'expérience montre que la prescription de coaching repose le plus souvent sur des échanges qui ont eu lieu en amont dans l'entreprise entre les personnes concernées. Cette proposition est perçue comme une opportunité offerte au collaborateur pour son développement professionnel, même si à l'évidence l'entreprise en attend un retour. Sa prescription n'entraîne donc pas systématiquement la mise sous contrainte et l'aliénation du collaborateur. Pour autant, la vigilance est de mise pour le coach...

La phase préliminaire du coaching prescrit va s'organiser autour de trois étapes, qui se dérouleront de préférence dans cet ordre :

- entretien préliminaire avec le prescripteur ;
- entretien préliminaire avec la personne bénéficiaire du coaching ;
- réunion tripartite de validation des attentes et de l'objectif du coaching.

Le modèle « coaching orienté solution® » a élaboré des processus de déroulement pour chacune de ces étapes. Chaque entretien a ses finalités et sa logique de questionnement reposant sur des questions-clés. Celles-ci ne sont pas exhaustives, mais elles créent un fil rouge pour chacun des entretiens. Attachons-nous maintenant à décrire ces trois étapes et à présenter le processus des entretiens.

L'entretien préliminaire avec le prescripteur

Dans l'hypothèse où la personne qui fait la demande de coaching ne serait pas le supérieur hiérarchique du bénéficiaire, il est souhaitable que, dans la mesure du possible, ce dernier soit invité à l'entretien. Cette étape préliminaire peut alors être un entretien entre manager direct, responsable RH et coach. L'intérêt de débuter la phase préliminaire par le prescripteur est d'appréhender son positionnement vis-à-vis du coaching et du bénéficiaire. En commençant de cette façon, le coach pourra obtenir des informations sur les échanges qui ont eu lieu en amont avec le bénéficiaire, sur le niveau d'information dont celui-ci dispose. Cela est d'autant plus important que le coach doit s'abstenir de se faire le « porte-parole » des uns ou des autres pour compenser d'éventuels déficits de communication à ce stade. Les objectifs de cette étape préliminaire sont multiples :

- établir la relation, le cas échéant, avec le prescripteur ;
- présenter son expérience de coach, son parcours et sa légitimité professionnelle ;
- développer une connaissance de l'entreprise ;
- travailler la demande du prescripteur, et construire l'objectif qu'il fixe au collaborateur par le coaching ;
- évaluer les possibilités de mise en œuvre du coaching.

Processus de l'entretien préliminaire avec le prescripteur

Phase d'ouverture de l'entretien préliminaire

La phase d'ouverture permet d'établir la relation et de préciser à la fois les modalités de déroulement de l'entretien et ce qu'il vise. Il est intéressant que le coach propose le processus et qu'il conduise l'entretien. Au cours de cette phase d'ouverture, les acteurs se présentent brièvement, le coach peut donner des indications, sur son expérience notamment.

Phase d'exploration de l'entreprise/organisation

Au cours de cette phase de l'entretien, qui reste générale et brève, le coach cherche à appréhender l'entreprise et son mode d'organisation : quelles sont les activités de l'entreprise ? Comment est-elle organisée ? Quel type de management y est valorisé ? Il s'agit de prendre des repères sur le contexte élargi dans lequel le bénéficiaire du coaching évolue, et cela à partir de ce que dit le prescripteur. N'oublions pas que ce qui est dit est une perception, le point de vue de celui qui parle et de la place d'où il parle…

Phase d'exploration du bénéficiaire du coaching

Il s'agit de préciser le contexte du bénéficiaire, les motifs qui ont amené la prescription du coaching, le niveau d'information partagé entre les acteurs et ce qui est attendu du coaching. Fil rouge de questionnement :

> *Quelle est sa fonction ? Sa mission ? Depuis quand ? Quel est son environnement de travail ?*

➤

Ces questions et d'autres du même registre visent à appréhender le bénéficiaire dans son environnement professionnel.

Phase d'exploration de la demande de coaching

Qui est à l'origine de la demande de coaching ?

Il est très utile de connaître et d'identifier la personne qui est à l'origine du projet d'engager un coaching pour le bénéficiaire.

En quoi a-t-il besoin d'un coaching ?

Cette question amène des informations, de préférence descriptives, sur les situations dans lesquelles des constats sont réalisés et des évolutions sont attendues. La question n'est volontairement pas « orientée problème », il sera intéressant d'être attentif à la construction de la réponse.

Quelles démarches ont été menées, tentées pour lui permettre de résoudre cette difficulté ?

Le terme « difficulté » est employé de façon générique pour désigner le besoin ; il sera judicieux d'employer les mêmes termes que ceux qu'utilisera le prescripteur. L'enjeu de cette question est de déterminer si des actions ont déjà été menées, si cette situation est récente ou non, si le coaching intervient en première intention ou en désespoir de cause !

Phase d'exploration de l'objectif du coaching

Quels changements souhaitez-vous voir se produire ?

Cette question a pour but de mettre en évidence les changements et les effets attendus du coaching. Ils renseignent sur la nature de l'objectif et vont en faciliter la construction lorsqu'ils seront identifiés. Les changements recensés auront à être construits dans une formulation plus large et globalisante : l'objectif du coaching.

Quel objectif souhaitez-vous qu'il atteigne ?

La formulation de l'objectif sera construite autour des trois composantes : le « quoi », le « avec qui » et le « pour quoi ».

Partagez-vous avec lui une vision commune de l'objectif à atteindre ?

Cette question-clé vise à mettre en évidence le niveau de communication et de partage entre le prescripteur et le bénéficiaire du coaching. Il s'agit aussi de questionner le niveau d'accord ou de désaccord qu'il peut y avoir entre les acteurs.

Est-il informé de votre souhait qu'il engage un coaching ?
– si non, pour quelles raisons ?
– si oui, comment a-t-il réagi à cette proposition ?

➤

La question peut de prime abord paraître saugrenue, mais le fait qu'un constat ait été partagé sur différentes situations entre les acteurs n'entraîne pas automatiquement que l'offre ou la proposition de coaching ait été clairement faite. Il s'agit également de comprendre de quelle façon cette offre a été faite auprès du bénéficiaire… Les évidences demandent toute notre vigilance !

Phase d'exploration des effets du coaching

À quoi saurez-vous que le coaching est utile ?
– au cours de la démarche ?
– au terme de l'accompagnement ?

C'est la question des indicateurs et plus généralement des modalités d'évaluation du coaching. Puisque le coaching est prescrit, il est indispensable de clarifier avec le prescripteur le mode d'évaluation ; il passe par des indicateurs exprimés par le prescripteur, par les observations que celui-ci pourra mener tout au long du coaching jusqu'à son terme. Dans le cadre du coaching prescrit, il est préférable de programmer un bilan d'étape à mi-parcours de la démarche. Ce bilan intermédiaire réunira le bénéficiaire, le prescripteur et le coach qui facilitera les échanges entre les deux autres acteurs.

Que se passera-t-il si le coaching n'apporte pas le changement attendu ? Si l'objectif n'est pas atteint ?

La question vise à faire apparaître les conséquences d'un échec du coaching et ainsi à mettre en évidence le niveau de contraintes et de risques pour le bénéficiaire. Si l'échec du coaching devait entraîner des conséquences, il est indispensable que le bénéficiaire en soit très clairement informé. Il appartient ensuite au coach de décider de s'engager ou non.

L'entretien préliminaire avec le bénéficiaire

Après cette première étape avec le prescripteur, l'entretien préliminaire avec le bénéficiaire peut s'engager. Il poursuit plusieurs objectifs :

- établir la relation avec la personne susceptible de s'engager dans le coaching (nous la nommerons « bénéficiaire ») ;
- appréhender son environnement professionnel ;
- construire un objectif qui lui est propre ;
- évaluer les possibilités de mise en œuvre du coaching ;

- présenter son expérience de coach, son parcours et sa légitimité professionnelle.

Cet entretien doit permettre de construire un objectif propre au bénéficiaire, de sorte qu'il ou elle puisse trouver une motivation personnelle dans le travail de coaching. L'enjeu est aussi de créer un équilibre entre les objectifs – du prescripteur et du bénéficiaire – de telle sorte que le coaching prescrit ne bascule pas dans une démarche de normalisation, fondée sur les seules attentes de l'entreprise. Ce qui signifie dans cette configuration que le coaching se développera sur deux niveaux d'objectifs : l'un formulé par le prescripteur, l'autre formulé par le bénéficiaire. Cet objectif ne sera pas nécessairement communiqué au prescripteur, le bénéficiaire décidant d'en faire part ou non. En étant différents, ces objectifs n'en sont pas pour autant incompatibles. Le coach a la responsabilité de valider ces deux objectifs, de les reconnaître comme compatibles, de tenir le cadre dans la synthèse des intérêts des différents acteurs.

Processus de l'entretien préliminaire prescrit avec le bénéficiaire

Phase d'ouverture de l'entretien préliminaire

Elle revêt une importance capitale. La position du bénéficiaire n'est pas nécessairement confortable… Il n'a *a priori* rien demandé. Il est présent parce que sa hiérarchie l'a souhaité. Il n'est donc pas anormal qu'il ait quelques légitimes inquiétudes notamment sur ce que sa parole peut devenir. Il est essentiel que le coach pose le cadre, et explique clairement les engagements déontologiques qui sont les siens, en particulier sur la confidentialité des échanges. À ce sujet, le lecteur peut se reporter au chapitre 3.

Phase d'exploration de l'environnement professionnel du bénéficiaire du coaching

Quelle est votre fonction ? Depuis quand ?
Qu'est-ce qui caractérise votre environnement professionnel ?
Qu'est-ce que vous appréciez le plus dans votre mission ?
Quelles sont les contraintes liées à votre mission ?

Ces questions, ou d'autres de cet ordre, visent à situer la personne dans son contexte professionnel et à écouter la façon dont elle en parle.

➤

➤

Phase d'exploration des attentes du bénéficiaire du coaching

Qu'attendez-vous de notre entretien ?

La question présuppose que la personne a une attente dans la mesure où elle a décidé d'être présente à l'entretien. Le but est de les clarifier. Dans cette configuration, il est possible qu'une personne n'ait pas d'attentes. Nous développerons ce point avec la « relation visiteur » dans le chapitre 9.

Selon vous, pourquoi « le prescripteur » a-t-il souhaité notre rencontre ?

Il est intéressant que la personne exprime ce qu'elle sait de sa présence et de la raison pour laquelle le « prescripteur » a souhaité qu'elle rencontre un coach. Ce dernier peut alors appréhender les écarts, aussi inévitables que naturels, entre les perceptions du prescripteur et celles de la personne « bénéficiaire ». Écart ne signifie pas pour autant contradiction. Par exemple, un prescripteur peut attendre du coaching de son collaborateur « qu'il tienne les délais des projets pour lesquels il est responsable », et le collaborateur peut avoir à exprimer auprès du coach son besoin de « mieux s'affirmer dans la gestion de son équipe et des délégations qu'il a mises en place avec elle ». Prescripteur et bénéficiaire ne regardent pas la réalité du même point de vue, d'où les écarts de perception qui, pour autant, ne sont pas contradictoires.

En quoi partagez-vous sa vision de l'objectif à atteindre ?

Que sait le bénéficiaire de l'objectif ? Comment le comprend-il ? Quel est son niveau d'information au sujet de l'objectif ? Et jusqu'où le partage-t-il ? Cette question va permettre d'appréhender son degré d'accord et potentiellement d'engagement.

Phase d'exploration de construction d'un objectif de coaching pour le bénéficiaire

Quelles améliorations et quels changements aimeriez-vous voir se produire et qui seraient utiles pour vous ?

Et pour obtenir cela, quel objectif voulez-vous atteindre ?
Qu'avez-vous tenté pour obtenir ce changement ?
Qu'est-ce qui vous fait penser que le coaching sera une aide ?
Peut-il y avoir des obstacles à ce que vous vous engagiez dans ce coaching ?

Cette logique de questionnement est centrée sur la construction d'un objectif propre au bénéficiaire, en repérant les changements qu'il souhaiterait voir se produire.

➤

➤

Phase d'exploration des effets du coaching pour le bénéficiaire

À quoi saurez-vous que le coaching aura été utile ?
Selon vous, que se passera-t-il si le coaching n'apporte pas les changements attendus ?

Cette phase porte sur la définition des indicateurs, et sur un échange autour des conséquences possibles d'un coaching qui n'aurait pas produit les effets attendus.

Phase d'information sur le cadre du coaching, son déroulement

Informer et échanger sur le fonctionnement (nombre de séances, durée, rythme), sur la pratique et sur la déontologie, sur la personne du coach (expérience, parcours).

L'enjeu de cet entretien préliminaire prescrit avec le bénéficiaire est double :

- construire avec lui un objectif qui lui sera propre ;
- valider son accord à s'engager pour atteindre l'objectif qui lui est prescrit.

La réunion tripartite de validation

Cette réunion tripartite est la troisième étape de la phase préliminaire de la prescription de coaching. La réunion vise à mettre en présence le prescripteur, le bénéficiaire et le coach. Ce dernier anime la réunion afin de :

- *permettre au prescripteur* de reformuler en présence des acteurs ses attentes vis-à-vis du collaborateur et du coaching ; d'exprimer l'objectif sur lequel le coaching doit porter, le type de changements qu'il attend de la démarche et du collaborateur ; l'ensemble des moyens qu'il est prêt à mobiliser pour la réussite de la démarche ;
- *permettre au bénéficiaire* d'exprimer son avis sur la démarche qui lui est proposée ; de faire part de ses points d'accord ou de désaccord ; de valider (ou non) son engagement dans le coaching et sur l'objectif défini par le prescripteur. Un échange au cours de la réunion peut amener à revisiter l'objectif prescrit afin de l'ajuster

pour qu'il soit partagé. Le bénéficiaire peut aussi formuler ses besoins propres et l'objectif sur lequel il souhaite aussi travailler – en lien avec l'objectif prescrit ;

- *permettre au coach* de présenter le mode et le cadre de travail du coaching, les modalités de mise en œuvre, ses engagements professionnels et déontologiques.

Le schéma suivant permet de visualiser les différentes étapes décrites jusqu'ici :

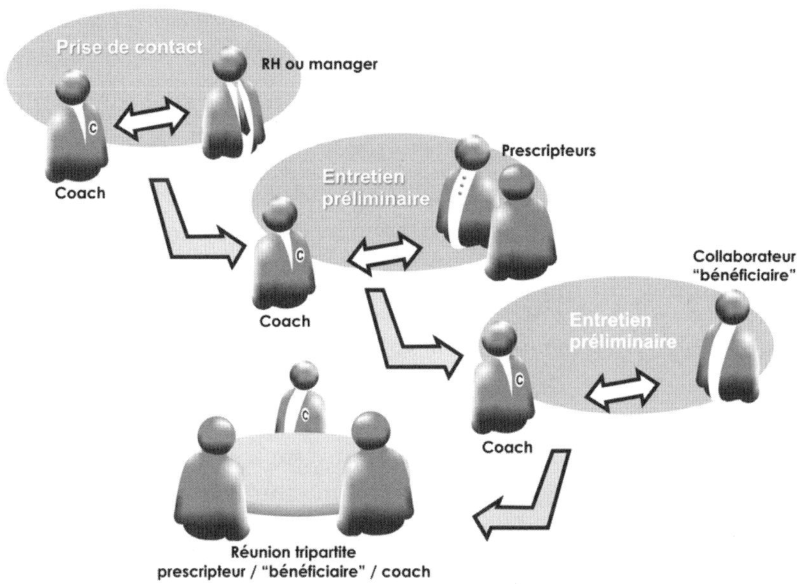

Schéma 3 – Étapes de la phase préliminaire du coaching prescrit

Au terme de la phase préliminaire, il est souhaitable que les acteurs se donnent un temps de réflexion pour confirmer l'engagement du coaching. Cela est également important pour le coach afin qu'il clarifie les motifs sur lesquels il va se fonder pour décider de s'engager dans le coaching. Dans cette perspective, nous avons élaboré le questionnement introspectif suivant :

- Dans quelle mesure le bénéficiaire est-il libre de refuser le coaching ?

- À partir de ces demandes et objectifs, puis-je agir dans l'intérêt des deux acteurs ?
- Quel est le degré d'adhésion du bénéficiaire à la proposition de coaching ?
- Y a-t-il des signes « d'instrumentalisation » du coach, du coaching ? Et si oui, lesquels ? Par exemple, nous devons nous interroger à ce propos lorsque le prescripteur se trouve en contradiction entre ce qu'il a exprimé auprès du coach et ce qu'il exprime en présence du bénéficiaire, lorsque les enjeux du coaching, s'il en est, ne sont pas clairement énoncés auprès du bénéficiaire...
- En quoi le coaching est-il la meilleure réponse à ces objectifs ?
- Qu'est-ce qui me fait penser que je peux intervenir dans ce contexte et répondre à ces demandes ?
- Qu'est-ce qui m'intéresse, m'attire dans l'accompagnement de cette personne ?

Nous considérons essentiel ce processus de décision. Elle ne peut être prise à la légère par le coach professionnel qui ainsi engage sa responsabilité. Dès lors que les décisions sont prises et confirmées, le coaching peut commencer, une fois le contrat signé. Pour le coaching « prescrit », les composantes du contrat restent les mêmes que pour le contrat de coaching « non prescrit » ; il faut être attentif à ce que l'objectif formulé sur le contrat soit bien l'objectif prescrit du coaching. Il ne nous paraît pas utile que le bénéficiaire/coaché signe le contrat. Il a vocation à lier commercialement et juridiquement l'entreprise cliente et le coach. De la même façon, il ne nous paraît pas pertinent de reporter au contrat les « indicateurs », et ce pour les raisons qui ont été développées précédemment.

Fonder le coaching sur les objectifs

Le coaching à proprement parler débute lorsque la phase préliminaire est conclue positivement et que le contrat a été signé par les acteurs concernés. Avec la phase préliminaire (coaching prescrit ou non prescrit), un premier niveau d'objectif est construit : l'objectif du coaching. Le modèle « coaching orienté solution® » donne une place centrale à la notion d'objectif. Celle-ci va constituer une trame sur laquelle la démarche va se fonder. Nous allons être amenés à distinguer différents niveaux d'objectifs qui vont créer la dynamique du travail.

1. *Le premier niveau* est issu de la phase préliminaire : l'objectif du coaching. Nous savons que, comme tout objectif d'ailleurs, il est une construction, et qu'elle ne va cesser d'évoluer tout au long du travail.
2. *Le deuxième niveau* correspond aux « objectifs spécifiques ». Ils expriment des axes de travail plus précis que le thème général de l'objectif du coaching. Les objectifs spécifiques vont se distinguer de l'objectif du coaching en ceci qu'ils sont :
   – plus précis : l'objet sur lequel porte l'objectif est plus concret ;
   – contextualisés : c'est-à-dire reliés à des domaines ou situations identifiés.

Par exemple, une personne coachée a comme objectif de coaching : « Développer une affirmation de soi... », et elle construit comme objectif spécifique : « Renégocier le contrat commercial avec l'entreprise Z ».

Le « coaching orienté solution® » invite à travailler les objectifs spécifiques le plus vite possible lors de l'engagement du coaching. Ils peuvent être mis au travail dès la première séance. Cela ne signifie pas que ce travail doit être nécessairement achevé au cours de cette séance, mais plutôt qu'il doit être engagé, initié. L'enjeu est d'orienter rapidement la personne vers la construction des objectifs qui vont dans le sens de l'objectif global. À cet effet, nous proposons et présentons dans la suite de ce chapitre le « cercle d'objectifs » comme support de travail créatif.

3. Le troisième niveau correspond à ce que nous appelons les « ressources actionnables », ou encore les « débuts de solutions ». Celles-ci sont les comportements par lesquels le coaché agit et qui s'expriment dans ses interactions avec son environnement, au sens

large du terme. Ce niveau d'objectif, comportemental, est le plus concret, le plus opérationnel, parce que lié aux situations vécues par la personne coachée. Par exemple, et comme nous le verrons de façon détaillée dans les vignettes, les ressources actionnables peuvent être : « Se placer à un endroit particulier autour de la table de réunion », « Dans une situation identifiée d'entretien regarder son interlocuteur », « Prendre la parole uniquement au moment où l'autre a terminé son propos ». Les « débuts de solution » vont alors être les « différences » de comportements et/ou d'interactions que la personne coachée va expérimenter *in vivo* dans les situations professionnelles quotidiennes. Ces « différences », pour reprendre l'expression de Gregory Bateson[1], qu'expriment les « ressources actionnables », ont pour finalité d'introduire des modifications dans les situations et les contextes dans lesquels la personne coachée évolue. Certaines ont tendance à faire « plus de différence » que d'autres, ce qui se traduit alors par des effets de changement. La recherche des « ressources actionnables » doit débuter dès la première séance. Des techniques de questionnement spécifiques permettent de les mettre en évidence, de les construire. Elles sont présentées dans le chapitre 10.

Les « ressources actionnables » vont ainsi se relier aux objectifs spécifiques, qui eux-mêmes sont reliés à l'objectif du coaching dans une logique de « système ». En d'autres termes, dès lors que coaché et coach travaillent sur un objectif, quel qu'en soit le niveau, c'est l'ensemble des objectifs qui est mis au travail, tous les objectifs interagissant entre eux comme l'illustre le schéma à la page suivante.

1. Gregory Bateson, *La nature et la pensée*, Seuil, 1984.

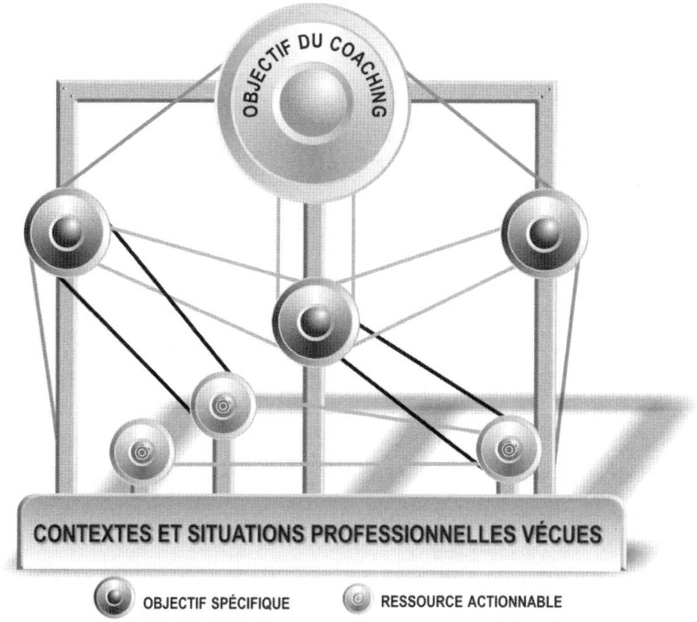

Schéma 4 – Interactions entre objectifs

Le « cercle d'objectifs »

Le « cercle d'objectifs » est un support technique et méthodologique original pour construire les objectifs spécifiques. Cette méthode de travail va engager activement la personne coachée dans la réflexion et la construction de ses objectifs. La méthode du « cercle d'objectifs » repose sur deux étapes. Il est préférable de travailler le « cercle d'objectifs » sur un tableau papier, ou à défaut sur de grandes feuilles de papier.

Description du processus de travail avec le « cercle d'objectifs »

Il est utile d'expliquer brièvement à la personne coachée que le travail qui va lui être proposé est centré sur ses objectifs et leur construction.

Étape 1

- Demandez à la personne coachée de se rendre au tableau papier et d'écrire en haut de la page son objectif de coaching. Ensuite, demandez-lui de tracer au centre de la feuille un cercle de grande taille (voir le schéma d'illustration).
- Maintenant, demandez-lui d'écrire à l'extérieur du cercle « tout ce qu'elle ne veut plus par rapport à son objectif de coaching » (formulation des éléments négatifs qui sont reliés à l'objectif du coaching) et d'écrire à l'intérieur du cercle « tous les contextes (ou domaines) et changements dans lesquels ils doivent se produire et qui sont contenus dans son objectif de coaching ».
- Il s'agit à ce stade de l'inviter à regrouper les éléments contenus à l'intérieur du cercle, à partir de thèmes qui se dégagent ; en général, deux à quatre thèmes (maximum). Ces thèmes sont maintenant à formuler en tant qu'objectifs spécifiques. La personne note à l'intérieur du cercle, dans une couleur différente, les deux, trois ou quatre objectifs.
- Demandez à la personne coachée de détacher la feuille et de découper (prévoir une paire de ciseaux !) le cercle. Il s'agit donc de séparer l'intérieur du cercle et son contenu, de l'extérieur du cercle et du contenu qui lui est attaché. Puis demandez à la personne de détruire la partie extérieure du cercle (qui contient donc « tout ce qu'elle ne veut plus »…). Il est intéressant à ce moment précis d'échanger avec la personne sur son vécu, sur ce qui se passe pour elle lorsqu'elle détruit cette partie. À ce niveau du travail, les objectifs spécifiques sont construits. La deuxième étape du « cercle d'objectifs » peut alors être proposée.

Étape 2

Cette deuxième étape du « cercle d'objectifs » repose sur la proposition faite à la personne de réaliser une tâche d'ici à la prochaine séance. Elle consiste à lui demander de découper un nouveau cercle, plus grand, sur lequel elle pourra illustrer ses objectifs (spécifiques) à partir d'images, de photos, de dessins… Et de lui demander d'afficher son « cercle d'objectifs » dans un endroit où elle le verra fréquemment. Enfin, le coach propose à la personne de ramener son cercle illustré lors de la prochaine séance afin de pouvoir en parler.

Le but implicite de cette deuxième étape est d'amener la personne à se focaliser sur ses objectifs, qu'elle y pense le plus souvent possible à travers ses recherches d'illustration et en l'affichant, de sorte qu'elle puisse voir son cercle, ses objectifs illustrés régulièrement. Enfin, en recourant aux images, dessins, c'est la créativité et l'imagination qui sont sollicitées. Elles participent de la dynamique des solutions de la personne.

En illustration, voici les contenus issus du cercle d'objectifs de Benjamin, chef de service d'une collectivité territoriale et dont le coaching a été prescrit. Il est chargé de piloter et de coordonner un groupe de travail sur des projets transversaux :

Objectif du coaching : Améliorer ma collaboration avec les quatre collègues chefs de service afin de développer des projets communs et transversaux.

Ce que je ne veux plus (quelques exemples) : Me mettre en colère, être stigmatisé, faire tout le travail, perdre mon temps, perdre ma crédibilité, l'agressivité ambiante…

Ce que je veux (quelques exemples) : De l'efficacité, un cadre clair et des rôles définis, un partage équitable du travail, du respect, une volonté commune de faire aboutir les projets…

Thèmes retenus pour les objectifs spécifiques : a) Communiquer de façon directe et pragmatique, b) Construire et proposer une organisation collective de travail, c) Accepter les différences d'opinion comme des contributions, d) Reconnaître les éléments positifs et me centrer sur eux.

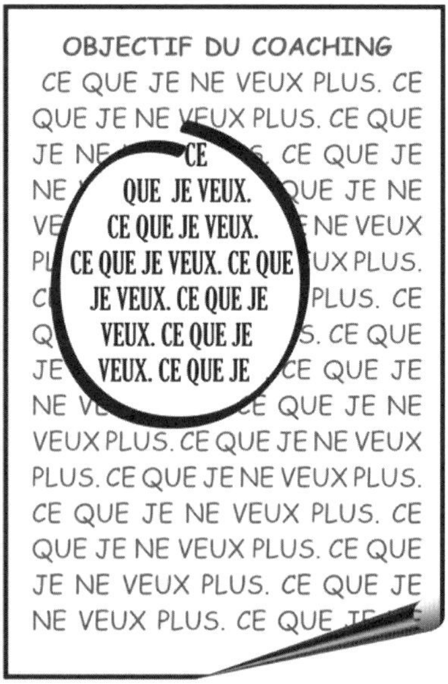

Schéma 5 – Illustration cercle d'objectifs

Quelques recommandations de mise en œuvre du « cercle d'objectifs » :

- le travail sur le « cercle d'objectifs » peut être engagé dès la première séance si cela s'y prête ;
- le temps nécessaire à la mise en œuvre du « cercle d'objectifs » est très variable selon les personnes, certaines peuvent réaliser la première étape en quarante-cinq minutes, d'autres en cent vingt minutes… ;
- ce travail peut être poursuivi au cours de différents rendez-vous. Il n'y a pas nécessité à « finir » au cours de la séance. Ce qui importe est la mise en route d'une dynamique de réflexion et de construction des objectifs autant que d'orienter le mode de pensée de la personne vers l'espace des objectifs ;
- les échanges qui ont lieu à partir du cercle illustré (deuxième étape) sont toujours très riches. Il est intéressant de questionner le

choix des illustrations, ce à quoi elles renvoient, les ressources qu'elles suggèrent...

En résumé

Le concept d'objectif est central pour le « coaching orienté solution® ». La phase préliminaire du coaching, qu'il soit ou non prescrit, est un moment-clé pour construire l'objectif du coaching. L'hypothèse du constructionnisme social, sur lequel est fondé le cadre théorique et par là méthodologique du COS, nous amène à concevoir l'objectif non pas comme une fin en soi, mais comme une « matière vivante », créée par le langage. Le fil rouge du coaching sera alors un travail de ré-élaboration et de re-construction de l'objectif au fur et à mesure des avancées de la personne coachée. Pour bâtir sa démarche, le modèle « coaching orienté solution® » appréhende trois niveaux d'objectifs, en permanente interaction entre eux. L'intervention du coach consistera alors à faciliter leurs constructions et à « circuler » entre les différents niveaux d'objectifs. Le principe précédemment exposé étant d'inciter la personne à se centrer, à se focaliser sur ses objectifs et ses ressources plutôt que sur ses manques et ses problèmes. Du reste, en travaillant sur les objectifs, nous pouvons constater que cela produit aussi des effets sur les « problèmes » des personnes. De là à penser que l'objectif est la matrice du problème, il n'y a qu'un pas à franchir, et nous le franchirons dans le prochain chapitre.

Chapitre 8

Travailler le problème, construire des solutions

« *Un problème sans solution est un problème mal posé.* »
Albert Einstein

Il est fréquent qu'une personne engage un coaching – prescrit ou non – sur la base d'un problème devenu par trop encombrant. C'est en général un « problème humain » – c'est-à-dire qui a une origine humaine. On peut difficilement l'aborder avec les méthodes qui permettent de résoudre les problèmes techniques ou mécaniques…

Alors que les résultats que nous obtenons dépendent des hypothèses que nous posons, le mode d'intervention du coach va dépendre de la conception qu'il se fait de la notion de « problème humain ». Nous allons aborder dans le détail les deux principales hypothèses, que nous appellerons « paradigmes », concernant les problèmes humains. Nous mettrons en évidence les spécificités, tant théoriques que pratiques, du modèle « coaching orienté solution® ». Nous présenterons la conception originale du modèle qui consiste, et ce n'est pas un moindre changement d'état d'esprit, à passer de la résolution de problème à la construction de solutions. Ce que nous illustrerons avec des « vignettes » de coaching.

Une certaine conception de la notion de problème

Contrairement à ce que pourrait laisser entendre sa dénomination, le « coaching orienté solution® » n'évacue pas le problème, il en propose une autre approche. Nous pouvons repérer deux conceptions principales de la notion de problème humain :

- la résolution de problème ;
- la construction de solution.

La résolution de problème comme paradigme

Cette conception de la notion de problème est très présente dans les professions de l'accompagnement : relation d'aide, psychothérapie, travail social, coaching. Force est de constater qu'il puise sa source dans le modèle médical où il est largement dominant. Repérons les principales composantes de ce paradigme :

- un temps important et des efforts conséquents sont concentrés sur le problème. Il s'agit de chercher à le comprendre dans ses différentes dimensions : sa genèse, ses sources, ses causes, ses déclencheurs, ses conséquences. La conviction implicite est que le problème exprimé par la personne possède une base objectivement réelle. Reste à la découvrir... ;
- une distinction est établie entre problème et solution. Bien plus qu'une distinction d'ailleurs, c'est une frontière, une dichotomie. Celle-ci permet alors une analyse du problème qui devra conduire à la recherche de l'objectif et des solutions. Les solutions sont pensées comme autant de réponses au problème, envisagées comme le versant positif d'un autre versant, négatif, exprimé par le problème. Dans cette perspective, problème et solution sont connectés ;
- la plupart des modèles d'intervention[1] ont développé une ou plusieurs théories sur les problèmes humains. Celles-ci ont une visée explicative et résolutive. Résoudre un problème implique de

1. Voir chapitre 4.

le comprendre, de le « saisir » au travers d'un diagnostic. Une grande quantité de méthodes ou d'outils diagnostiques existent. L'enjeu est alors de trouver le « vrai » problème, c'est-à-dire le problème d'origine, un peu à la façon d'un arbre des causes permettant d'identifier le problème de fond sur lequel travailler.

Si la démarche de résolution de problème peut prendre des formes différentes en fonction du cadre théorique auquel le coach se réfère, nous pouvons identifier une structure et des étapes d'intervention typiques de ce paradigme :

- identifier et décrire le problème : il convient de recueillir des données sur le problème, de le situer dans le temps, dans l'espace, dans les situations dans lesquelles il survient. Il s'agit tout autant de trouver le « bon » problème alors que la personne coachée en présente souvent plusieurs ;
- diagnostiquer le problème : dès lors que le problème est identifié et délimité, il faut l'évaluer, le diagnostiquer afin d'en connaître la nature, l'importance, ce qui déterminera le type d'intervention et de solutions à mobiliser ;
- définir l'objectif : une fois le problème connu et diagnostiqué, il faut alors choisir l'objectif vers lequel se diriger. Il est conçu comme le contrepoint du problème ;
- intervenir sur le problème : le coach va utiliser des méthodes, des techniques et des outils pour aider la personne à résoudre le problème, ou tout au moins à en alléger les effets. L'enjeu est de faciliter pour la personne la mise en œuvre d'actions et de solutions ;
- déployer les solutions : celles-ci ont été travaillées au cours des séances, elles ont été identifiées comme des réponses utiles pour résoudre, dépasser le problème. Mettre en œuvre les solutions – le remède – suppose un plan d'action. La personne coachée les met en œuvre – ou pas – et prend – ou pas – des initiatives pour appliquer les solutions ;
- évaluer et ajuster : lorsque les actions de résolution de problème – expérimentation des solutions – sont réalisées, le coach et son

coaché établissent un bilan de celles-ci, en évaluent les conséquences et les effets produits. Le cas échéant, des ajustements sont envisagés et décidés et donnent lieu à de nouvelles actions. Cette étape va ainsi se répéter jusqu'à la résolution du problème, ou jusqu'à ce que la situation devienne acceptable pour la personne coachée.

Nous pouvons maintenant visualiser la structure du paradigme de résolution de problème avec le schéma suivant :

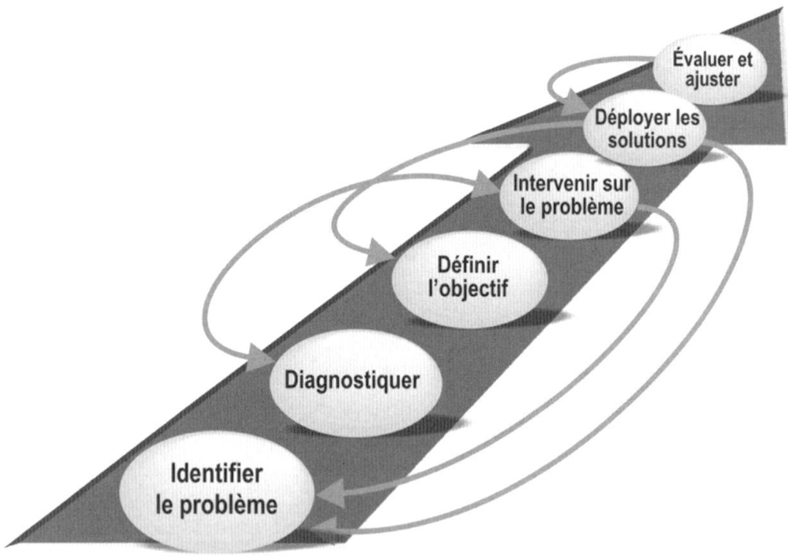

Schéma 6 – Résolution de problème

Cette démarche pour aborder les problèmes, les objectifs et les solutions s'avère aussi répandue que classique. En effet, elle correspond également aux principes sur lesquels se fondent les apprentissages intellectuels, notamment scolaires. Elle a concouru à former nos esprits, nos façons de penser, de percevoir et d'interpréter les choses et les situations. Dans tous les domaines, le paradigme de résolution de problème produit des effets ; cela est particulièrement évident dans les domaines de la science, dans le domaine médical. Nous savons combien les progrès dans ces domaines sont liés à cette approche pragmatique, méthodique et rationnelle. Elle n'est pas non plus sans produire des résultats dans les pratiques d'accompagnement, telles que le coaching professionnel. Mais est-ce le seul paradigme ? Est-ce la démarche la plus pertinente pour aborder les problèmes humains qui occupent le coaching ?

D'autres voies sont possibles. Le « coaching orienté solution® » s'appuie sur un autre paradigme. Il invite à une subversion du modèle dominant, c'est-à-dire à un renversement. Il va falloir nous « décaler » pour penser et aborder les problèmes autrement, et développer une pratique différente.

La construction de solutions comme paradigme

Ce deuxième paradigme implique de s'attacher à construire des solutions, au lieu de chercher à résoudre des problèmes. Le regard du coach est orienté vers une autre direction que celle du problème présenté par la personne coachée. Et, en dirigeant ailleurs son regard, le questionnement du coach amène le coaché à se décentrer du problème pour percevoir d'autres éléments, d'autres niveaux de sa réalité. Quelques idées clés sont attachées au paradigme de la construction de solutions et permettent de mieux en comprendre la portée et la finalité :

- construire des solutions consiste à créer une dynamique autour des objectifs. Ce qui est essentiel, ce sont les objectifs de la personne. L'enjeu, au travers de cette dynamique des objectifs et des solutions, est de permettre la construction de représentations nouvelles des situations ;
- au lieu d'obtenir une description et une analyse précise et rigoureuse du problème, la démarche va consister à obtenir des descriptions précises et rigoureuses des compétences, des qualités et des points forts de la personne. L'énergie développée dans le paradigme de résolution pour comprendre le problème est ici investie dans la description des changements attendus (les objectifs). C'est à partir de ces éléments, et seulement de ces éléments, que les solutions vont se construire. Il s'agit bien d'arroser les fleurs et pas les mauvaises herbes… ;

- construire des solutions est d'un autre ordre que résoudre un problème. La finalité est de créer des solutions qui vont dans le sens des changements attendus dans les situations. Il n'est donc pas utile d'en savoir beaucoup sur le problème, ce qui compte est l'énergie et le temps consacrés à la description fine des changements recherchés, des conséquences pratiques de ces changements. La création de solution n'est donc pas dépendante d'un diagnostic. Les solutions ne sont pas des réponses au problème, mais aux changements attendus. Il n'y a pas nécessairement de liens entre le problème et les solutions ;
- ce que nous nommons « problème », dans le cadre du « coaching orienté solution® », est une construction. Nous ne pensons pas que la personne *a* un problème, au sens où elle le posséderait. Nous pensons en revanche que ce qu'elle présente comme étant un problème est la résultante d'une construction. Et que cette dernière est rendue possible par le langage. Ce qui nous amène à dire que le problème réside principalement dans l'énoncé qui en est fait. C'est dans la façon de construire le problème – par le langage – que se trouve le problème lui-même ! Point souligné par les prémisses du « coaching orienté solution® » auxquelles notre lecteur peut se reporter [1] ;
- nous abordons ainsi le problème comme étant l'une des nombreuses manières de désigner, de comprendre, d'interpréter une situation. Nous chercherons alors à construire d'autres manières d'appréhender les situations. C'est ce que nous appelons la re-définition du problème ;
- enfin, nous pensons que ce qui est la base du problème et de sa construction, c'est l'objectif lui-même. En effet, l'idée que le problème puisse disparaître est déterminée par l'objectif, c'est-à-dire ce que la personne veut atteindre, ce qu'elle veut changer en lieu et place de ce qu'elle appelle problème. Dans cette perspective, c'est l'objectif qui est premier et non pas le problème. C'est l'objectif qui est la matrice de la construction du problème. Car,

1. Voir chapitre 6.

en l'absence de l'idée que les problèmes puissent disparaître, ce que nous appelons problèmes, dans le travail de coaching, serait seulement des hasards malheureux, des événements subis, des difficultés de la vie sur lesquels il y a peu ou pas d'actions possibles, sauf à s'y adapter et « faire avec ».

Le paradigme de construction de solutions repose sur un processus « en système » dont les différentes étapes sont en interactions permanentes. Décrivons maintenant ces étapes.

- *Décrire les situations recherchées* : cela consiste à identifier et construire avec précision les situations telles que la personne coachée souhaiterait qu'elles soient. Ces situations sont alors « débarrassées » des problèmes, mais qu'y a-t-il à la place ? Que se passe-t-il dans ces situations ? Que fait-elle de différent ? Et que font les personnes impliquées dans la situation ?
- *Fixer des objectifs* : à partir des changements attendus, des descriptions des nouvelles situations recherchées, il s'agit de construire les objectifs spécifiques[1].
- *Décrire les compétences*, les points forts de la personne : un temps important est consacré à identifier toutes les situations qui se déroulent « bien », les situations qui font exception aux problèmes pour repérer les compétences, ce que la personne fait et qui peut être utile pour les objectifs. Nous nous centrons sur ce qui « fonctionne » et comment cela fonctionne, à la place de ce qui dysfonctionne, pour trouver les ressources actionnables[2]. Ce travail s'appuie sur la posture de non-savoir du « coaching orienté solution® ».
- *Re-définir le problème* : pour reprendre ce que nous avons développé, notre conception est que le problème est une construction dans laquelle le langage est essentiel (construction langagière) et qu'il réside avant toute chose dans sa construction. Nous partons alors de l'idée que les problèmes se maintiennent par le fait d'être décrits comme « problèmes » par la personne coachée. À cette

1. Voir chapitre 7.
2. Voir chapitre 7 et 10.

étape du processus, il s'agit de l'aider à donner d'autres définitions possibles au problème, à adopter d'autres points de vue, d'autres interprétations. La finalité est d'obtenir des définitions multiples du problème comme nous le verrons dans les pages qui suivent.

- *Construire des solutions* : cela va s'étayer sur l'ensemble des « ressources actionnables » mises au jour dans le travail de description des compétences, des situations où les choses « se passent bien ».
- *Expérimenter* : les « ressources actionnables » sont des différences d'action, de comportements que met en œuvre la personne dans les situations qui font exception (au problème). Il s'agira d'inviter à les expérimenter dans d'autres situations. C'est par l'expérimentation qu'elles prendront leur valeur de solution.

Avec le schéma suivant, nous pouvons visualiser le processus de construction de solutions :

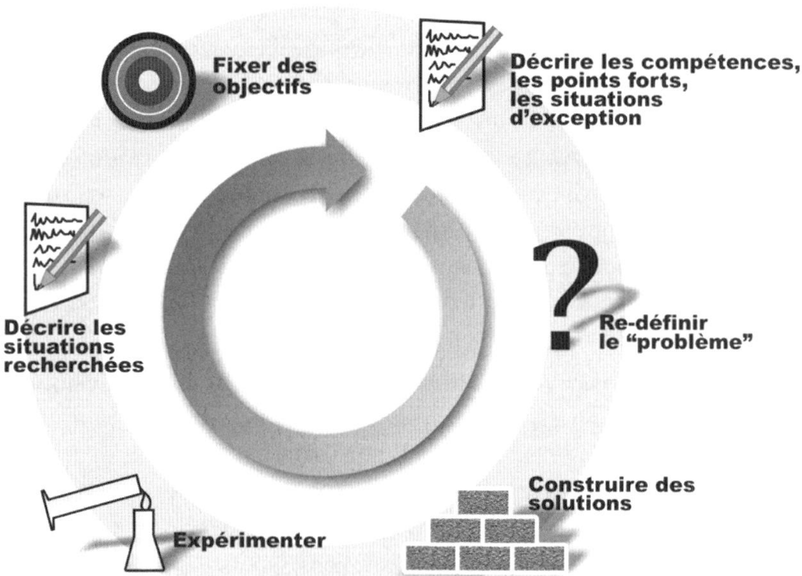

Schéma 7 – Construction de solutions

Nous allons maintenant nous intéresser aux cinq différentes configurations associées à la façon dont les problèmes se construisent :

- le problème, c'est la référence extérieure ;
- le problème, c'est la personne coachée ;
- le problème, c'est l'autre ;
- le problème, c'est sa théorie ;
- le problème est saturé de problèmes.

Illustrons concrètement cette notion de problème construit, à partir d'une vignette tirée d'une première séance de coaching avec Nathalie.

La construction des problèmes

Nathalie est médecin chercheur, elle travaille depuis de nombreuses années pour l'industrie pharmaceutique. Le coaching que nous avons engagé lui a été proposé et prescrit par son entreprise à la suite d'une promotion. En effet, Nathalie a été nommée responsable du département. Lors de la phase préliminaire, il a été demandé un coaching de « prise de fonction ». Suivons Nathalie dans sa façon de construire le problème qu'elle évoque au cours de sa première séance.

Nathalie : J'ai beaucoup d'appréhensions vis-à-vis de mes nouvelles responsabilités.
Le coach : Des appréhensions ?
Nathalie : Oui, mon précédent poste comportait de fortes responsabilités, il y avait des enjeux scientifiques, médicaux et aussi économiques liés à mes travaux. La direction du département m'amène vers des activités que je n'ai pas réellement exercées, pas seule en tout cas. En fait, j'ai peur de ne pas être à la hauteur…
Le coach : De quelle hauteur parlez-vous ?
Nathalie : (*Après un moment de silence*) Votre question est curieuse…
Le coach : Ah bon ?
Nathalie : Je ne m'attendais pas à cette question ! La hauteur, c'est Françoise.

➤

Le coach : Dites-en plus concernant Françoise…

Nathalie : Françoise est la personne qui dirigeait le service, j'ai donc pris sa place lorsqu'elle est partie.

Le coach : Vous avez pris la place de Françoise, en résumé.

Nathalie : Et Françoise était très reconnue par tout le monde comme une personne brillante, charismatique, très à l'aise dans les relations avec les acteurs stratégiques, une grande facilité pour animer des réunions complexes avec des enjeux importants pour l'entreprise, elle connaissait sur le bout des doigts chaque dossier, elle connaissait chaque personne avec qui elle savait nouer une relation privilégiée. Je sais à quel point son départ a été un problème pour la direction générale qui doit bien se demander si je saurai la remplacer et faire ce qu'elle faisait…

Le coach : Et vous, pensez-vous devoir la remplacer et faire ce qu'elle faisait ?

Nathalie : Je crois que c'est pour cela que j'ai été choisie, non ?

Le coach : Qu'est-ce qui fait problème pour vous dans cette situation ?

Nathalie : Je sais que je n'ai pas les qualités de Françoise et je ne sais pas comment les acquérir, si je ne parviens pas à la hauteur de Françoise, ma direction et l'ensemble de mes partenaires, notamment au ministère de la Santé, ne me donneront aucun crédit et comment être directrice du département si je ne suis pas crédible ? Vous voyez, avec Françoise personne ne se posait de question sur sa crédibilité…

Le coach : D'accord, si je comprends bien, vous doutez de la crédibilité que les autres vont vous donner parce que vous êtes différente de Françoise ?

Nathalie : C'est plus que cela encore, car je n'ai pas les qualités de Françoise.

Le coach : Comment appelleriez-vous ce problème ?

Nathalie : Je dirais que c'est un problème de charisme.

Le coach : Vous disiez de Françoise qu'elle en avait beaucoup… et vous pensez avoir un problème de charisme, ces deux choses sont liées ?

Nathalie : Oui, parce que c'est une qualité indispensable dans ce poste. Je suis sûre que si Françoise a si bien réussi c'est grâce à son charisme et aussi à toutes ses autres qualités…

Le coach : Je vois, votre problème est de prendre la place de Françoise en continuant de faire ce qu'elle faisait et comme elle le faisait ?

Nathalie : Et je ne sais vraiment pas comment m'y prendre…

Cet échange met en évidence différents aspects de la construction que fait Nathalie de son problème et amène deux types de commentaires.

En premier lieu, nous observons qu'aucune question du coach n'a concerné la description du « problème », son analyse, ses origines et causes supposées… Autant de questions « classiques » de la démarche de résolution de problème qui auraient pu être « Comment expliquez-vous ce problème ? », « Depuis quand ce problème est-il apparu ? », « Selon vous, quelles sont les causes de ce problème ? ». Il ne s'agit pas plus de trouver *le* « vrai » problème. L'objectif du coach, par son questionnement, est de permettre à Nathalie de construire la situation-problème qui la préoccupe aux seules fins d'aboutir à une formulation satisfaisante, c'est-à-dire une définition du problème. C'est à partir de la définition du problème que nous pourrons orienter le travail avec Nathalie vers une re-définition comme nous le verrons un peu plus loin.

En second lieu, nous constatons la multiplicité des éléments qui composent le contexte et le problème exprimé par Nathalie. Nous pouvons retenir les mots suivants : appréhensions, nouvelles activités pas exercées, peur, ne pas être à la hauteur, Françoise et ses multiples qualités, prendre la place de Françoise, crédibilité, charisme. Ces mots – et d'autres – se présentent comme autant de « portes d'entrée » à partir desquelles le problème se construit. Nous voyons bien ici que le problème n'est pas un « objet », mais qu'il est une représentation de mots qui s'élabore dans l'interaction avec le coach. Enfin, et c'est ce que nous allons développer maintenant, le problème ainsi construit par Nathalie a ceci de caractéristique : il est construit sur la base d'un élément extérieur… ce qui le rend *a priori* insoluble, comme le confirme Nathalie en disant : « Je ne sais vraiment pas comment m'y prendre. »

1. Le problème, c'est la référence extérieure

Ce qui caractérise cette construction de problème est son point d'extériorité en relation avec la personne. Il est construit à partir d'un élément extérieur sur lequel aucune « prise » n'est possible, ce qui rend difficile voire impossible toute solution. C'est tout à fait le cas présenté par Nathalie. Elle construit son problème en termes de « être et faire comme Françoise », elle l'exprime très clairement et différemment en disant « prendre *sa* place », c'est-à-dire celle de Françoise. Elle perçoit la place comme étant celle de Françoise et envisage les choses comme si les personnes devaient être interchangeables. C'est là précisément sa construction du problème, il est là son problème… « Comment être ce que je ne suis pas ? », pourrait-elle dire. À poser le problème dans ces termes, il n'y a guère de solutions envisageables. La clé sera donc dans une re-définition du problème lui permettant d'agir, de dégager des marges de manœuvre, autant que dans le travail de construction des objectifs.

2. Le problème, c'est la personne coachée

Avec cette configuration, l'élément de construction du problème n'est pas extérieur mais au contraire « intérieur ». Il s'agit des problèmes construits sur la personnalité ou encore l'identité de la personne. C'est par exemple le cas d'un coaché qui construit son problème sur les termes de « Je suis colérique, j'ai toujours été comme cela (c'est-à-dire depuis tout petit), et à mon âge, on ne change pas… ». En effet, changer une personnalité, cela ne se fait pas en claquant des doigts ! Et encore moins dans un coaching… « Je suis passionné », « Je suis soucieux de l'absence de défauts » seraient de nouvelles définitions possibles. La construction à partir de la personnalité elle-même rend difficile, voire insoluble, le problème. Il faudra donc re-définir les termes du problème pour le rendre « travaillable » et surtout construire des objectifs réalistes.

3. Le problème, c'est l'autre

Ce qui va caractériser cette configuration du problème tient au fait que ce dernier est « extérieur » et que la cause et la « responsabilité » du problème sont chez l'autre/les autres. La personne se décrit comme subissant le problème dont d'autres sont la cause. Elle exprime alors plus ou moins clairement son impuissance à agir, car comment faire que les autres changent ? La personne voudrait bien changer mais elle en est empêchée. Comme ce manager pour qui un management directif et autoritaire – perçu comme un problème par le prescripteur – était la seule façon de procéder, compte tenu de « l'incompétence » et de « l'absence d'implication » des gens de son équipe. Re-définir le problème – insoluble dans les termes actuels – serait par exemple, « Des collaborateurs qui ne savent pas comment apporter leurs contributions ». Le travail de réflexion ne porterait pas sur « Comment rendre compétent un incompétent », mais sur « Comment puis-je faire pour qu'ils trouvent le moyen d'apporter leurs contributions ». Et cela est travaillable... Tant que l'autre est « le problème », il va être compliqué d'apporter des solutions tant que la personne coachée n'est pas actrice. Cette configuration du problème est typique de la « relation plaignante » qui sera exposée dans le prochain chapitre. Là encore, la re-définition du problème en d'autres termes, et la recherche des marges de manœuvre seront une clé.

4. Le problème, c'est sa théorie

Cette quatrième configuration a ceci de particulier que le problème construit est associé à une théorie qui l'explique et le justifie en tous points. La personne coachée connaît très bien « son » problème, elle sait pourquoi il est là, ce qui le cause, ce qui le déclenche. Elle connaît aussi les raisons pour lesquelles elle ne peut s'en débarrasser, et parfois même elle sait ce qu'il lui faudrait faire pour le dépasser. Sauf qu'elle ne le fait pas. Dans cette configuration, la personne coachée est incollable et intarissable sur son problème, elle a réponse à tout le concernant. La théorie ainsi construite, parfois renforcée par la lecture d'ouvrages de psychologie, de développement personnel, présente l'inconvénient de figer le problème, un peu comme si le temps était suspendu. Là où la théorie du problème se présente comme certitude, l'enjeu de l'intervention du coach consistera à générer du doute, à rendre le problème « indécidable » par l'identification d'hypothèses alternatives sur celui-ci. Le questionnement du coach conduira alors à ouvrir la porte au doute, à ouvrir sur d'autres hypothèses, au besoin en suggérant des alternatives.

5. Le problème est saturé de problèmes

Le problème, dans cette configuration, ressemble à une poupée russe. Dans ce qu'évoque la personne coachée, un problème est systématiquement associé à un autre problème, lui-même en lien avec un problème… Difficile de repérer et de fixer un problème sur lequel travailler. Difficile de contextualiser pour que la personne décrive une situation, décrive le problème qu'elle rencontre. Ici, un problème n'est défini que par un autre problème. La chaîne des problèmes est sans fin, le coach peut y perdre son latin ! Nous pouvons dire que cette configuration de problème est l'exact opposé de celle présentée précédemment. L'enjeu de l'intervention du coach sera alors d'amener la personne à « choisir » le problème prioritaire sur lequel travailler.

Les problèmes présentés par les personnes coachées répondent le plus souvent à ces caractéristiques. Nous ne pouvons d'ailleurs pas exclure, l'expérience le montre, qu'une personne construise un problème à partir de plusieurs de ces caractéristiques. Enfin, certains problèmes n'entrent pas dans ces cinq configurations. Soit parce que le coaching et l'objectif à atteindre ne mobilisent aucun problème particulier, soit parce que la personne définit et re-définit d'elle-même les termes de son problème. Ce qui en fait un problème peu problématique ! Dans ce cas, inutile de « perdre du temps » dans cet espace, le coaching peut alors être exclusivement centré sur l'objectif et la construction de solution.

Intéressons-nous maintenant à la façon d'aider une personne à re-définir le problème afin que celui-ci devienne « travaillable ». Nous retrouvons Nathalie afin de suivre la façon dont elle est parvenue à re-définir son problème.

Re-définir le problème

Le coach : Je vois, votre problème est de prendre la place de Françoise en continuant de faire ce qu'elle faisait et comme elle le faisait ?
Nathalie : Et je ne sais vraiment pas comment m'y prendre…
Le coach : Qu'est-ce qui vous fait penser que vous devez faire comme Françoise ?
Nathalie : Elle est pour moi un modèle, un exemple, mais nous sommes tellement différentes…
Le coach : Comment pourriez-vous exprimer votre différence ?
Nathalie : Vous voulez dire, utiliser mes qualités ?
Le coach : Oui, c'est tout à fait cela.
Nathalie : En fait, je ne vois pas très bien.
Le coach : Au fond, votre problème, c'est d'utiliser vos qualités personnelles dans ce poste ?
Nathalie : Il me faudrait incarner ma nouvelle fonction à partir de moi, de ce que je suis.
Le coach : D'accord, la question n'est donc plus « Comment prendre la place de Françoise » mais « Comment occuper votre place » ?
Nathalie : (*long silence*) Je me rends compte maintenant que la difficulté pour moi est de prendre ma place, et de me faire reconnaître pour ce que je suis…
Le coach : Notre travail pourrait alors consister à identifier et à mobiliser vos qualités personnelles et professionnelles dans votre fonction ?
Nathalie : Cela me paraît être la bonne voie, mais je ne sais pas précisément ce que sont ces qualités…
Le coach : Je comprends. Dans quelle situation allez-vous mobiliser vos qualités ?…

Sans présager de ce que sera la nature de la re-définition, l'intervention du coach est de faciliter, par son questionnement et ses reformulations, la possibilité d'envisager de nouvelles définitions du problème. Avec le cas de Nathalie, nous sommes partis d'un problème alimenté par de multiples éléments, à partir desquels elle est parvenue à construire un problème dans la configuration « référence extérieure » qui le rendait insoluble. D'une part, prendre ses fonctions consistait à prendre la place de son prédécesseur, et d'autre part, elle se devait d'être conforme à « sa référence extérieure », c'est-à-dire au style d'une personne qu'elle n'était pas. La re-définition amène ainsi à un problème sur lequel Nathalie peut agir : prendre *sa* place (de directrice du département) et mobiliser ses qualités personnelles et professionnelles dans les contextes liés à sa fonction. Le problème ainsi re-défini ouvre alors à de nouveaux axes de travail : définir les contextes – par exemple, les réunions à enjeux dont elle a parlé –, identifier les qualités qu'elle peut y exprimer comme autant de pistes qui ouvrent vers les objectifs.

Nous ne pensons pas, dans le cas de Nathalie et dans tous les autres cas, qu'il y ait de définition juste ou vraie d'un problème. Il est par nature complexe, porteur d'une infinité d'éléments, de paramètres liés au passé, au présent, au futur et à l'environnement. Un problème peut se définir de multiples façons, ce que font spontanément les personnes coachées. Sauf configuration particulière, un problème n'est jamais construit et évoqué rigoureusement de la même manière au cours d'une même séance ou d'une séance à une autre. La bonne définition d'un problème est finalement celle d'un problème travaillable, comme nous le verrons dans l'exemple qui suit, c'est-à-dire sur lequel la personne va pouvoir agir et construire des objectifs.

Un dernier point concerne la re-définition du problème. Il s'avère utile, pour la suite du coaching et la mobilisation de la personne coachée, de retenir une nouvelle définition du problème qui en même temps soutient l'estime de soi de la personne coachée. Puisque la définition du problème n'est qu'une manière de désigner une situation, alors il est préférable que les définitions alternatives, et *in fine* celle retenue, soutiennent et renforcent l'estime de soi. Nous pouvons observer que les personnes coachées accèdent d'autant mieux à leurs ressources et leurs solutions qu'elles ont une image suffisamment bonne – ou pas trop dégradée – d'elles-mêmes. Et puisque coaché et coach ont le choix dans les multiples définitions possibles d'un problème, autant prendre celle qui s'avérera la plus porteuse sur ce plan. Par exemple, Marie-Pierre, qui est l'assistante du DG, construit initialement un problème qui a comme conséquence qu'elle se juge négativement. De son point de vue, son problème est qu'elle est lente, incapable de tenir un délai, des échéances ; elle se trouve peu compétente, faisant l'inventaire détaillé de tout ce qu'elle ne sait pas et ne sait pas faire… La re-définition du problème a permis d'envisager que Marie-Pierre était extrêmement soucieuse de bien faire, de ne pas commettre d'erreurs, ce qui a ouvert à une nouvelle formulation : son problème, c'est son perfectionnisme. Et pour Marie-Pierre, ce problème-là était « moins pire » que les autres, d'autant qu'il a ses bons côtés. À partir de ce moment, une réflexion sur les ressources devenait possible. Dans le cas de cette personne coachée, une définition – nouvelle – venant soutenir l'estime de soi était essentielle. Le perfectionnisme pouvant être, selon le point de vue et le contexte, une qualité…

En résumé

Le « coaching orienté solution® » invite à aborder le « problème » comme une construction du langage : comme l'indique S. de Shazer, « le problème est problème parce qu'il est décrit comme problème[1] ». L'intervention du coach ne se situe pas sur le « problème » mais sur la façon dont la personne l'a construit, la façon dont elle en parle. C'est dans cette construction singulière que réside le « problème ». Il n'est pas utile de générer beaucoup d'informations sur le problème, car dans cette perspective la recherche et la construction de solution ne sont pas nécessairement liées au « problème ». La pratique présentée dans ce chapitre se situe en dehors de toute démarche diagnostique. Générer des solutions n'est donc pas résoudre un problème. C'est ce renversement que propose le COS. S'intéresser au problème va alors consister à y consacrer le minimum de temps pour le re-définir en fonction de sa configuration propre, pour définir les objectifs et les situations attendues, pour explorer les ressources contenues dans les situations d'exception au problème, travail d'exploration qui fera l'objet d'une présentation détaillée dans le chapitre 10.

1. Steve de Shazer, *Explorer les solutions en thérapie brève*, Satas, 2002.

Chapitre 9

Coopération et types de relation

« On transforme sa main en la mettant dans une autre. »
Paul Éluard

La coopération est au centre du « COS ». Elle s'applique avant toute chose à la relation coach/coaché. Il ne s'agit pas tant de coopérer à l'atteinte de l'objectif, à la construction de solutions que de coopérer avec la personne elle-même. Et nous allons voir, exemples à l'appui, que chaque personne a une façon singulière de coopérer. Au cours de ce chapitre, nous mettrons en perspective coopération et types de relation. La notion de « types de relation » intervient autant comme une « grille d'observation » que comme repères pour conduire le coaching. Chaque type de relation requiert une forme d'intervention adaptée de la part du coach.

La coopération

La plupart des modèles déployés dans le coaching se fondent sur un principe-clé qui oriente la relation d'accompagnement autant que sa pratique. Ainsi, par exemple, et pour reprendre la terminologie employée, l'approche systémique « traditionnelle » postule le concept d'« alliance » pour développer la relation de travail entre les acteurs, la psychanalyse parle de l'« attitude bienveillante » du praticien. Le modèle « coaching orienté solution® » affirme, quant à lui, le concept de « coopération ». Ce dernier va façonner l'attitude et la forme des interventions du coach. Nous développerons la façon de mettre en œuvre la coopération après en avoir repéré les origines.

Aux origines de la notion de coopération…

Alors que Darwin est bien connu pour sa théorie de l'évolution des espèces, il l'est en revanche beaucoup moins pour ses observations et travaux sur la coopération ! Pourtant, dans son ouvrage *La filiation de l'homme*[1], il aborde les sociétés humaines et y évoque sa vision dans laquelle la coopération occupe une dimension et une place prépondérantes. Selon le célèbre naturaliste, la coopération entre les êtres humains est indispensable à leur développement.

La « Théorie des jeux » vient fournir également un appui au concept de coopération. C'est une approche mathématique des situations, des problèmes de stratégie et de négociation. Parmi ses jeux les plus célèbres figure celui du « dilemme du prisonnier », dont la première version fut conçue par Melvin Dresher et Merill Flood. À partir de cette version, Robert Axelrod[2] en élabore une autre, itérative, pour mettre en évidence les fondements de la coopération et soutenir qu'elle est la seule forme viable de l'échange, de l'interaction et plus généralement de la relation humaine.

Résistance ou coopération ?

L'enjeu de la coopération est le changement, c'est-à-dire la façon de concevoir et d'accompagner la personne coachée vers le changement recherché. Le concept de coopération engagé dans la pratique du « coaching orienté solution® » implique de se décaler par rapport aux croyances dominantes. En particulier, celles concernant la résistance au changement puisque la coopération vient en prendre le contre-pied !

1. Charles Darwin, *La filiation de l'homme et la sélection liée au sexe*, Éditions Syllepse, 1999.
2. Robert Axelrod, *The Evolution of Cooperation*, Basic Books, 1985.

Une vision très répandue consiste à classer la personne coachée comme étant soit coopérative, soit résistante au changement. Lequel changement, rappelons-le, est celui qui est demandé par la personne ou qu'elle a accepté dans le cas du coaching prescrit. La notion de résistance au changement est théorisée, formulée par la plupart des modèles. Elle renvoie aux croyances multiples sur le changement et la relation des personnes à celui-ci. L'idée communément admise est que l'individu n'aime pas – ou peu – le changement, qu'il a – ou peut avoir – des bénéfices au non-changement, et que, bien qu'il manifeste un souhait de changer, une partie de lui peut et va s'y opposer... Dans cette perspective, la résistance est le plus souvent présentée comme une évidence, comme un fait repérable et objectivable. Le professionnel, une fois convaincu de la véracité de la résistance, va s'attendre à sa manifestation. Il va la guetter, rechercher les signes de sa présence à travers les propos du coaché, à travers ce qu'il tait, à travers les actions qu'il ne mène pas, bien qu'elles soient importantes pour résoudre son problème ou atteindre l'objectif.

Lorsque la résistance se manifeste – et elle se manifeste toujours lorsqu'on la postule –, il restera au coach à la déjouer, à l'affronter pour aider son coaché à reconnaître les « vrais problèmes » et les actions à mener. Le travail du coach devient alors conditionné par la résistance, ses interventions consisteront à les vaincre. Un rapport de force latent ou parfois explicite va caractériser la relation de coaching de façon plus ou moins continue. Sur un autre plan, la notion de résistance pose la question de la responsabilité. En effet, si le coaching réussit – et donc que les résistances ont été dépassées –, le coach et le coaché peuvent bien sûr être satisfaits, mais ils peuvent surtout s'octroyer l'un et l'autre une part de la responsabilité dans le succès. Mais qu'en est-il lorsque la réussite n'est pas au rendez-vous ? Lorsqu'elle n'est que partielle ? C'est-à-dire lorsque le coaché a mobilisé des résistances importantes, qu'il en déploie de nouvelles lorsque les précédentes « tombent » par l'action du coach. Dans cette perspective, placer la responsabilité d'un échec ou d'une réussite partielle du coaching chez la personne coachée devient une évidence toute logique...

Face à la notion de résistance et à ses implications, nous développons une autre vision dont les conséquences dans la pratique vont être significatives. Nous remettons en question l'évidence répandue que la résistance serait une donnée réelle et observable. Nous pensons au contraire que celle-ci est un point de vue possible, une construction de la réalité, et non pas la réalité objective elle-même. En effet, ce qui est nommé « résistance » n'est que l'interprétation faite par le coach d'un signe, ou un ensemble de signes, qui signifie pour lui la « résistance au changement ». Et cette signification attribuée a quelques incidences. Elle suppose le recours à une expertise, celle du coach, qui lui permet de reconnaître la résistance comme telle. Elle engendre une séparation coaché/coach dans la relation sur le mode expert/non-expert. Même très édulcoré, le phénomène est nécessairement présent parce qu'induit par le concept de résistance lui-même.

Nous pensons que la situation de coaching inclut le coaché et le coach. La limite qui est ainsi tracée autour de la situation de coaching forme un « système ». Dans cette vision, la distinction, voire l'opposition sujet/objet, n'a pas de sens. L'influence au sein du système est alors aussi permanente que réciproque. La caractéristique interactionnelle de la coopération met en évidence l'impossibilité radicale à séparer l'observateur du phénomène observé. Et s'il doit y avoir de la « résistance », c'est alors du côté du praticien qu'il faudra aller chercher ! Ce qui, dans le champ de la psychanalyse, faisait dire à Lacan[1] « qu'il n'y a de résistance que de l'analyste ».

Nous pensons également que la coopération ne doit pas être envisagée comme une modalité d'adaptation par laquelle le coach s'ajusterait sur le mode de coopération de la personne coachée ou encore sur ses différentes réponses. Notre conviction est qu'il est de la responsabilité du coach d'obtenir, mais aussi de promouvoir, la coopération. C'est lui qui est à l'initiative de ces premiers mouvements et ce, dès les premières minutes du coaching.

1. Jacques Lacan, *Les écrits*, Seuil, 1966.

Le concept de coopération

À l'instar de la résistance – au changement –, la coopération – au changement – est également un point de vue possible, autrement dit, une construction de la réalité. La coopération n'est donc pas une réalité objective que l'on pourrait saisir. L'idée est la suivante : les signes, les attitudes, les comportements exprimés par la personne coachée, qui peuvent être interprétés comme de la résistance, peuvent tout autant l'être comme des signes de la coopération. Les signes qu'un praticien prend pour de la résistance sont, pour nous, le moyen par lequel la personne coachée a choisi de coopérer. Ainsi, une personne qui ne mène pas certaines actions liées à son objectif, ou qui ne réalise pas les tâches convenues avec le coach[1], n'est pas « résistante » mais « coopérante » ! Elle indique ce qui ne convient pas à sa façon d'être ou de procéder. Par exemple une personne, qui devait solliciter un entretien avec son manager pour évoquer une difficulté sur un dossier, rapporte à la séance suivante n'avoir pas demandé l'entretien. Nous lui demandons alors ce qu'elle a fait à la place de cet entretien qui n'a pas eu lieu, mais a été utile pour son objectif. Elle explique alors avoir travaillé avec ses collègues sur trois solutions possibles qu'elle va pouvoir maintenant présenter à son manager. Si l'action de solliciter l'entretien était juste, elle a adapté ce qu'elle devait faire à partir de ce qu'elle estimait nécessaire : préparer au préalable des options de solution. L'hypothèse de la coopération repose sur la conviction que les personnes coachées sont compétentes pour atteindre leurs objectifs, pour savoir ce qu'elles veulent et ce dont elles ont besoin pour l'obtenir. La responsabilité du coach est d'assister la personne pour lui permettre de découvrir et de mobiliser ses compétences. Elle repose aussi sur l'hypothèse que la personne veut changer – elle s'y est engagée dans le coaching –, et que le coach n'a aucune raison d'en douter : il est en revanche convaincu de l'imminence du changement[2].

1. Voir chapitre 12.
2. Voir chapitre 6, « Les prémisses du « coaching orienté solution® ».

Chaque personne a une manière qui lui est propre de tenter de coopérer. Le coach cherche à se représenter cette manière particulière à partir des comportements que manifeste la personne coachée pour coopérer avec elle. Dans le cadre du « coaching orienté solution® », initier la coopération, l'engager et la développer est de la responsabilité du coach. Elle est avant tout un état d'esprit, une « philosophie ». Enfin, le concept de coopération vient se relier à la posture du coach que nous avons précédemment développée[1].

Mettre en œuvre la coopération

Du point de vue pratique, instaurer la coopération dont le coach est responsable – pris dans son sens étymologique de « celui qui s'engage et répond de sa parole » – suppose, pour lui, d'adopter une conduite qui implique de :

- *faire taire son cadre de référence* : il s'agit pour le coach de n'avoir pas d'opinions personnelles sur ce que dit la personne, sur les actions, les solutions qu'elle envisage. Le coach n'a donc pas d'idée de la bonne solution, de ce qui est bon pour la personne, ou encore de ce qu'elle devrait faire. L'enjeu est alors de se mettre à l'écoute de la personne, de se mettre à l'écoute des solutions et de leur construction ;
- *prendre au pied de la lettre* ce qu'exprime la personne, y compris dans la manière qui est la sienne de l'exprimer. Le coach accepte la façon dont le coaché décrit la situation et construit la réalité ainsi que tout ce qui, au cours de la séance, peut se produire ;
- *utiliser toutes les données apportées par la personne coachée* comme utiles et importantes pour le travail de coaching, en évitant de choisir, de « filtrer », mais en s'insérant dans le langage du coaché ;
- *regarder, appréhender ce que dit la personne*, ce qu'elle fait ou ne fait pas comme autant de moyens utilisés par elle pour tenter de coopérer.

1. Voir chapitre 6.

C'est la personne coachée et elle seule qui est compétente et experte de ses objectifs, de son changement, de ses solutions… C'est cette acceptation fondamentale de la part du coach qui permet de développer la coopération.

Pour illustrer l'attitude de coopération et la démarche d'intervention du coach, voici une « vignette » issue d'une deuxième séance avec Julien. Il est responsable projet pour une entreprise qui développe des solutions informatiques. Le coaching lui a été prescrit par le directeur général. Il attend de Julien plus de rigueur dans la conduite des projets, dans le respect des délais et des engagements, autant que dans la gestion de son équipe. Quant à Julien, il attend de ce coaching, pour lequel il se montre très motivé, des moyens pour « réveiller » son équipe… La première séance a permis d'aborder différentes situations concernant les délais et l'implication de son équipe. Julien a commencé à construire des objectifs spécifiques et à re-définir quelques problèmes. Il avait décidé d'organiser une réunion avec son équipe. Lors de cette deuxième séance, Julien évoque la réunion qu'il a animée, dont l'objet était de réaliser un point d'étape sur les différents projets.

Julien : La réunion a été un peu compliquée à organiser et à animer… J'ai plus l'habitude d'avoir des échanges avec chacun lorsque c'est nécessaire…
Le coach : Je comprends, qu'est-ce que cette réunion a apporté ?
Julien : Ils ont été apathiques… Comme d'habitude, j'ai fait ce que j'ai pu pour les faire participer.
Le coach : Qu'est-ce qui a le mieux marché dans ce que vous avez fait ?
Julien : J'avais bien préparé, j'avais choisi les projets sur lesquels je voulais qu'on travaille, la feuille de route était claire, je crois, mais n'empêche que c'est surtout moi qui ai pris la parole !
Le coach : Et votre équipe ?
Julien : Je ne suis pas convaincu qu'ils aient compris l'intérêt de la réunion.
Le coach : Qu'est-ce qui vous montrerait que l'équipe est moins apathique ?

➤

Julien : Qu'ils parlent clairement et franchement des besoins qu'ils ont, des difficultés qu'ils rencontrent. Là, c'est comme s'ils n'osaient pas s'exprimer.
Le coach : Que faudrait-il qu'il se passe pour qu'ils osent s'exprimer sur leurs besoins et leurs difficultés ?
Julien : Que je parle moins !
Le coach : C'est une idée. Que faudrait-il d'autre ?
Julien : Ce qui me vient en premier, c'est la confiance.
Silence du coach.
Julien : J'ai le sentiment qu'ils se méfient un peu des uns et des autres, parfois ils se considèrent presque en concurrence sur les projets, et surtout sur les ressources...
Le coach : Que pouvez-vous faire pour augmenter la confiance entre les membres de l'équipe ?
Julien : Faire moins d'individuel qui crée des ambiguïtés et plus de travail en collectif... Préciser les raisons de mes arbitrages pas toujours compris, et faire part des contraintes qui sont aussi les miennes...
Le coach : C'est très intéressant. Que pouvez-vous faire d'autre, également ?
Julien : Faire un peu dans le « convivial » *(il trébuche sur l'énoncé du mot).*
Silence du coach.
Julien : Enfin, vous voyez ce que je veux dire...
Le coach : Pour en être sûr, je vous propose d'en dire plus sur ce que vous voulez dire par « convivial ».
Julien : Je pensais que c'était clair ! (*Julien est tendu dans sa réponse, le rythme et le ton de la voix augmentent et donnent une impression d'agressivité.*) « Convivial », ça veut dire parler de tout et de rien avec eux, qu'on s'intéresse aux uns et aux autres et pas seulement sur des motifs professionnels, qu'il y ait des échanges plus larges, qu'on partage quelque chose de temps en temps, un déjeuner...
Le coach : Qu'est-ce qui vous fait penser qu'ils sont partants pour cela ?
Julien : Certains ont déjà proposé ce genre de chose, je n'ai pas encouragé ni cherché à ce que ça se passe.
Le coach : Vous aviez sûrement vos raisons. Et aujourd'hui ?
Julien : Je me rends compte que c'est une erreur de penser que les gens sont là pour un boulot et que le reste ne compte pas... On ne peut pas avoir de bons échanges si les personnes ne se connaissent pas plus.

➤

Le coach : C'est une découverte importante. Qu'allez-vous faire concrètement ?
Julien : Comme le dit ma femme, que je m'ouvre aux autres ! Je vais instituer une réunion d'équipe régulière, et prendre un peu de budget pour organiser un déjeuner dans un lieu sympa...

La suite de cette séance fut consacrée à développer ces aspects, à relier ces actions avec les objectifs et à construire des ressources actionnables[1].

L'entretien met en évidence le processus de coopération de la façon suivante :

- ce qui est exprimé par Julien (ses perceptions) est accueilli et validé ;
- le questionnement du coach oriente vers les « possibles », les actions, les points forts ;
- les « problèmes » potentiellement évoqués ne sont pas explorés pour faire ressortir les dysfonctionnements, les manques... L'entretien cherche à construire ce sur quoi Julien peut s'appuyer pour améliorer les choses ;
- les éventuels « rapports de force » ne sont pas alimentés (à propos de « convivial », notamment), les éléments sont acceptés par le coach et renvoyés à Julien ;
- certains propos de Julien sont renforcés et valorisés par le coach.

À tout moment de l'entretien, Julien est considéré comme « l'expert » : c'est son savoir, ses idées qui sont mobilisés. Le coach ne propose pas de « recadrage » ou d'options alternatives sur la situation qui pourraient être : « Et si vous vous taisiez, que se passerait-il ? » ou encore « Pouvez-vous envisager de leur poser des questions précises pour qu'ils participent ?... Quelles questions poseriez-vous ? » Nous percevons au travers de ces questions le « cadre de

1. Voir chapitre 10.

référence » d'un coach qui orienterait le contenu et suggérerait des pistes. En revanche, la démarche de coopération permet à Julien d'être pleinement acteur de ses situations et de sa parole.

Prenons un second exemple à partir d'une nouvelle vignette de coaching afin d'illustrer un autre aspect du processus de coopération. Il s'agit de Marc, chef d'un service d'urbanisme d'une organisation territoriale. Le coaching est prescrit par son supérieur hiérarchique à l'issue de l'entretien annuel d'évaluation. Cette vignette porte sur un échange qui a eu lieu au début de la troisième séance :

Le coach : Qu'est-ce qui va mieux depuis notre dernier échange ?
Marc : J'ai été débordé et je n'ai pas pu faire ce que nous avions dit.
Le coach : Et qu'avions-nous dit ?
Marc : Eh bien, que pour avancer sur l'objectif de gestion de mes priorités, je devais rencontrer Jacqueline et Martine pour redéfinir les délégations et les responsabilités.
Le coach : Très bien. Que s'est-il passé ?
Marc : Je n'ai pas eu une minute pour y réfléchir et les recevoir en entretien individuel comme prévu.
Le coach : Je comprends. Qu'avez-vous fait à la place et qui a été utile pour votre objectif de délégation ?
Marc : (*Silence*) J'ai reformulé les principales procédures, j'ai créé un modèle pour formaliser les dossiers et automatiser certaines tâches, j'ai aussi repensé le classement et la centralisation des informations pour éviter de passer du temps à chaque fois qu'on cherche une info – qui sont souvent les mêmes, d'ailleurs.
Le coach : Vous avez été très actif. Comment toutes ces actions vont-elles vous aider pour la délégation ?
Marc : En améliorant le fonctionnement et surtout la gestion des informations, les agents vont gagner du temps et vont pouvoir prendre en charge d'autres missions et d'autres tâches.
Le coach : En effet. Que vous reste-t-il à faire, maintenant ?
Marc : À déterminer les missions que je peux déléguer et à qui je vais les confier…

Ce court exemple montre la démarche de coopération initiée par le coach. Dans cet échange, celle-ci passe par :

- laisser à Marc toute la responsabilité de sa parole, notamment en lui demandant ce qui avait été convenu, plutôt que de le reformuler à sa place ;
- Marc avait prévu de faire un certain de nombre de choses qu'il n'a pas faites. Aucune question ne porte sur : « Pourquoi vous n'avez pas fait... ?», ou encore : « Qu'est-ce qui vous a empêché de faire... ? » ou – en apparence plus positif : « De quoi auriez-vous eu besoin pour faire... ? » C'est-à-dire autant de questions qui auraient souligné ce qu'il n'a pas fait de ce qu'il avait prévu ;
- la démarche de coopération incite plutôt à questionner sur : « Qu'est-ce qu'il a fait à la place de... ? » Ainsi, Marc est supposé non seulement avoir fait quelque chose, mais encore quelque chose d'utile pour son objectif ! Dans cette vignette, on s'aperçoit que Marc a pris d'autres options que celles qui avaient été décidées lors de la précédente séance. Et comme lui seul est à même de savoir ce qu'il faut faire... L'essentiel est qu'il ait fait quelque chose qui apparaît, en outre, très utile.

Dans ce type de situation, la personne coachée avait décidé de faire quelque chose qu'elle n'a finalement pas fait. Le « pire du pire » serait que le coaché en vienne à dire qu'il n'a rien fait du tout, en réponse à la question : « Qu'avez-vous fait à la place de... ? » Si la réponse est « Rien », la situation semble bloquée. Le processus de coopération consistera alors à demander à la personne : « En quoi ne rien faire a-t-il été utile pour l'objectif ? » L'hypothèse est la suivante : ne rien faire peut être une ressource, reste à l'exprimer, et la personne ne peut que coopérer dans l'atteinte de son objectif, quoi qu'elle fasse ou ne fasse pas... Reste à définir son mode singulier de coopération, comme le montre l'exemple de Marc. Nous remarquons qu'il est acteur et, dans sa façon de décrire la situation, orienté vers son objectif et vers les actions à mener. Cela caractérise le type de relation que Marc entretient vis-à-vis de son problème et de son objectif. C'est ce que nous allons maintenant aborder.

La notion de « type de relation »

Pour le « coaching orienté solution® », cette notion s'apparente à une « grille de lecture » permettant d'appréhender la forme de la relation dans laquelle la personne coachée est engagée. Ce qui est désigné par type de la relation correspond à :

- la relation qu'entretient la personne coachée avec son « problème » ;
- la relation qu'entretient la personne coachée avec son objectif.

Inscrit dans un modèle systémique, le COS aborde la personne dans ses interactions avec l'environnement au sens général du terme. Ainsi, nous allons considérer que la personne coachée a une relation (qu'elle entretient) avec son « problème », autant qu'elle a une relation avec son objectif. De notre point de vue, et pour rappeler ce que nous évoquions précédemment, la personne n'est pas considérée comme ayant un « problème » (au sens de le posséder), mais comme ayant une relation avec lui, relation qui est en retour déterminée par la construction qu'elle en fait. Pour conserver l'exemple de la notion de « problème », nos axes de travail vont alors consister à le re-définir d'une part, et à faire évoluer la relation de la personne avec lui, d'autre part. Construction de problème et relation au problème se déterminant l'une par rapport à l'autre et réciproquement. Il en va de même pour l'objectif.

Cette notion de « type de relation » peut aussi qualifier la relation coaché/coach. En effet, le type de relation vis-à-vis du problème et de l'objectif dans lequel le coaché est engagé va aussi se reproduire dans la relation entretenue avec le coach. L'enjeu est alors, pour le coach, de la faire évoluer pour aller vers l'objectif du coaching. Cela suppose pour lui de la repérer afin de développer des interventions adaptées et favorisant une évolution.

Une relation instaurée n'est pas figée. Ce qui signifie qu'au cours du coaching, ou même entre l'entretien préliminaire et la première séance, le type de la relation peut changer en dehors de l'intervention du coach. Les événements extérieurs au coaching peuvent avoir un effet sur la relation au problème et/ou sur la relation à l'objectif de la personne coachée.

Nous pouvons distinguer quatre types de relation dans lesquels les personnes coachées se décrivent dans une certaine place, dans un certain rôle vis-à-vis des situations qu'elles évoquent. L'ordre de présentation qui suit a été déterminé par le fait que la relation peut être plus ou moins éloignée de l'objectif à atteindre par le coaching. Ce qui nous autorise ainsi à parler en termes d'évolution de la relation et de la nécessité de la faire évoluer pour dégager des marges de manœuvre, des possibilités d'action pour la personne coachée.

Enfin, il est important d'insister sur ce point : le type de relation ne qualifie en rien la personne elle-même. Les dénominations que nous allons employer portent sur la relation et non sur la personne qu'il ne s'agit nullement de stigmatiser avec une nouvelle typologie supplémentaire...

Développons maintenant les quatre types de relation. Nous utiliserons pour chacune d'elles trois critères pour les définir, en saisir le sens, et nous indiquerons la forme d'intervention à expérimenter et aussi à éviter.

La « relation visiteur »

Elle se présente le plus fréquemment dans le cadre du coaching prescrit, et ce, dès l'entretien préliminaire. Nous ne pouvons toutefois exclure qu'elle puisse être présente ou qu'elle puisse apparaître au cours du coaching, quelle qu'en soit la configuration. En effet, il est possible, dans le cas d'un coaching non prescrit, que celui-ci soit finalement déclenché par la pression et l'insistance de l'environnement. Dans ce type de situation, la personne peut se conformer aux attentes (de changement) de son entourage, sans pour autant vouloir quelque chose pour elle-même. Ce qui caractérise ce type de relation est l'absence de demande de la part de la personne.

Relation au problème

Avec la relation « visiteur » la personne et le coach ne sont pas en mesure d'identifier un problème sur lequel travailler et à partir duquel le coaching peut s'engager. Ce qui ne signifie pas nécessairement que la personne ne voie pas ou ne reconnaisse pas certains problèmes. Nous ne devons pas interpréter cela comme une attitude de déni, mais comme la position d'une personne qui ne souhaite pas, *a priori*, travailler sur des problèmes quand bien même elle en aurait identifiés. Dans le cas du coaching prescrit, elle peut reconnaître le problème décrit par le prescripteur, qui ne fait pas pour autant « problème » pour elle.

Relation à l'objectif

De la même façon, il va être difficile, voire impossible, de construire un objectif à atteindre et sur lequel engager le coaching. L'absence de demande, de volonté de changer quelque chose vient justifier l'absence d'objectif, de projection dans le futur.

Position et rôle

La personne se décrit dans un rôle d'acteur des situations qu'elle évoque, des différents contextes dans lesquels elle interagit. Elle ne veut pas s'impliquer vis-à-vis de problèmes ou d'objectifs. Dans l'hypothèse où la personne reste installée dans ce type de relation, un coaching n'est pas possible. En l'absence de demande et de la construction d'un objectif, le coaching ne pourrait être qu'une perte de temps et un échec annoncé.

Formes d'intervention à éviter

Avec la relation « visiteur », les questions qui sous-tendent l'intervention du coach deviennent : « Est-ce que ce type de relation peut évoluer pour autoriser la construction d'un objectif ? », « Un changement de position de la personne est-il envisageable pour engager un coaching ? ». Les réponses vont alors émerger au cas par cas, la forme d'intervention du coach va s'avérer déterminante :

- la tentation pourrait être d'attirer l'attention de la personne sur tel ou tel problème (ou objectif) important dont elle devrait s'occuper ;

- le risque est de chercher à convaincre la personne qu'elle a forcément quelque chose à travailler grâce au coaching, de la convaincre de tous les bénéfices qu'elle trouverait dans le coaching, de la convaincre de la nécessité d'apporter des réponses aux questions et aux attentes exprimées par son manager, lorsque le coaching est prescrit ;
- le risque est d'installer un rapport de force, une réticence chez la personne sous l'effet de l'insistance du coach.

Formes d'intervention à expérimenter

- Accepter et respecter explicitement la position de non-demande de la personne dans la relation « visiteur ». Il s'agit de prendre au pied de la lettre ce qu'elle exprime en validant sa position.
- Reconnaître la personne dans son droit à ne pas avoir de demande particulière ; dans sa compétence car elle est la mieux placée pour savoir ce dont elle a besoin, dans sa responsabilité puisque nous considérons son attitude comme responsable.

Dans le cas du coaching prescrit et de l'entretien préliminaire où l'on rencontre le plus fréquemment ce type de relation, l'intervention du coach au cours de cet entretien[1] va consister à :

- explorer les perceptions de la personne concernant le contexte : « Comment voit-elle les situations ? », « Qu'en pense-t-elle ? »
- explorer les perceptions de la personne concernant la prescription de coaching : « Que pense-t-elle des descriptions faites par le prescripteur/manager ? de ses attentes ? », « Comment s'explique-t-elle qu'il ait ce type d'attentes ? »

Ces explorations ont pour but de faire apparaître :

- soit une demande propre à la personne : il ne s'agit pas d'en chercher une à tout prix mais de s'assurer par l'échange que la personne peut identifier, ou non, une demande pour elle-même qui autorisera la construction d'un objectif ;

1. Voir le processus de l'entretien préliminaire, chapitre 7.

- soit une appropriation de la demande de l'organisation : « Dans quelle mesure la personne peut-elle s'approprier la demande du prescripteur ? », « Peut-elle la reconnaître comme un axe de travail ? »

Ce type de relation « visiteur » va orienter l'entretien préliminaire. Une fois l'absence de demande validée, il sera utile de poser des questions telles que :

– *Qu'est-ce qui fait que vous avez accepté de venir à cet entretien ?*

La question porte sur la nature des motivations de la personne à être venue à l'entretien. Sa motivation peut aussi être sous-tendue par des craintes qui peuvent être réelles ou supposées par elle. La forme de réponse apportée à cette question peut alors amener une autre question :

– *Jusqu'où êtes-vous prêt à aller pour donner satisfaction « au prescripteur » ?*

Dans l'hypothèse de craintes plus ou moins exprimées par la personne, il est intéressant d'explorer ses perceptions, et peut-être de construire un axe de travail pour le coaching. Cela supposera alors qu'elle reconnaisse la demande du prescripteur/manager pour qu'un coaching puisse s'engager.

– *Comment allez-vous convaincre « le prescripteur » que vous n'avez pas besoin de coaching ?*

Dans l'hypothèse où il n'y a pas de craintes particulières, il va être utile de définir les arguments que la personne va valoriser au cours de la réunion tripartite qui va suivre, et dans laquelle elle va devoir « convaincre » qu'elle n'a pas besoin de coaching, là où le prescripteur semble penser le contraire… De cette façon, nous considérons la personne comme responsable en lui reconnaissant le droit d'avoir un point de vue différent de celui du prescripteur/manager. Cette question peut potentiellement ouvrir à une réflexion sur un axe de travail. Nous pouvons nous demander pourquoi elle n'a pas argumenté plus tôt, pourquoi elle n'a pas su convaincre plus tôt, pourquoi elle peut avoir besoin de la présence d'un tiers – le coach – pour le faire…

– *Comment allez-vous lui prouver qu'il (le prescripteur) se trompe en vous indiquant un coaching ?*

Cette question est une variante de la précédente, un peu provocatrice dans sa forme…

Il arrive que la relation « visiteur » apparaisse alors que le coaching est engagé, le plus souvent au début du coaching (lors des deux premières séances). Dans ce cas, il est possible que la personne ait « dissimulé » sa non-demande au cours de l'entretien préliminaire, que des événements se soient produits rendant caduque l'objectif du coaching, mais il est tout aussi possible que le coach n'ait « rien vu » des signaux pourtant observables. La forme d'intervention et l'attitude du coach devront alors s'inscrire dans ce que nous avons indiqué précédemment. Dans l'hypothèse où la conclusion de l'échange amène au constat d'un non-objectif, le coaching peut prendre fin.

Quelle que soit la configuration du coaching et son niveau d'engagement, l'enjeu de l'intervention du coach, dans l'esprit du « coaching orienté solution® », va être de faciliter le passage de la « relation visiteur » vers la « relation plaignant » ou la « relation acheteur ».

La « relation plaignante »

La dénomination ne qualifie pas la personne, mais le fait que celle-ci décrit les situations sous la forme d'une « plainte ». Cette « plainte » peut être très précise, c'est-à-dire faire référence à un problème très identifié ou, *a contrario,* être vague, floue, diffuse en portant sur une multitude d'aspects des situations que la personne rencontre. La notion de « plainte » exprimée fait référence aux problèmes construits par la personne. À la différence de la « relation visiteur », le coach et la personne identifient bien un axe de travail porté par le problème. Ce type de relation peut se rencontrer dans toutes les configurations de coaching, et potentiellement dès l'entretien préliminaire.

Relation au problème

Elle est prégnante. La personne construit les situations à partir du problème. Il occupe tout l'espace, la personne ne voit que lui, pense essentiellement à lui. Son champ de vision est envahi par le (ou les) problème(s), et elle n'est pas en mesure d'entrevoir d'autres alternatives, en particulier la construction d'un objectif. Avec ce type de relation, la nécessité de dé-construire le problème va être impérieuse. Il va être important de construire de nouvelles définitions possibles du problème[1]. La personne est comme « coincée » dans la représentation du problème qu'elle décrit et dont elle se « plaint ». Le plus souvent le problème est construit à partir d'éléments extérieurs. Le problème vient des autres, le problème, c'est les autres...

Relation à l'objectif

La « relation plaignant » induit une relation peu construite vis-à-vis de l'objectif. En effet, la personne est peu en mesure de se représenter un futur d'où le problème serait absent. Il lui est difficile d'imaginer la disparition du problème, elle y croit peu et parfois pas du tout. La construction d'un objectif s'avère le plus souvent difficile. La personne aura tendance à déplacer le problème dans l'objectif, tel que par exemple : « Le problème est le manque d'autonomie de mes collaborateurs », qui peut se transformer en objectif : « Avoir des collaborateurs autonomes ». Le problème, tel qu'il est construit, se retrouve donc dans l'objectif. La personne peut aussi avoir tendance à construire un objectif très large, très vague, à défaut de pouvoir se projeter dans le futur de façon suffisamment précise. Pour ce faire, il lui faudra du temps. Dans certains cas encore, l'objectif peut être un réel « angle mort ». La personne ne sait pas exprimer ce qu'elle veut, le changement attendu, alors qu'elle se montre intarissable sur le problème et ses effets...

Position et rôle

La particularité de cette relation – qui est l'expression de la personne d'une certaine façon de construire les situations – réside dans le fait qu'elle se perçoit comme extérieure à sa « plainte », comme non engagée dans le ou les problème(s) qu'elle décrit. Elle se place alors dans un rôle de « spectateur » qui subit les situations dont elle se

1. Voir chapitre 8.

« plaint ». Précisons pour éviter un amalgame : le rôle adopté par la personne, qui est déterminé par la construction des situations et leurs descriptions, n'en fait pas une « personne victime ». Il ne s'agit pas de victimisation – qui impliquerait une intention de la part des autres – mais d'une position passive, d'un rôle d'observateur qui subit. Et cette position a une conséquence importante : la personne ne peut agir, elle ne perçoit pas de marges de manœuvre.

Ce sera tout l'enjeu de l'intervention du coach que d'en dégager.

Formes d'intervention à éviter

Ce type de relation peut apparaître dans toutes configurations de coaching. Elle peut également être plus ou moins fortement installée chez la personne. L'ancrage de cette relation est déterminé par la façon dont le problème est construit, notamment s'il est construit comme insoluble. En outre, si ce problème dure depuis longtemps, il est probable que la « relation plaignante » sera solidement installée. Le coach va aider la personne à « trouver un angle » différent pour aborder le problème, à se mobiliser pour le re-définir. À la différence de la précédente relation qui, si elle n'évolue pas, ne permet pas d'engager une démarche de coaching, la « relation plaignante » présente, quant à elle, toutes les caractéristiques qui permettront d'engager un coaching. Il convient alors d'éviter :

- de convaincre la personne qu'elle est aussi responsable de ce dont elle se plaint ;
- de chercher le problème « chez elle » pour qu'elle puisse agir, et de la questionner sur ses responsabilités ;
- de penser qu'elle exagère, qu'elle en fait trop... Ce qui revient à ne pas prendre au sérieux ce qu'elle évoque.

Formes d'intervention à expérimenter

Pour le coach :

- développer une attitude flexible et centrée sur la coopération. L'enjeu est d'identifier le mode singulier de coopération de la personne, parce qu'en réalité elle cherche à coopérer ;

- travailler (inlassablement) à la description des situations dont se « plaint » la personne pour identifier des marges de manœuvre, des « petites choses » qu'elle peut faire, des actions (minimes) qu'elle peut expérimenter. L'enjeu est de restaurer sa capacité à agir et ainsi l'inviter à quitter une position « passive » ;
- travailler à la re-définition du problème, à sa dé-construction et re-construction dans des termes qui vont permettre de construire des objectifs ;
- travailler à construire des objectifs très modestes, très simples et assez faciles à atteindre afin d'engager une dynamique d'action et de réussite de celle-ci ;
- travailler en s'appuyant sur les « moments d'exception », les questions « à échelle », qui sont présentés dans le chapitre suivant.

La finalité de l'intervention du coach sera de permettre à la personne de basculer d'une « relation plaignant » à une « relation acheteur ». Nous allons illustrer cet aspect pratique au travers d'une vignette de coaching. Didier est chef d'entreprise, il dirige la PME familiale depuis plus de cinq ans. Il a sollicité le coaching pour lui-même, compte tenu de sa difficulté à prendre des décisions. Deux premières séances ont eu lieu, la « relation plaignante » est ancrée, il parle volontiers de ses problèmes, des autres et des décisions qu'il ne prend pas.

Le coach : Sur quoi souhaitez-vous que nous travaillions maintenant ?
Didier : Je ne m'en sors pas. Prendre des décisions, c'est de plus en plus difficile. C'est même pire depuis que j'ai commencé ce coaching, j'ai l'impression d'être paralysé.
Le coach : Comment êtes-vous paralysé ?
Didier : Je voulais dire que c'est ma décision qui est paralysée.
Le coach : En effet, c'est très différent. Et que se passe-t-il ?
Didier : Je suis tout le temps dérangé, les gens viennent me voir pour un oui ou pour un non, je n'arrive pas à me concentrer, à avoir le temps de réfléchir, de me poser…
Le coach : Je vois. Et à propos de la décision à prendre ?

Didier : Décider me prend un temps considérable, même pour des petites choses, cela peut prendre des jours, parfois des semaines alors que je devrais être plus réactif. Mais comment l'être quand je suis toujours dérangé et en plus pour des broutilles…
Le coach : Que faites-vous concrètement au moment de prendre une décision ?
Didier : Je me suis aperçu que j'attendais la dernière limite… Et puis il y a mon père…
Le coach : Votre père ?
Didier : Il est à la retraite depuis cinq ans, j'ai repris l'entreprise, mais il est resté présent.
Le coach : D'accord, et de quelle façon est-il présent ?
Didier : Tous les jours… Il regarde le courrier, les plannings, les commandes et me dit ce qu'il ferait à ma place.
Le coach : Mais il n'est pas à votre place…
Didier : Exactement.
Le coach : Parmi tous ces problèmes, sur lequel faut-il que vous agissiez rapidement ?
Didier : C'est difficile car tout est lié, le mieux serait que mon père reste chez lui et qu'on me laisse travailler sans me déranger à tout bout de champ.
Le coach : Si je comprends bien, ça, c'est ce que vous attendez des autres. Mais vous, sur quoi pouvez-vous agir ?
Didier : Je ne sais si je peux agir…
Le coach : Supposons que vous le puissiez, sur quoi chercheriez-vous à agir en premier lieu ?
Didier : Décider, avant que mon père me dise ce que je dois faire !
Le coach : D'accord, pour vous la priorité est de décider avant que votre père intervienne, c'est parfait. Que pouvez-vous faire pour cela ?
Didier : Déjà, je pourrais lui parler, lui dire que ce que j'attends de lui, c'est pas de me tenir par la main, il cherche à bien faire, à m'aider… *(Silence)* Mais c'est trop, ce n'est pas la bonne manière…
Le coach : Entendu, parler à votre père est une chose à faire. Et que pouvez-vous faire d'autre, pour prendre des décisions ?
Didier : Qu'on me laisse un peu de temps…
Le coach : D'accord, et qu'allez-vous faire pour qu'on vous laisse du temps ?
Didier : (*long silence*) Ça paraît tellement évident que je ne comprends pas pourquoi je n'y ai pas pensé tout seul… En fait, il faut que je

m'isole, que je ferme la porte et que je signale clairement les moments où je ne dois pas être dérangé...
Le coach : Bon, comment allez-vous vous y prendre ?
Didier : C'est simple ! Ma secrétaire fera l'interface...

Le cas de Didier est assez typique de la « relation plaignant ». Il construit une multitude de problèmes dont les « autres » sont la cause, qu'il s'agisse de son père, des gens... Nous voyons, au travers de ce cas, la façon dont le problème ne cesse de se re-construire à partir de paramètres différents. Nous voyons également avec cette vignette tout le sens de la démarche du « coaching orienté solution® » qui vise à ne pas « creuser » ou entrer dans l'analyse du problème. Ce qu'illustre l'intervention du coach qui a cherché à faire choisir « sur quoi agir », à la différence d'une approche centrée sur le problème : « Pourquoi acceptez-vous la présence de votre père ? », « Qu'est-ce qui vous empêche de lui dire clairement ce que vous voulez ? », « Quels liens établissez-vous entre la difficulté de prendre une décision et la présence de votre père, bien qu'il soit retraité ? », « Avez-vous de tout temps éprouvé des difficultés pour décider ? »... La liste serait infinie et la description longue, sûrement intéressante, mais au final peu productive pour déterminer ce que Didier doit faire. Le parti pris du coach, dans ce cas, a été de tenir le cap sur le principe de l'action. Sur quoi Didier pouvait-il agir ? Nous avons vu que, pour lui, la réponse n'allait pas de soi, compte tenu de sa construction des situations ; les autres étant acteurs, il ne pouvait, lui, que subir. Le coach a insisté sur ce cap : « sur quoi agir ? ». Il fallait déterminer l'axe de travail parmi de multiples possibilités puis, en conservant le cap, poser la question : « Qu'allez-vous faire ? », pour amener à identifier des séquences d'action mais au-delà pour réinstaller Didier dans une position d'acteur. C'est à ce moment que la relation devient une « relation acheteur ». Son travail devra alors se poursuivre pour déterminer précisément la façon dont il va s'y prendre pour parler avec son père, la façon dont il va s'y prendre avec sa secrétaire qui va faire « interface »... Le coaching continue.

La « relation acheteur »

Cette relation apparaît, quelle que soit la configuration du coaching, dès l'entretien préliminaire ou bien au cours du coaching à la suite d'une évolution de type « relation visiteur » → « relation acheteur » ou encore « relation plaignant » → « relation acheteur ». Elle se caractérise par la capacité qu'auront la personne et le coach à construire un objectif et à s'orienter vers les solutions.

La notion de problème, sans être absente, est toutefois moins « envahissante » que dans la « relation plaignant ». La personne a une idée de ce qu'elle veut, des changements qu'elle attend. Elle aura une certaine attente envers son coach dont elle pense qu'il détient les solutions qui lui font défaut. Ce qui est caractéristique : la méconnaissance dans laquelle la personne se trouve vis-à-vis de ses compétences et de sa capacité à atteindre son objectif.

Relation au problème

Avec la « relation acheteur », la personne coachée se sait être actrice des situations. Elle peut identifier en quoi elle participe du problème qu'elle rencontre, elle sait qu'il lui appartient d'agir et de mobiliser des moyens pour le dépasser. Le plus souvent elle a déjà tenté de le résoudre par différents moyens. Elle se montre active dans la recherche de solution pour sortir du problème. D'une façon générale, avec ce type de relation, il ne sera pas nécessaire de passer beaucoup de temps sur le problème, une ou plusieurs re-définitions suffisent pour permettre à la personne de se centrer sur ses objectifs.

Relation à l'objectif

La personne engagée dans la « relation acheteur » se montre rapidement proactive pour définir les objectifs[1], et elle accorde au moins autant d'attention à son objectif qu'à son problème. Par ses questions, le coach orientera donc la séance vers l'objectif : il deviendra la principale préoccupation et le principal sujet de conversation. En effet, la personne doit composer avec une relative méconnaissance de

1. Voir chapitre 7.

ses compétences pour atteindre son objectif, qui l'installe dans une attente de solutions. Ce sont d'ailleurs elles qu'elle pense « acheter » auprès du coach…

Position et rôle

La personne est active et engagée dans la « relation acheteur ». Elle se décrit actrice de ce qui se passe et de ce qui lui arrive. Elle est sujet de sa parole. En revanche, alors qu'elle est active et actrice dans la construction des objectifs, elle peut avoir une certaine passivité vis-à-vis des solutions qu'elle pense ne pas posséder. Elle est prête à s'engager et s'investir, mais ne sait pas comment s'y prendre…

Formes d'intervention à éviter

Alors que dans cette forme de relation la personne témoigne une certaine « autonomie » vis-à-vis du problème et de ses objectifs, elle montre une certaine dépendance vis-à-vis des actions à mener et des solutions à imaginer. L'enjeu de l'intervention du coach va être de solliciter l'espace des solutions, de faciliter leur construction. Cela permettra *in fine* au coaché de devenir autonome vis-à-vis de ses solutions, autrement dit, autonome au regard de sa démarche de coaching. Ce qui va naturellement orienter vers la « relation co-coach » dont nous parlerons ensuite…

Éviter :

- de répondre aux sollicitations plus ou moins explicites de conseils, de recommandations, au « Que feriez-vous à ma place ? » ;
- de répondre aux demandes de « savoir » exprimées par la personne coachée qui veut comprendre les choses, et éviter de lui donner des explications théoriques ou techniques ;
- de proposer des techniques et des « outils » que la personne coachée s'approprierait avec l'illusion de mieux faire face aux situations.

Formes d'intervention à expérimenter

- Renforcer la coopération en s'appuyant sur les signes par lesquels s'exprime la volonté de coopération du coaché.

- Orienter le plus souvent possible vers les objectifs et les actions à mener.
- Étayer les échanges sur des situations pour identifier les compétences et les ressources mobilisables.
- Inciter à expérimenter notamment au travers des tâches[1].

Le travail de coaching, les avancées de la personne vers son objectif, les premiers pas réalisés, ainsi que les premiers succès obtenus peuvent permettre de faire basculer la « relation acheteur » vers la « relation co-coach ».

La « relation co-coach »

Elle est une conséquence positive du travail de coaching et de la relation entre les acteurs. Aussi n'apparaît-elle jamais dès le début, dans la mesure où elle indiquerait alors que la personne n'a ni besoin d'un coach ni besoin d'un coaching ! Cette relation se caractérise par l'autonomie acquise par la personne coachée au regard de son objectif et du problème qu'elle pouvait rencontrer. La finalité du coaching est de permettre au coaché de s'installer dans la « relation co-coach » qui est le signe d'une autonomie développée. Le basculement dans cette relation, lorsqu'il se produit, intervient le plus souvent au cours des deux dernières séances. Dans le cadre du modèle COS, travailler à l'autonomie de la personne coachée, c'est travailler au développement de la « relation co-coach ».

Relation au problème

Avec ce type de relation, le problème n'est plus construit comme l'élément central des descriptions des situations que fait la personne. Il a pu se dissoudre au cours du coaching ou devenir un problème qui « ne fait plus problème ». La mobilisation de ressources et l'expérimentation de solutions alternatives l'emportent sur la perception du problème.

1. Voir chapitre 11.

Relation à l'objectif

Au stade de cette relation, les objectifs sont proches d'être atteints. La personne prend par elle-même des initiatives et mène des expérimentations au quotidien. Elle est en situation de mobiliser ses compétences et ses ressources pour faire face aux situations et aller vers ses objectifs.

Position et rôle

Le coaché est pleinement acteur de ses ressources, de ses solutions et des situations dans lesquelles il interagit.

Formes d'intervention à éviter

Avec la « relation co-coach », la personne accède à un réel niveau d'autonomie qui se constate au cours des séances. Les idées lui viennent assez facilement. Elle propose de mener des actions qu'elle a identifiées grâce aux échanges avec le coach. D'une certaine façon, nous pouvons dire qu'elle se fait les questions et les réponses ! Le coach est alors un support « réfléchissant » dont les interventions deviennent superflues et inutiles. Son rôle est d'encourager, d'inciter à expérimenter...

Il s'agit donc, à ce stade, d'éviter :

- de revenir sur le problème ;
- de sortir d'un questionnement et d'une réflexion sur les solutions.

Formes d'intervention à expérimenter

- Questionner les ressources et les solutions.
- Encourager.
- Inciter à continuer, à développer de nouvelles actions et initiatives.

Cette relation annonce la fin du coaching, d'une part parce qu'elle apparaît lors de sa dernière phase, et d'autre part parce que la personne n'a plus « besoin » du coach et du coaching pour progresser. Elle est dans une dynamique portée par l'effet boule de neige des petits pas réalisés, des petits succès obtenus. Les objectifs sont en voie d'être atteints, ou presque.

Conclusion sur les quatre types de relation

Nous constatons que ces quatre types de relation présentent des différences entre eux qui sont autant d'évolutions. La « relation acheteur » est celle qui permet le mieux de travailler au plus près des objectifs et des solutions. Conduire la personne à s'installer dans cette relation sera la tâche du coach. C'est cette relation qui ouvrira ensuite vers la « relation co-coach », signe de l'autonomisation du coaché vis-à-vis de son coaching. Des allers-retours entre les différents types de relation au cours du coaching sont possibles. Il est important que le coach les observe pour s'y adapter et conduire ainsi le dispositif de coaching. C'est ce qu'illustre le schéma des types de relation :

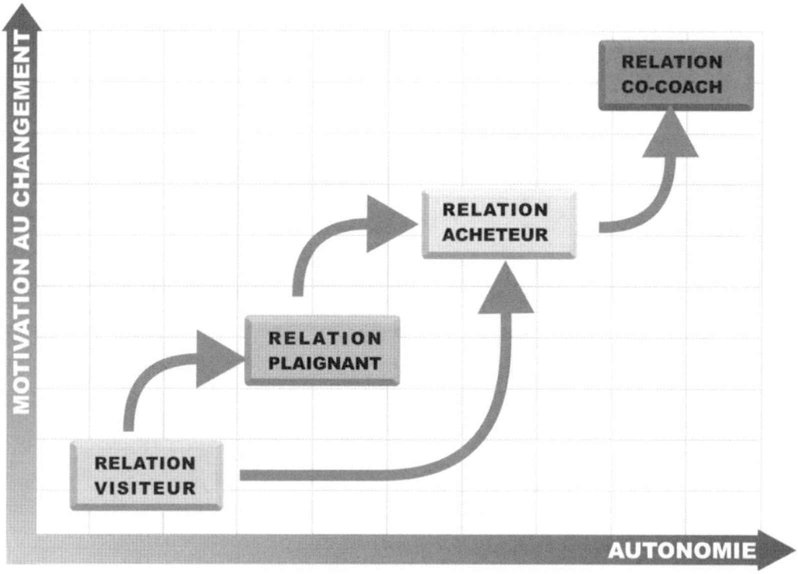

Schéma 8 – Des types de relation

En résumé

Le processus de coopération est au cœur de la démarche du « coaching orienté solution® ». La responsabilité du coach est de susciter, de renforcer et d'alimenter la coopération. Celle-ci se déploiera de façon différente selon le type de la relation construit par le coaché. Cette typologie détermine chez le coaché la relation qu'il entretient avec son problème et avec ses objectifs, cette relation est elle-même déterminée par la forme des constructions opérées par la personne à propos des situations. La nature de l'intervention du coach va se différencier en fonction du type de relation avec, comme finalité, l'évolution vers sa forme la plus aboutie : la « relation co-coach ».

Chapitre 10

Questionner pour construire les solutions

« Les gens qu'on interroge, pourvu qu'on les interroge bien, trouvent d'eux-mêmes les bonnes réponses. »

Socrate

Afin d'orienter le coaché vers ses solutions, le coach va s'appuyer sur la technique du questionnement. De nombreux « outils » opérationnels sont présentés dans ce chapitre. Ils vont demander au lecteur un apprentissage qui passe par un entraînement régulier, condition d'une intégration, d'une appropriation de l'originalité d'intervention du modèle COS.

De la fonction du questionnement

C'est la clé de voûte du coaching en général, et tout particulièrement pour le « coaching orienté solution® ». Cette technique relève d'un savoir-faire, lui-même associé aux compétences d'écoute et d'observation. Le fondement de la pratique et de l'intervention du coach repose sur un triptyque de compétences interdépendantes : écouter – observer – questionner.

Écouter

La qualité d'écoute est déterminante pour la construction de la relation et le travail de coaching. Pour être professionnelle, elle implique une réelle distanciation de la part du coach. Il doit être « à une distance adaptée » des situations, des contenus évoqués par la personne coachée. Dans le même temps, et cela peut paraître paradoxal, l'écoute suppose d'être centrée sur la personne. Le coach se met alors à l'écoute de ce que dit la personne, de la façon dont elle organise son récit, des mots qu'elle emploie pour décrire les situations, de la place et du rôle que celle-ci se donne dans sa narration. Que verrions-nous du tableau de *La Joconde* si nous devions la regarder à quelques centimètres ? Pour en percevoir la richesse, avoir des angles de vue différenciés, il faut alors prendre du recul. Il en va de même de l'écoute du coach. Celle-ci s'oriente vers une double direction : le contenu, et la construction. Le contenu est relatif aux sujets abordés par la personne, la construction renvoie à la façon singulière d'organiser et de structurer son discours. Rappelons que, dans la perspective du constructionnisme social[1] qui est une des sources majeures du « coaching orienté solution® », le coach par son écoute et ses questions participe à ces constructions. Elles n'appartiennent donc pas en propre à la personne (tout comme le langage d'ailleurs) et ne peuvent être que des co-constructions qui sont la résultante de l'échange. C'est sur les constructions langagières que va porter son questionnement et non sur les contenus, le fond du discours. Enfin, le coach doit faire « taire » son cadre de référence afin d'être à l'écoute de ce qui est dit par la personne, et non pas à l'écoute de sa propre voix intérieure et des commentaires que celle-ci ne cesse de lui suggérer !

Si nous admettons que l'écoute est une compétence, nous pouvons aussi repérer qu'elle est intimement liée à la personne du coach, de l'écoutant. Le développement de la qualité de l'écoute ne repose alors que partiellement sur une technique. En revanche, il s'appuie essentiellement sur le travail de connaissance et de développement personnel du coach.

1. Voir chapitre 4.

Observer

Le coaching est un acte de communication et nous savons depuis longtemps que cette dernière n'est pas seulement verbale. Elle comporte une dimension non verbale importante. Pour le coach, il est nécessaire de corréler son écoute à ses observations, de mettre en perspective, en quelque sorte, ce qui est dit par la personne coachée et ce qu'elle montre par son comportement, ses attitudes, sa gestuelle, l'expression de son visage, sa respiration... En reprenant les travaux du psychologue humaniste Carl Rogers[1], nous retiendrons particulièrement les concepts de *congruence* et d'*incongruence* comme objets des observations du coach. Nous pouvons parler de congruence lorsqu'il y a accord entre ce que dit verbalement et ce qu'exprime non verbalement la personne coachée. Les niveaux de message convergent dans une même direction, ils sont cohérents entre eux. À l'inverse, il y a incongruence s'il y a discordance entre les niveaux de message. Ce qui est dit verbalement est alors contredit par les gestes, le comportement. L'observation, le produit de celle-ci, devient un matériau à partir duquel le coach génère son questionnement.

Questionner

C'est probablement parce que le questionnement occupe une place prépondérante dans ce travail d'accompagnement que le coaching est fréquemment associé à la maïeutique de Socrate. Sans doute est-ce aussi parce qu'il partage avec elle le choix de renvoyer la personne à ses idées, ses perceptions et son savoir propre. Le modèle « coaching orienté solution® » y ajoute une autre fonction : déconstruire et reconstruire des représentations, des perceptions nouvelles des situations qui autorisent des possibilités. Ainsi, le questionnement du coach va :

- être contextualisé : les échanges au cours de la séance sont alimentés par des situations précises, vécues par la personne et sur lesquelles celle-ci souhaite travailler. À partir du questionnement

1. Carl Rogers, *Le développement de la personne*, Dunod, 1992.

proposé par le coach, elles font l'objet d'une description ou d'une (re)-définition ;

- s'adresser aux représentations de la personne, à savoir sa façon de construire par le langage un récit, des descriptions de situation. Il s'agit d'élargir les constructions, de les redéfinir pour permettre des possibilités nouvelles d'interactions et d'actions ;
- s'appuyer sur ce que dit la personne, les mots qu'elle emploie, sa vision particulière des situations. C'est dans ce que dit la personne que le coach construit ses questions ;
- s'orienter vers les potentialités, les solutions. Le parti pris du « coaching orienté solution® » est de focaliser le travail et le questionnement du coach vers les ressources, les compétences de la personne.

En conséquence, le questionnement du coach n'est donc motivé ni par sa curiosité personnelle ni par son besoin de comprendre. Ce qui l'oriente, c'est le récit singulier de la personne et la recherche de ce qu'elle ne perçoit ni ne reconnaît : ses compétences.

Circulariser le questionnement

Cela consiste à questionner un élément à partir du point de vue d'une autre personne. Le but est de faciliter la description de nouvelles perceptions, de nouvelles représentations. La circularité permet un enrichissement et un élargissement des informations et des points de vue. Concrètement, circulariser une question, c'est demander à la personne coachée, à partir d'une situation travaillée, ce que quelqu'un d'autre pense, ressent ou voit d'elle dans la situation en question. Bien sûr, la réponse ne peut être que la réponse qu'elle imagine que l'autre donnerait. C'est bien la personne coachée qui répond et qui suppose ce que quelqu'un d'autre répondrait. Mais l'intérêt de la circularité du questionnement est qu'elle amène le coaché à se décentrer en reconstruisant la situation à partir d'une perception (supposée) liée à une – ou plusieurs – autre personne concernée.

Les espaces de questionnement

Le « coaching orienté solution® » est un modèle ouvert qui requiert que le coach s'adapte à la personne avec laquelle il travaille. À ce titre, il ne serait ni judicieux ni cohérent de proposer une liste de questions types à poser invariablement pour chaque « espace de questionnement ». Elles seront donc construites à partir de ce qu'exprime la personne coachée.

Une boussole pour le coach

Nous avons formalisé un support nommé « espaces de questionnement » qui est une grille de lecture autant qu'une « boussole » pour le coach. Elle a un triple objectif :

- suivre et repérer le cheminement de la personne au travers des espaces. Cheminement qui, *in fine*, forme une construction langagière des situations travaillées au cours des séances. La construction est alors déterminée par l'agencement entre eux des différents espaces. Des effets de sens différents apparaissent selon les agencements opérés ;
- identifier l'espace ou les espaces qui peuvent être absents dans la construction de la situation. Cette absence pouvant agir comme un véritable « angle mort » pour la personne et participer ainsi largement à ses difficultés ;
- orienter le questionnement, et partant, l'attention de la personne vers certains espaces dans lesquels notamment elle se dirige moins « spontanément ».

Les « espaces de questionnement » sont formalisés de telle sorte qu'ils mettent en évidence leur dimension interactionnelle, c'est-à-dire « systémique » :

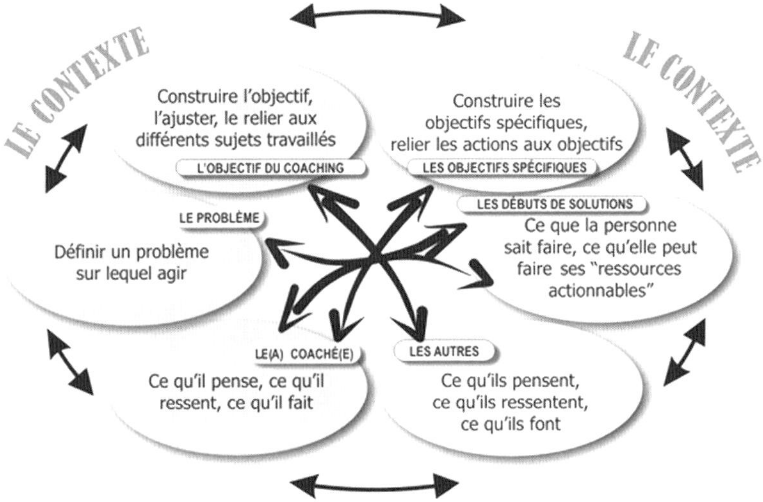

Schéma 9 – Les « espaces de questionnement »

Définition des espaces

- *L'objectif du coaching* : c'est l'espace de la construction de l'objectif, qui pour autant n'est pas défini une fois pour toutes. L'objectif va se re-construire tout au long du coaching. Un retour régulier dans cet espace amène à l'ajuster en fonction des avancées de la personne, en fonction de son actualité, de ses besoins… Revenir à cet espace permet aussi de créer des liens entre les sujets abordés et l'objectif, et ainsi d'assurer que les échanges, les thèmes travaillés vont bien dans le sens de l'objectif.
- *Les objectifs spécifiques* : c'est l'espace de la construction des objectifs spécifiques qui découlent de l'objectif du coaching tels que développés au cours du chapitre 7. Les allers-retours dans cet espace

permettent de créer des ponts entre les actions envisagées et les objectifs, de mettre en liens les situations travaillées et les objectifs. Revenir dans cet espace à chaque séance permet à la personne coachée d'évaluer ses objectifs et leur réalisation.

- *Les débuts de solutions* : c'est l'espace dans lequel, à partir de contextes, de situations identifiées, le coach questionne les ressources. Nous parlons de « début de solution » car nous cherchons à identifier les ressources actionnables, c'est-à-dire les compétences et les points forts de la personne sur lesquels s'appuyer pour engager les premiers changements. Dans cet espace, le « coaching orienté solution® » propose une démarche de questionnement fondée sur : les exceptions, les échelles, le miracle du changement.
- *Les autres* : la personne coachée est nécessairement engagée dans des relations avec d'autres. Les situations qu'elle rencontre et sur lesquelles elle souhaite travailler impliquent d'autres acteurs. Dans cet espace, il s'agit d'explorer et de définir les formes de relation, d'identifier les changements à opérer. La personne se trouve spontanément dans cet espace lorsqu'elle parle des « autres ».
- *Le coaché* : c'est l'espace dans lequel la personne se situe lorsqu'elle parle d'elle, de ce qu'elle fait, de ce qu'elle pense, de ce qu'elle ressent dans une situation donnée. Le coach peut aussi orienter son questionnement dans cet espace pour permettre à la personne d'évoquer son rôle, ce qu'elle fait, dans une situation qui fait l'objet d'un travail.
- *Le problème* : c'est l'espace dans lequel se place la personne lorsqu'elle parle de son ou de ses « problèmes ». En orientant son questionnement vers lui, le coach amène à construire et à définir le ou les problèmes sur lesquels travailler. Cet aspect a été développé au cours du Chapitre 8.
- *Le contexte* : ce n'est pas à proprement parler un « espace ». Il renvoie aux situations qui font l'objet d'un travail et d'un échange au cours des séances. Il est essentiel que le travail de coaching soit mené à partir de situations spécifiques afin que la personne coachée ne reste pas dans un discours général, dans un commen-

taire abstrait à propos des situations et de ce qu'elle vit. Les échanges doivent être contextualisés.

Mettre en œuvre les espaces de questionnement

Nous sommes dans une troisième séance avec Jean-Paul, qui est directeur d'une agence dans le secteur des services aux particuliers. Ce coaching a été engagé à sa demande et avec l'accord de sa hiérarchie. En lien avec l'un de ses objectifs spécifiques (« Exprimer et affirmer ses positions et ses propositions »), il avait décidé de prendre la parole dans la réunion de direction pour demander un arbitrage clair sur les moyens affectés aux agences pour les objectifs de l'année à venir. De son point de vue, si les objectifs étaient précis et ambitieux, les moyens quant à eux n'étaient pas explicitement définis.

Le coach : Sur quoi souhaitez-vous travailler aujourd'hui ?
Jean-Paul : Je voudrais que nous parlions de la réunion de direction qui a eu lieu la semaine dernière. J'ai dû mal m'y prendre car je n'ai toujours pas de réponses à mes questions...
Le coach : Très bien, parlons de la réunion. Qu'est-ce qui vous amène à penser que vous avez dû mal vous y prendre ?
Nous savons que le contexte est celui de la réunion de direction et que Jean-Paul commence à parler de lui – « J'ai dû mal m'y prendre ». Il entre dans la description de la situation par l'espace « le coaché », en indiquant une position d'acteur, qui induit la question du coach.
Jean-Paul : J'ai l'impression de ne pas avoir été entendu, comme si ma voix ne portait pas... Le DG a longuement parlé pour faire le point sur la situation des agences ; il était d'ailleurs assez satisfait, ce qui n'est pas habituel... Mes collègues ont argumenté et présenté leurs projets, il n'y a que moi qui ai mis les pieds dans le plat sur les moyens.
Jean-Paul entre par l'espace « le problème », qu'il définit comme « Pas entendu... ma voix ne porte pas », puis se situe dans l'espace « les autres » pour décrire brièvement ce qu'ont dit et ont fait les autres acteurs de la situation. Il termine en revenant à l'espace « le coaché » pour indiquer ce qu'il a fait : « Mettre les pieds dans le plat », une formulation qui demande à être précisée... Enfin, la mise en lien des trois espaces – « moi », « autres » et « problème » – souligne que Jean-Paul semble construire la situation sur une base relationnelle.

Le coach : Si je comprends bien, votre voix n'était pas audible. Comment avez-vous fait pour mettre les pieds dans le plat ?

Jean-Paul : J'étais agacé de constater que mes collègues n'avaient pas le courage d'aborder les moyens. Lorsque nous en parlons ensemble, nous sommes tous d'accord pour dire que nous n'avons pas de visibilité sur les moyens, par exemple pour la communication. Et une fois en réunion avec le DG, personne n'en parle, sauf moi !

À nouveau dans l'espace « le coaché », Jean Paul parle de lui et de son ressenti pour parler ensuite des « autres ». Nous ne savons pas pour le moment de quelle façon il a pris la parole sur la question des moyens à laquelle il tient...

Le coach : D'accord, je vois bien votre détermination à aborder ce sujet en réunion. Mais de quelle façon, concrètement, avez-vous pris la parole sur le sujet des moyens ?

Jean-Paul : J'ai attendu que chacun ait terminé de parler de son agence et que le DG ait répondu à plusieurs questions sur des aspects comptables, de gestion et de procédures. Ça a été assez long, je voyais le temps passer, j'attendais le bon moment, et finalement le DG a conclu la réunion... et c'est là que j'ai pris la parole pour demander où en étaient les arbitrages sur les moyens... J'étais assez tendu, les mots ne venaient pas facilement, j'avais l'impression d'être à côté de la plaque, d'être hors sujet, mes collègues étaient affairés à ranger leur PC et... le DG m'a répondu sèchement qu'il était un peu tard pour parler de ça. Je me suis trouvé un peu seul et j'ai compris que mon intervention avait été mal perçue...

Jean-Paul décrit la situation en parlant des « autres », de lui, de ce qui a pu faire « problème ». Il indique ce qu'il a fait et ce qu'il a ressenti. En revanche, il ne précise pas ce qui l'amène à penser que son intervention a été mal perçue. Nous ne savons pas ce qu'il a observé et qui le conduit à interpréter la situation de cette façon. Ici l'espace « les autres » concernant le DG n'est pas suffisamment défini par Jean-Paul. Nous observons aussi, au travers des « espaces de questionnement », qu'il construit la situation uniquement à partir de trois espaces, « les autres » étant absents, et leur absence concourant à construire la situation dans les termes qu'il emploie. Il va s'avérer utile d'amener Jean-Paul dans ces espaces pour reconstruire d'autres définitions à la situation et permettre l'identification de ressources...

Le coach : Qu'est-ce que vous avez observé qui vous amène à penser que votre intervention a été mal perçue ?

Jean-Paul : Il s'est arrêté tout net, m'a regardé fixement et m'a répondu avec un ton sec. C'est là que j'ai compris que j'avais tout faux...

Jean-Paul précise sur quelles observations il se fonde pour donner une signification aux effets de son intervention, il se positionne comme acteur – relation acheteur – de la situation : nous allons pouvoir explorer les espaces qu'il n'a pas évoqués spontanément.

Le coach : Je vois. Quel était votre objectif dans cette situation ?

Jean-Paul : Je voulais attirer l'attention sur le fait que nous n'avons pas tous les éléments pour bâtir dans nos agences le plan marketing et le plan d'action, et je voulais qu'on puisse en parler puisque tout le monde était là. J'avais quelque chose à dire et je voulais le dire...

Le coach : Dans cette situation votre objectif est très clair. De quelle façon se relie-t-il à l'objectif de votre coaching ?

En orientant son questionnement vers les « espaces des objectifs », le coach invite Jean-Paul à mettre en lien, en perspective la situation décrite et les objectifs. Il s'agit de décentrer Jean-Paul de la construction qu'il a faite de la situation afin de la « regarder » du point de vue des objectifs ; il est utile de relier « l'objectif spécifique » et « l'objectif du coaching » pour mobiliser l'énergie et la réflexion de Jean-Paul dans une autre direction...

Jean-Paul : C'est indissociable, car pour renforcer mon positionnement managérial je dois pouvoir exprimer clairement ce que j'ai à dire et faire les propositions que je pense adaptées. C'est ce que je voulais faire dans cette réunion, je n'ai même pas verbalisé mes propositions...

Le coach : Qu'est-ce qui aurait pu vous permettre d'exprimer vos positions et propositions ?

Le coach oriente maintenant vers l'espace « début de solutions ». Jean-Paul est maintenant invité à repérer comment il pourrait s'y prendre différemment. Il faudra ensuite identifier comment il va le faire concrètement....

Jean-Paul : Que je n'attende pas la fin de la réunion ! Prendre la parole à 12 h 10, c'était mission impossible...

Il est intéressant de noter la façon dont « l'espace problème » est ici redéfini une fois avoir exploré d'autres espaces.

Le coach : Comment pouvez-vous rendre votre mission possible ?

Jean-Paul : Peut-être en informant le DG en amont de la réunion, ou au moins au début, que je souhaite qu'on aborde un sujet. Comme ça c'est prévu et je n'arrive pas comme un cheveu sur la soupe !

➤

Le coach : En effet c'est une idée. Et ensuite, comment vous y prendrez-vous pour exprimer vos positions et vos propositions ?
Jean-Paul : Il vaudrait mieux que je valorise mes propositions plutôt que de faire un long constat de la situation, qui est d'ailleurs connue de tous... Que je mette l'accent sur ce que je propose de faire.
Le questionnement du coach, par le biais des espaces qui n'étaient pas abordés spontanément par Jean-Paul, lui permet de re-définir la situation sous d'autres aspects et l'engage dans une réflexion sur ce qu'il peut faire de différent. L'intervention du coach ne vise pas à analyser la situation, à focaliser sur le « problème ». Il est possible de questionner Jean-Paul sur les origines et les raisons de ses ressentis, sur les raisons pour lesquelles il a (trop) attendu pour prendre la parole, de « creuser » le problème de Jean-Paul et ainsi de lui donner une importance certaine. Resterait alors à trouver les moyens de le résoudre... Le parti pris du « coaching orienté solution® » est ici nettement illustré : inutile d'explorer le problème de Jean-Paul pour construire des débuts de solutions qui vont devoir ensuite être expérimentés. L'hypothèse du modèle COS est au contraire que c'est à partir des solutions que l'on construit des solutions.

Cet extrait de séance avec Jean-Paul montre la pertinence des « espaces de questionnement » comme « outil » fondamental du « coaching orienté solution® » permettant au coach :

- de se représenter la façon dont il construit la situation de réunion qui fait l'objet d'un travail ;
- d'identifier les « espaces » non évoqués spontanément et dont l'absence induit une forme de construction de la situation travaillée ;
- d'avoir un support à partir duquel se repérer dans les contenus abordés.

S'orienter vers les solutions

Le principe-clé du « coaching orienté solution® », comme cela est contenu dans son intitulé, est d'orienter la personne coachée vers la recherche de solutions. Pour cela, et comme le montre l'exemple de Jean-Paul, le coach se met à l'écoute des potentialités et il recherche avec la personne les actions « différentes » qu'elle peut expérimenter.

La solution se construit

À l'instar de la notion de problème, nous pensons que la « solution » est une construction. Elle n'est donc pas à « trouver » au sens où elle serait cachée quelque part et qu'il conviendrait de la débusquer. La solution est une construction que va créer la personne coachée. Cette construction sera rendue possible par un travail de coaching qui amène le coaché à re-définir les situations, à adopter par lui-même des points de vue différents. Elle sera rendue possible également par les expérimentations que la personne fera entre les séances.

Ainsi, les solutions ne se construisent pas au cours des séances. Il serait illusoire, pour le coach comme pour le coaché, d'imaginer les élaborer prêtes à l'emploi. En revanche, la séance de coaching va permettre de créer des conditions favorables à de nouvelles actions qui vont faire l'objet d'une expérimentation. La solution va alors se construire comme une résultante. Les expériences menées par la personne coachée entre les séances vont avoir pour effets d'introduire des modifications, c'est-à-dire des changements dans les situations dans lesquelles ces expériences sont menées. Ces situations, devenues nouvelles, vont impliquer une adaptation de la part de la personne coachée ; elle va devoir faire preuve de créativité pour faire face à une situation aussi nouvelle qu'inattendue. La solution est alors la modalité particulière d'adaptation qu'aura construite la personne *in situ*.

Pour qu'une modification sensible des situations se produise, il nous faudra au préalable identifier ce que pourraient être des « différences » suffisantes. Rechercher les « différences » va alors occuper une place centrale dans le travail de coaching en séance.

Construire les débuts de solutions

Si, au cours de la séance, coaché et coach ne fabriquent pas de solutions, ils construisent néanmoins des « débuts de solutions ». Rappelons que ceux-ci relèvent d'un espace dédié dans l'outil « espaces de questionnement ».

Les « débuts de solutions » sont des « différences » identifiées, dans une situation qui serait plus conforme aux attentes et aux objectifs de la personne coachée. Dans la précédente vignette, l'entretien a facilité pour Jean-Paul la construction de deux « différences » :

1. en organisant sa prise de parole en amont de la réunion, c'est-à-dire en faisant qu'elle soit à l'ordre du jour avec l'accord du DG, Jean-Paul se trouve alors dans une situation tout autre. Il prend la parole lorsque c'est son tour, lorsqu'elle lui est donnée et sur un sujet préalablement identifié. Ce qui fait une différence notable avec la situation qu'il a rapportée…
2. en développant une prise de parole centrée sur les propositions qui sont les siennes, en mettant en évidence ses idées, les actions auxquelles il a pensé pour faire avancer les choses. Il organise sa parole à partir de la force de proposition qui est la sienne. Ce qui fait également une différence notable avec la situation qu'il a rapportée…

Ainsi donc, ce que nous appelons « différence » est une modification, même minime, dans la situation, une action qui est menée par la personne coachée. Certaines différences créent plus de différence que d'autres. Elles modifient plus ou moins sensiblement la situation et l'expérience, elles génèrent plus ou moins de changement. Et comme nous ne pouvons pas connaître par avance celles qui vont faire *la* « différence », la personne coachée va devoir expérimenter, ce qui est déjà, en soi, une façon d'agir autrement. Rappelons que les « différences » sont des actions, et que ce terme désigne différents niveaux de réalité. C'est pourquoi nous avons introduit un deuxième terme, celui de « ressource actionnable », afin de distinguer ces deux niveaux de l'action.

Pour illustrer ce point, reprenons l'exemple de Jean-Paul. Il a identifié ce que nous allons appeler une « action » : organiser sa prise de parole en se centrant sur ses propositions. Bref, il va parler principalement de ses propositions. Mais comment va-t-il s'y prendre ? Comment va-t-il s'exprimer ? Se comporter ? Ici interviennent les « ressources actionnables »[1] qui correspondent aux comportements observables – par les autres – par lesquels Jean-Paul va prendre la parole. Les « ressources actionnables » sont donc des actions qui se situent au niveau le plus concret, le plus opérationnel : celui du comportement. Le questionnement du coach va alors amener la personne à décrire précisément les comportements qu'elle va adopter, expérimenter, pour mettre en œuvre l'action. En résumé, les « ressources actionnables » présentent les caractéristiques suivantes :

- elles impliquent les interactions ;
- elles sont liées aux situations ;
- elles expriment la présence de « différences » ;
- elles représentent une petite action plutôt qu'un résultat final ;
- elles expriment la reconnaissance, par le coaché, de son rôle d'acteur ;
- elles sont formulées en termes concrets, comportementaux et observables ;
- elles sont réalisables, à la portée de la personne coachée.

Les « ressources actionnables » qui sont autant de « différences » qui pourront faire *la* différence vont, pour partie, faire l'objet de la prescription des tâches ; elles seront associées aux actions décidées par la personne coachée. Nous développerons cette pratique dans le prochain chapitre.

1. Voir chapitre 7.

Nous pouvons synthétiser ainsi le processus d'intervention du coach :

Situations → recherche de différences → identification des actions à mener → recherche des « ressources actionnables » → élaboration du plan d'action → prescription de tâches de la part du coach[1].

Recherher les actions, construire les « ressources actionnables » sont les finalités du questionnement spécifique du « coaching orienté solution® ». Nous allons maintenant le développer et l'aborder concrètement.

Les questions sur les exceptions

Ces questions particulières reposent sur l'idée qu'il y a nécessairement des moments, des situations qui font exception au problème rencontré par la personne coachée. L'hypothèse des « moments d'exception » se fonde sur le principe d'impermanence que nous avons déjà évoqué.

De la règle à son exception

Deux situations, deux expériences vécues ne peuvent être identiques. Elles peuvent certes présenter des similitudes, mais elles ne sont jamais strictement identiques. Il y a donc forcément des différences entre deux expériences et deux situations vécues. C'est la description et la construction des situations que fait la personne coachée qui l'amènent à penser que cela se passe « toujours comme cela », et que cette situation arrive « tout le temps ». C'est de cette façon que le problème est construit et qu'il se trouve généralisé. Cette généralisation a comme conséquence de créer une permanence. Des différences ne sont plus perçues, plus reconnues parce qu'elles ne sont pas considérées comme suffisamment importantes et significatives pour générer un changement. Elles n'ont pas – et n'ont plus le statut – de « solutions potentielles ». Ces différences, qui seraient autant d'exceptions à la règle du « problème », ne sont alors pas décrites par la personne coachée, comme nous le montre la vignette de Cécile qui

1. Voir chapitre 11.

dirige un service administratif. Lors d'une séance, elle décrit une situation d'entretien avec une de ses collaboratrices au cours de laquelle elle rencontre un problème.

Cécile : J'ai dû convoquer Marie pour un entretien, elle accumule les erreurs…
Le coach : Que s'est-il passé au cours de cet entretien ?
Cécile : Rien comme d'habitude… Je lui ai fait part de ce qui ne va pas, elle m'a dit oui sur chaque point, comme elle fait chaque fois que je suis obligée de reprendre les choses avec elle, et je suis sûre que cela va continuer.
Le coach : Un entretien comme d'habitude ?
Cécile : Oui, c'est toujours la même chose avec Marie, elle n'argumente pas, n'explique pas grand-chose, elle dit oui pour être tranquille et ne fait que ce qu'elle veut…

La description de l'entretien par Cécile met en évidence la « règle » qu'elle exprime en termes de « Comme d'habitude », « Dit toujours oui », « C'est toujours la même chose »… Cette construction de la situation que fait Cécile installe ainsi une permanence. La démarche va alors consister à rechercher les « moments d'exception ».

Travailler les « moments d'exception »

S'orienter vers la recherche des « moments d'exception » c'est, comme nous l'avons indiqué précédemment, s'orienter vers les débuts de solutions. Dans la pratique du « coaching orienté solution® », le coach va alors se concentrer sur la description des situations qui font exception, au lieu de se focaliser sur la description des situations problématiques. L'enjeu est de restaurer le principe d'impermanence en retrouvant les inévitables différences que contiennent les situations. L'intérêt de travailler les « moments d'exception » est alors de :

- focaliser sur l'espace solution, en recherchant les exceptions qui sont des différences, c'est-à-dire des actions, des comportements. Ces différences sont autant de débuts de solutions potentielles ;

- permettre à la personne coachée de sortir d'une vision des situations décrites en termes de « tout ou rien », c'est-à-dire des situations construites en termes binaires : bien/mal, facile/difficile. Logique binaire qui se retrouve aussi dans le « soit/soit », c'est-à-dire une construction dans laquelle la personne ne perçoit qu'une alternative : le choix ou l'action. Dans ce type de construction, les nuances disparaissent avec la complexité et les différences ;
- restaurer la diversité des situations et des expériences vécues, ce qui a comme effet de placer les « situations problème » parmi d'autres situations. Elles prennent alors moins de « place » dans la perception de la personne coachée. Si le problème n'a pas disparu, il s'est alors dilué dans la variété retrouvée des expériences. Dans ce cas, la difficulté, bien que présente de temps à autre, fait alors moins « problème », voire ne fait plus « problème » : il a perdu son statut de règle, ou encore son caractère systématique. Il devient une expérience parmi d'autres.

Qu'est-ce qu'une exception ?

C'est une différence entre deux ou plusieurs situations. Elle peut être liée au contexte, aux actions des personnes impliquées, aux actions de la personne coachée.

Une « exception » peut être porteuse d'un changement dans la mesure où elle permet de mener des actions différentes. Il conviendra alors de questionner les liens établis par la personne coachée entre l'exception et l'action différente qu'elle a pu mettre en œuvre, comme l'indique l'exemple de Claude. Il décrit un moment d'exception lors d'une réunion projets à laquelle son responsable n'avait pu participer. Claude évoque que l'absence de son manager était un « moment d'exception » dans la mesure où il a pu prendre la parole, se sentir à l'aise, répondre aux questions techniques qu'on lui posait. La différence portait donc sur le contexte : l'absence de son responsable. Cette différence a permis de mobiliser des ressources et des compétences. Il s'agit alors, à partir de cette exception, d'identifier ce que Claude a fait concrètement : Comment il s'est comporté ? Comment il s'y est pris pour prendre la parole ? Qu'est-ce qui, dans son attitude, montrait qu'il était à l'aise ? Décrire concrètement ces comportements revient à définir les « ressources actionnables » évoquées précédemment et qui auront à être expérimentées en situation… avec le responsable cette fois.

Les différentes formes d'exception et de « moment d'exception »

Les exceptions peuvent prendre deux formes :

- l'exception peut être spontanée : la personne se comporte différemment, développe une action différente de façon non réfléchie et non préparée ;
- l'exception peut être décidée : la personne expérimente volontairement un comportement, une action différente dans la situation. Cette expérimentation crée une différence suffisante qui devient une exception.

Dans l'expérience et le vécu de la personne coachée, les « moments d'exception » correspondent à des situations qui contiennent des différences. Ils peuvent se produire selon trois caractéristiques :

1. les situations dans lesquelles le problème est moindre, moins intense, moins difficile au regard d'autres situations ;
2. les situations dans lesquelles la manifestation du problème est interrompue. Dans ces situations la survenue du problème apparaît, mais à la faveur d'un événement, d'une exception, la situation se modifie et le problème s'interrompt. Le coach peut également inviter la personne coachée à retrouver ce type d'expérience vécue pour travailler les exceptions et transformer les différences en « ressources actionnables » ;
3. les situations dans lesquelles les conditions sont réunies pour que le problème se manifeste mais il n'apparaît pas. Ces « moments d'exception » peuvent être sollicités par le coach ; le coaché recherche ici les situations dans lesquelles le problème n'est pas survenu. Il s'agit alors d'explorer ce que le coaché a fait dans cette situation.

Questionner les « moments d'exception »

Ce questionnement repose sur la description d'une situation considérée comme un « moment d'exception ». Les trois étapes du questionnement consistent :

- à décrire la situation « moment d'exception » : Quand s'est-elle passée ? Où s'est-elle passée ? Quelles étaient les personnes présentes ? Que s'est-il passé dans cette situation ?
- à rechercher ce qu'il y avait de différent dans cette situation : « Qu'est-ce qui est différent dans cette situation ? », ou « En quoi cette situation est-elle différente ? »
- à rechercher ce que ces différences ont produit comme changement, et de quelle façon ce changement a permis au coaché d'agir autrement : « Qu'est-ce que ces différences vous ont permis de faire ? », « Comment avez-vous agi ? », « Comment vous êtes-vous comporté ? ». Les questions amènent à décrire les comportements mis en œuvre par le coaché et qui ont permis le « moment d'exception ».

Quel que soit le type d'exception (problème moindre, problème interrompu, problème qui n'apparaît pas), la démarche de questionnement reste la même. En considérant la personne coachée comme actrice – c'est parce qu'elle a fait quelque chose de différent que c'est un « moment d'exception » –, la visée reste identique : rechercher les ressources et les comportements qui ont été utiles pour que la situation soit différente.

Illustrons par une nouvelle vignette. Antoine est contrôleur de gestion, il a engagé ce coaching parce que son projet est de prendre des responsabilités, en particulier de devenir responsable du service. Il construit son problème sur la conviction que les autres ont quelque chose de plus que lui, il se définit comme inférieur à eux. Alors il n'ose pas dire ce qu'il pense, et d'autant moins que cela viendrait contredire ce qu'expriment les autres. Sa construction du problème, en termes de « je suis inférieur aux autres », rend ainsi le problème insoluble. L'intervention du coach consistera à permettre sa redéfinition, de sorte qu'il devienne « travaillable ». Par exemple, il peut être redéfini comme un problème d'« excès de consensus »[1]. Dans ce cas, le coach va orienter Michel vers un « moment d'exception » pour dégager des ressources.

Le coach : Dans quelle situation récente le problème d'excès de consensus vous est-il apparu moins important ?
Le parti pris du coach est de rechercher un « moment d'exception » de type « moins pire », tant le problème présenté par Michel apparaît insoluble.
Michel : C'est difficile de répondre car ce problème n'est pas résolu.
La réponse confirme le choix de se centrer sur ce type de « moment d'exception », car il est peu probable que Michel eût accepté, si on le lui avait demandé, de rechercher une situation dans laquelle le problème avait disparu ou n'était pas apparu...
Le coach : Et bien qu'il ne soit pas résolu, dans quelle situation vous êtes-vous aperçu qu'il était un peu moins intense ?
Le coach reformule alors la question un peu différemment...
Michel : Peut-être dans un entretien avec Julien [son manager].
Le coach : Quand a eu lieu cet entretien ?
Il s'agit maintenant de définir la situation et la faire décrire ; il faut éviter à ce stade de l'échange que Michel reste dans un commentaire à propos des situations, mais l'amener à évoquer une situation précise qu'il convient de décrire. Les ressources actionnables ne pourront être identifiées qu'à cette condition.
Michel : Lundi dernier, c'était un échange informel, enfin... ce n'était pas prévu qu'on se parle.
Le coach : Je vois. Et où s'est déroulé cet échange ?
Michel : Dans mon bureau, c'était en fin de journée, il est venu me déposer un dossier pour lequel je devais prendre la suite parce qu'il allait être absent durant trois jours.
Le coach : D'autres personnes ont-elles assisté à l'échange ?
Michel : Nous étions seuls, il était tard, tout le monde était parti.
Le coach : D'accord. Donc la situation est que vous avez eu un échange informel avec Julien lundi soir dernier lorsqu'il est venu jusqu'à votre bureau pour vous apporter un dossier sur lequel vous aviez à travailler. Qu'est-ce qu'il y avait de différent dans cette situation ?

1. Voir le travail sur le problème au chapitre 8.

La reformulation aide Michel à reconstruire la situation, le coach associe une question à cette reformulation pour rechercher les différences. Notons que la question ne vise pas une comparaison explicite, il n'est pas demandé à Michel de comparer une autre situation avec celle-ci pour voir la différence. La comparaison est implicitement demandée à Michel. Le but n'est pas de décrire dix situations pour chercher les différences, mais de focaliser sur la situation présentée ici en recherchant ce qu'elle a de différent, afin de se centrer exclusivement sur les ressources. Ce point est spécifique du « coaching orienté solution® » vis-à-vis de pratiques qui auront classiquement tendance à comparer, sur la base d'une description, les situations avec problèmes et les situations où il n'y en a pas, ou peu.

Michel : Nous avons parlé plutôt tranquillement, nous avons évoqué l'audit d'un service qui doit commencer dans deux semaines, mais la démarche qu'il veut mettre en place ne me paraît pas la plus efficace.

Il est intéressant d'observer que Michel décrit un « moment d'exception » dans lequel le problème semble être totalement absent…

Le coach : Vous le lui avez dit ?

Michel : Oui, et on en a discuté.

Le coach : Qu'est-ce qu'il y avait de différent pour vous dans cette situation ?

Retour à cette question-clé qui doit mener vers l'identification de ce qu'a été l'action de Michel.

Michel : Ce que je vois comme différence, c'est que l'entretien était spontané et aussi que c'était dans mon bureau après le départ de tout le monde.

Le coach : Le fait que l'échange ait eu lieu tard dans la journée après le départ de tout le monde est une différence pour vous ?

Le coach cherche à valider si le lieu et l'heure sont une seule et même différence, ou si a contrario *il s'agit de deux différences distinctes.*

Michel : C'est sûr, car à cette heure-là j'aurais dû être sur la route pour rentrer chez moi.

Le coach : Bon, si j'ai bien entendu, vous avez repéré trois différences : la spontanéité de l'échange, le lieu de l'échange qui est votre bureau, et l'heure tardive de cet échange, c'est-à-dire après l'heure à laquelle vous auriez dû être parti. Qu'est-ce que ces différences ont changé ?

Il est important de reformuler, dans les mots de la personne, ce que sont les différences identifiées pour ensuite questionner ce que celles-ci ont changé dans la situation.

➤

Michel : Ça peut paraître bizarre de le dire comme ça, mais c'est comme si je ne parlais pas à mon manager, j'ai eu l'impression de parler à un collègue, même si je savais que c'était mon manager.
Le coach : C'est très intéressant. Qu'est-ce que ces différences vous ont permis de faire ?
Il n'est pas utile d'aller questionner les contenus apportés par Michel (par exemple questionner « l'impression de parler à un collègue »), la visée est la recherche des ressources mobilisées concrètement par Michel.
Michel : J'étais détendu et surtout j'étais content de le voir arriver dans mon bureau.
En référence au support « espaces de questionnement », nous constatons que Michel est dans l'espace « le coaché », il est centré sur lui.
Le coach : Ah oui ? Et comment Julien a-t-il pu se rendre compte que vous étiez content de le voir ?
Par cette question le coach circularise son questionnement. Il pose à Michel une question dont la réponse dépendrait de quelqu'un d'autre, cette question amène Michel à « se voir » du point de vue de Julien. La circularité du questionnement est très intéressante pour générer de nouvelles descriptions, pour enrichir les perceptions. Nous pouvons aussi constater qu'il est parfois plus facile à la personne de répondre à une question circularisée qu'à une question directe.
Michel : Je pense… à l'expression de mon visage, et aussi parce que je suis venu vers lui pour l'accueillir.
Le coach : Je comprends. Qu'est-ce qu'il a pu voir concrètement dans l'expression de votre visage ?
Le questionnement se fait progressivement de plus en plus précis ; ce qui est recherché est une description concrète des comportements qui traduisent l'action.
Michel : Mon sourire sincère, mon regard qui était direct… Je le regardais dans les yeux.
Le coach : Ce sont là des différences importantes. Et, dans cette situation, qu'avez-vous fait d'autre qui était différent ?
Michel : J'ai parlé en premier !
Le coach : J'aimerais que vous précisiez cela…
Michel : Eh bien, lorsqu'il a abordé le sujet de l'audit dont il avait déjà parlé en réunion, je lui ai dit tout de suite que j'avais compris sa démarche et que je pensais qu'on pouvait faire autrement pour être plus efficace.

➤

➤

Le coach : D'accord, parler en premier est une vraie différence. Comment vous êtes-vous comporté à ce moment-là ?
Michel : J'étais dans l'action !
Le coach : Qu'est-ce que Julien pouvait voir de vous au moment où vous étiez dans l'action ?
Michel : Quelqu'un qui sait ce qu'il dit, qui a des arguments réfléchis et qui veut se faire entendre.
Le coach : Oui, et comment cela se voit-il ?
Recherche à nouveau d'une description concrète qui sera indispensable pour que Michel sache précisément quoi faire et expérimenter la prochaine fois.
Michel : Mon attitude et ma voix étaient posées et fermes, mon regard ne l'a pas quitté une seconde.
Le coach : Bien. En résumé les ressources qui ont fait la différence, dans cette situation, ont été votre sourire sincère, votre regard direct, une présentation immédiate de vos arguments, une voix et une attitude fermes, c'est bien cela ?
Ici le coach reformule les différences d'action menées par Michel, ces différences sont les « ressources actionnables » c'est-à-dire des ressources dont nous savons maintenant qu'elles s'avèrent très utiles.
Michel : Oui !
Le coach : Il pourrait être très utile d'actionner délibérément ces ressources dans une prochaine situation et de voir ce que cela produit comme effet, qu'en pensez-vous ?...
Ici s'amorce la définition des éléments d'un plan d'action, et les éléments pour la prescription de tâches[1].

Résumons le processus d'exploitation des « moments d'exception » pour rechercher les « ressources actionnables », c'est-à-dire les débuts de solutions :

Orienter la recherche d'un « moment d'exception » (selon l'un des trois types) → faire décrire la situation → rechercher les différences → rechercher ce que ces différences ont changé dans la situation →

1. Voir chapitre 11.

rechercher ce que ces différences ont permis au coaché de faire de différent → rechercher et faire décrire concrètement les comportements (différents) par lesquels le coaché a agi différemment.

Les questions à échelle

Avec une démarche différente, les questions à échelle portent la même finalité que le travail des « moments d'exception » : identifier les ressources actionnables comme autant de débuts de solutions. Elles ne génèrent des informations et du matériau que dans la mesure où elles sont utilisées et appliquées à des situations identifiées.

Qu'est-ce qu'une question à échelle ?

Une « question à échelle » est une question qui va permettre d'orienter le coaché vers les débuts de solutions, en se centrant sur les « petites » actions comme autant de « premiers petits pas » à réaliser pour aller vers l'objectif. Ce type de questions permet :

- de ne pas entrer dans l'évocation du problème, tout en ayant une action sur celui-ci ;
- d'éviter une ou des descriptions détaillées des situations, la question à échelle permet de focaliser sur l'essentiel ;
- de donner une dimension concrète à une situation et à sa perception subjective ;
- de donner une évaluation à une situation, un sujet… ;
- d'orienter vers les objectifs ;
- de fractionner les actions à mener et les progrès à faire ;
- de sortir des perceptions binaires du type « tout ou rien » que nous avons développées précédemment.

Enfin, par sa composante évaluative, la question à échelle présente un autre intérêt : elle peut être utilisée d'une séance à l'autre et servir ainsi de repère.

Construire une question à échelle

Le principe de la question à échelle consiste à proposer au coaché de se situer, à propos d'un sujet donné, sur une « échelle » allant de 0 à 10. Par exemple, nous demandons au coaché : « À propos de votre confiance à atteindre votre objectif, sur une échelle allant de 0 à 10 – 0 quand vous n'avez aucune confiance pour atteindre votre objectif, et 10 quand vous êtes absolument confiant et convaincu de pouvoir l'atteindre –, à combien vous situez-vous aujourd'hui ? »

Si le principe de la construction d'une « échelle » est assez simple, elle suppose, pour être pertinente, de respecter quelques critères :

- le choix du thème de l'échelle doit s'appuyer sur ce qu'exprime la personne ; c'est alors, dans les sujets qu'elle évoque à propos des situations travaillées, que se trouve le matériau sur lequel construire l'échelle. C'est la personne coachée qui indique au coach ce sur quoi doit porter l'échelle ;
- l'échelle doit être utile pour l'atteinte de l'objectif ; c'est lui qui détermine et oriente la construction de l'échelle ;
- elle doit être simple et aisément compréhensible ;
- le choix de l'échelle tient compte du type de relation établie. Ainsi, l'échelle pourra porter sur :
  - l'espace du problème dans l'hypothèse d'une relation de type plaignant ;
  - l'espace des objectifs et débuts de solutions dans l'hypothèse d'une relation de type acheteur.

De multiples échelles peuvent alors être construites puisqu'elles sont liées à la singularité des sujets travaillés avec les personnes dans le cadre du coaching. Pour autant, l'ensemble des échelles peut se regrouper en quatre familles :

- les échelles de *progrès* (évolution concernant la situation, les améliorations possibles, les personnes impliquées) ;

- les échelles de *confiance* ou d'espoir (espoir ou confiance dans le changement, espoir ou confiance en soi, en les autres) ;
- les échelles de *motivation* (motivation pour le changement, motivation à résoudre le problème, motivation à s'engager, à se mobiliser, à mettre tout en œuvre pour…) ;
- les échelles *relationnelles* (amélioration d'une relation, évolution de la communication).

Exploiter une question à échelle

Toute la spécificité de la pratique du « coaching orienté solution® » va résider dans la façon d'utiliser et d'exploiter les échelles. Celles-ci impliquent une démarche, une logique d'intervention qui va autoriser l'expression d'une réelle richesse d'information menant à l'identification des débuts de solution.

Poser l'échelle et attribuer une note

Reprenons l'exemple précédent, demandons à la personne coachée : « À propos de votre confiance à atteindre votre objectif, sur une échelle allant de 0 à 10, 0 étant que vous n'avez aucune confiance pour atteindre votre objectif de coaching, et 10 étant que vous êtes absolument confiant et convaincu de pouvoir l'atteindre, à combien vous situez-vous aujourd'hui ? » Supposons que le coaché réponde 6. Le questionnement du coach va alors viser les petits pas à faire, les petits progrès à réaliser pour arriver au chiffre supérieur, qui serait 7 dans cet exemple. La logique de questionnement est alors :

– Qu'est-ce qui se sera produit pour passer de 6 à 7 ?

La question est volontairement large, elle présuppose qu'il se sera passé quelque chose. C'est l'événement ou l'action qui se sera produit(e) qui est recherché(e).

– Qu'allez-vous faire pour que cela se passe ?

À partir de l'identification de l'événement ou de l'action, nous explorons avec la personne ce qu'elle va faire pour que cela se produise. La question considère le coaché comme acteur ; elle l'incite à définir les actions qu'il peut mener et dans quelles situations il va les mettre en œuvre.

– Comment vous y prendrez-vous… ?

Alors que l'action à mettre en œuvre est maintenant identifiée et retenue, il s'agit de préciser, de façon concrète et opérationnelle, la manière singulière dont le coaché va agir. Les modalités comportementales de l'action seront ensuite à construire. C'est à ce niveau que se situent les « ressources actionnables » qui sont aussi les débuts de solutions, à l'instar de ce que nous avons développé au sujet des « moments d'exception ».

Circulariser le questionnement de l'échelle

L'exploitation des échelles peut aussi être associée à un questionnement circularisé, tel que nous l'avons précédemment défini. La circularité va consister à demander au coaché ce qu'une autre personne – identifiée – donnerait comme note sur l'échelle. Dans l'exemple précédent, la personne coachée avait répondu 6 à l'échelle de confiance à atteindre l'objectif du coaching. Pour circulariser, nous demanderions combien son manager – ou un pair – attribuerait comme note, disons 7. Cette première hypothèse signifie que « l'autre » perçoit des ressources, des potentialités, des compétences – qui l'amènent à dire 7 – que la personne coachée ne perçoit pas. La seconde hypothèse serait, d'après le coaché, que la note soit inférieure à celle qu'il s'est attribuée, disons 5. Ce qui signifie, dans ce cas, que la personne coachée fait quelque chose d'utile, mobilise une ou des compétences que « l'autre » ne voit pas. Ce qu'elle fait n'est pas perçu, il reste à l'identifier. Enfin, une troisième hypothèse serait que, selon elle, la note attribuée par « l'autre » serait identique à celle qu'elle a indiquée, 6 dans notre exemple. Ce que nous chercherons à savoir, c'est ce que « l'autre » perçoit pour donner cette note qui n'est pas nécessairement ce que la personne coachée perçoit pour donner cette même note. En résumé, les raisons qui amènent à donner une même note ne seront probablement pas identiques. Et ces raisons sont des ressources perçues. Quelle que soit l'hypothèse, l'exploitation par le coach se fera de la même manière. Seule va différer la formulation des questions. Ce sont les « ressources actionnables » qui sont recherchées. En conservant notre exemple, le questionnement sera alors :

- si la note attribuée par l'autre est supérieure à celle donnée par le coaché :
  - « D'après vous, qu'est-ce qu'aurait répondu votre manager ? » : 7
  - « Selon vous, qu'est-ce que votre manager perçoit et qui lui permet de répondre 7 ? »

Nous recherchons là les actions et les comportements que développe le coaché et qu'il ne reconnaît pas lui-même comme des ressources utiles, mais que son manager reconnaît comme telles.

- si la note attribuée par « l'autre » est inférieure à celle donnée par le coaché :
  - « D'après vous, qu'est-ce qu'aurait répondu votre manager ? » : 5
  - « Selon vous, que faudrait-il que votre manager perçoive pour pouvoir répondre 6 ? »

Cette configuration indique que ce que mobilise déjà comme compétence le coaché n'est pas perçu par le manager. Donc qu'est-ce qu'il serait utile qu'il voie – actions, comportements – pour donner une note supérieure ?

- si la note attribuée par « l'autre » est identique à celle donnée par le coaché :
  - « D'après vous, qu'est-ce qu'aurait répondu votre manager ? » : 6
  - « Selon vous, qu'est-ce que votre manager perçoit et qui l'amène à répondre 6 ? »

Alors qu'il n'y a pas d'écart de perception sur la note attribuée, les comportements et les compétences observés par le manager vont probablement être différents de ceux qui ont été perçus par le coaché. Il peut ainsi s'agir de ressources utiles et qui ne sont pas reconnues par le coaché avec une valeur de ressource.

Utiliser le cadre temporel futur/passé

L'échelle peut avec profit être exploitée sur un axe temporel futur/passé. L'exploitation de l'axe du futur correspond à ce que nous avons développé ci-dessus. L'échelle est alors projetée dans le futur par rapport à une note donnée au présent. Ce qui est à faire pour pouvoir donner une note supérieure implique une action dans le futur, même si celui-ci est très proche. De la même façon, l'échelle peut être référencée au passé. Dans ce cas, nous allons demander à la personne la note qu'elle aurait donnée il y a un, deux ou trois mois par exemple. Soit la note donnée en référence au passé est inférieure à celle donnée aujourd'hui, et dans ce cas un progrès est apparu et nous recherchons les actions et comportements utiles qui ont permis le progrès. Soit la note donnée en référence au passé est supérieure à celle donnée aujourd'hui, et nous constatons que le coaché utilisait auparavant des compétences et des comportements utiles pour l'objectif, menait des actions également utiles pour l'objectif alors qu'il ne les utilise plus aujourd'hui. Nous allons rechercher ce qu'il faisait d'utile avant pour le réactiver.

La référence au passé peut aussi être circularisée : « Qu'est-ce qu'une autre personne aurait donné comme note il y a un mois par exemple ? » Quelle que soit la note donnée, l'échelle apportera un matériau de travail sur lequel le coaché pourra s'appuyer.

Variante de la construction d'échelle

Dans certains cas, lorsque la relation est de type plaignant ou encore lorsque le problème à travailler est solidement ancré, il peut être intéressant d'inverser les données numériques de l'échelle. Celle-ci est proposée *a contrario* de la logique « habituelle », la note la plus haute de l'échelle, qui est 10, correspond cette fois au problème dans son intensité maximale et 0, point le plus bas de l'échelle, va correspondre à la disparition du problème. Le travail d'exploitation va alors consister à reculer sur l'échelle pour aller vers 0. Donc les progrès supposent de reculer sur l'échelle, ce qui présente un certain paradoxe. Il est possible que cette inversion de la logique engendre une confusion – de préférence chez le coaché ! – qui peut s'avérer porteuse dans la recherche des « ressources actionnables ». Cette démarche est potentiellement une façon de coopérer avec le coaché, de prendre en compte un mode de fonctionnement.

En reprenant l'exemple utilisé jusqu'ici, nous pouvons visualiser l'exploitation des échelles, au travers du schéma suivant :

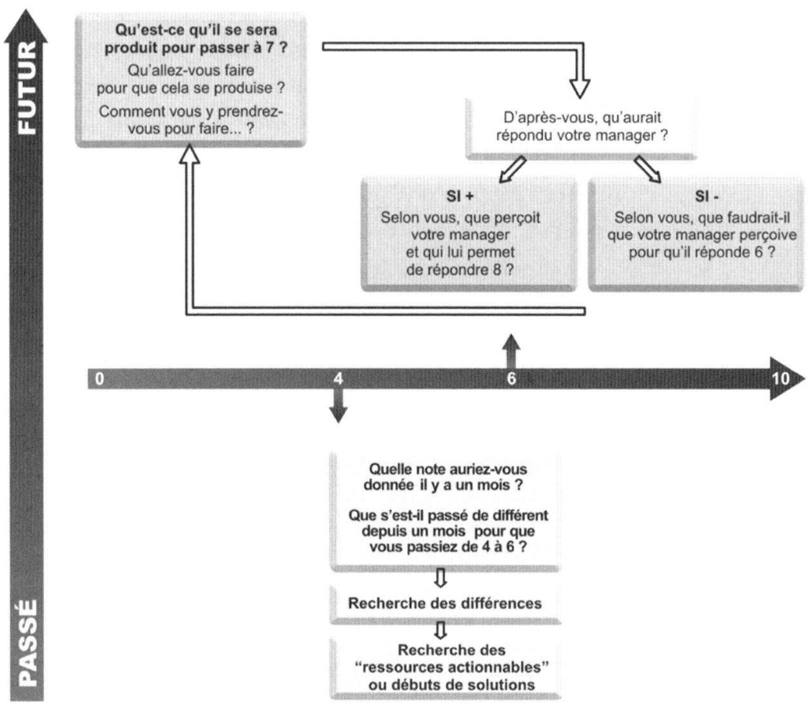

Schéma 10 – Exploitation échelle

Illustrons avec le cas de Michel. Il est responsable d'une unité de production composée d'une centaine de personnes ; son coaching est prescrit, on attend de lui la mise en œuvre d'une réelle délégation devant lui permettre d'élargir ses responsabilités à d'autres activités. Michel construit un problème sur son besoin de tout contrôler et de tout maîtriser, il aime que les choses soient à l'image qu'il s'en fait : parfaites. Il ne supporte pas l'échec et encore moins que des

« reproches » lui soient adressés si les produits présentent des défauts. La vignette qui suit est extraite de la deuxième séance.

Le coach : Que s'est-il passé depuis la dernière séance et qui va dans le sens de votre objectif ?
Michel : Ce qui est sûr, c'est que ce n'est pas gagné ! Je ne peux pas complètement m'empêcher d'aller vérifier, contrôler les machines, les matières et les produits, et aussi, voir si les gars sont au boulot et font ce qu'il faut. En fait, je me rends compte que je ne contrôle pas, je « sur-contrôle »...
Le coach : D'accord. Si je comprends bien, votre coaching n'est pas terminé... Que voulez-vous dire par « je ne peux pas complètement m'empêcher » ?
Michel : J'essaie de faire attention, d'en faire moins, de me contrôler...
Le coach : Vous voulez dire contrôler votre besoin de contrôler ?
Le coach reformule via *une question l'aspect paradoxal de la construction que fait Michel de la situation.*
Michel : C'est ça... C'est compliqué, non ?
Le coach : L'essentiel est que vous y prêtiez attention. Je vais vous proposer une échelle qui va de 0 à 10. 10 est le point qui correspond au « sur-contrôle », c'est l'intensité maximale du contrôle, et 0 est le point qui correspond à une pratique suffisante et nécessaire du contrôle. À combien vous situez-vous aujourd'hui ?
Michel renvoie une question au coach sur sa situation, il répond de façon décalée en soulignant ce que celui-ci fait déjà et qui est utile : faire attention. L'échelle est proposée de façon inversée compte tenu de la construction paradoxale de la situation faite par Michel. Elle est construite avec les mots de Michel et sur un sujet en prise directe avec l'objectif.
Michel : 8 !
Le coach : Je vois que vous avez déjà gagné deux points par rapport au « sur-contrôle ». Qu'est-ce qui se sera passé pour qu'à la prochaine séance vous puissiez répondre 7 ?
Le coach valorise en laissant apparaître qu'un progrès est en marche. La première question du processus d'exploitation de la question à échelle est posée.
Michel : Je dirais que si je vais moins surveiller les gars, cela vaudra 7.
Il est intéressant de voir que, spontanément et parmi toutes les pistes possibles, Michel choisit « les gars », comme il dit. Ce qui correspond à

un des trois objectifs spécifiques (voir chapitre 7) qu'il a retenus à partir de son objectif de coaching. Il n'y fait pas référence, le lien sera fait plus tard.

Le coach : Sur une période de trois semaines, d'ici à notre prochaine séance, combien de fois irez-vous les voir et qui vous permettra de répondre 7 ?

Michel : Une fois…

Le coach : Une fois sur trois semaines ? Cela paraît très ambitieux et peut-être aussi peu adapté…

La réponse de Michel est courte et surtout très imprécise. Le coach va distordre volontairement pour amplifier la réponse.

Michel : Je pensais plutôt à une fois par jour ! Cela devrait suffire pour leur dire bonjour, échanger un peu avec eux et les équipes, faire le point de la journée passée et de la journée en cours.

Le coach : Très bien. Et qu'allez-vous faire pour les voir une fois par jour ?

Maintenant que l'événement, l'action (Qu'est-ce qui devra se passer ?), c'est-à-dire la « différence », est construit, la deuxième question d'exploitation peut être proposée :

Michel : Le mieux serait que je leur dise que maintenant je ne viendrai qu'une seule fois le matin et qu'ils m'appellent dans la journée s'ils ont besoin de moi… Comme ça je serai tenu par ma parole.

Le coach : Et tenir sa parole, c'est important pour vous ?

Michel a trouvé un bon moyen pour s'éviter un retour vers le problème. Ce moyen est d'autant plus intéressant qu'il s'étaye sur ce qui semble être une valeur importante pour Michel : tenir sa parole.

Michel : C'est vital ! Je suis convaincu que si on ne tient pas sa parole, il n'y a plus grand-chose de fiable dans le travail.

Le coach : Je comprends, donc vous allez leur dire que vous ne viendrez les voir qu'une fois, le matin ?

Michel : Je pense que c'est une bonne façon de me cadrer.

Le coach : Comment allez-vous vous y prendre pour leur dire cela ?

Troisième question d'exploitation de l'échelle qui peut intervenir puisque nous savons quelle différence va se reproduire (pour passer de 8 à 7 sur l'échelle) dans la situation avec les « gars » – les voir une seule fois par jour le matin – et que nous savons ce que Michel va faire pour que cela se produise : leur dire clairement ce changement.

Michel : Ils risquent d'être surpris, ils ont tellement l'habitude de me voir souvent.

➤

Le coach : En effet, c'est un changement pour tout le monde. Et comment allez-vous vous y prendre pour leur dire ?

Il ne répond pas explicitement à la question, alors, il faut la reposer...

Michel : Je vais leur dire que ce n'est pas nécessaire que je vienne souvent, que je sais qu'ils bossent bien et qu'il y a rarement de vrais problèmes. Je vais leur parler simplement et franchement.

Le coach : Comment vont-ils savoir que vous leur parlez franchement ?

Michel : Je serai direct dans mon attitude et dans mes paroles, il n'y aura pas d'ambiguïté en fait.

Le coach : À quoi le verront-ils ?

Le questionnement du coach vise maintenant à faire décrire les « ressources actionnables », c'est-à-dire les comportements par lesquels Michel va s'y prendre dans la situation.

Michel : Je vais parler à tous et m'adresser à chacun, je vais les regarder en parlant, individuellement, je vais avoir une attitude stable alors que d'habitude je sautille, je ne tiens pas en place. Je serai stable...

Le coach : D'accord, c'est clair. Vous allez les rencontrer chaque matin pour les saluer et faire le point, et pour instaurer cela, vous allez les informer que dorénavant vous ne viendrez qu'une fois dans la journée et qu'ils peuvent vous appeler en cas de besoin. Et pour leur faire part de ce changement, vous allez parler franchement, sans ambiguïté, en parlant à tous et à chacun en même temps par le regard, et surtout, votre attitude et votre comportement seront posés et stables... Tout cela est d'autant plus intéressant que ces actions vont directement dans le sens de l'un de vos objectifs concernant vos équipes...

Le coach reformule à Michel ce que l'échelle a permis de construire en termes d'action et de « ressources actionnables » qui vont être les débuts de solutions (soulignés dans le texte). Il souligne aussi que ce que Michel a choisi spontanément renvoie à un objectif spécifique.

Cet entretien appelle quelques commentaires complémentaires :

- il montre que la démarche proposée permet d'identifier rapidement une action différente à mener et des « ressources actionnables » ;
- l'échelle permet de travailler le problème sans avoir à l'évoquer en tant que tel ; nous pouvons constater dans les propos de Michel qu'il reste en arrière-plan ;

- là où des approches plus classiques se seraient attachées à la description, voire à l'analyse du problème (« Comment expliquez-vous ce besoin de contrôle ? D'où vous vient-il ? À quoi vous sert-il ? Quel autre problème cache-t-il ? »...), le « coaching orienté solution® » s'attache à aller directement dans « l'espace des débuts de solutions » pour repérer ce que la personne peut faire, et dans les « ressources actionnables » qui sont à sa disposition ;
- les éléments disponibles à la suite de la question à échelle vont pouvoir faire l'objet d'une expérimentation associée à une tâche prescrite par le coach[1] ;
- utilisées dès la première séance, les questions à échelle permettent d'aller vers la recherche des solutions, tout comme le travail à partir des « moments d'exception ».

La question sur le « miracle du changement »

Cette question particulière a la même visée que les questions sur les « moments d'exception » ou les questions à échelle : identifier des débuts de solutions qui pourront être expérimentés.

La spécificité de la question sur le « miracle du changement » va être de proposer au coaché de construire une représentation de la situation dans laquelle le problème n'est plus présent. Au travers de cette question, il sera invité à identifier les effets de la disparition du problème, ce que cela change pour lui et pour les autres.

La question sur le « miracle du changement » permet ainsi de contourner une difficulté qui est celle de la résolution du problème, cette dernière faisant souvent obstacle pour décrire le changement attendu. Avec cette singulière question, le coaché est engagé dans « l'après-problème » pour construire ce qui s'y passe.

1. Voir chapitre 11.

La version de la question présentée ici est issue des travaux de Steve de Shazer, elle a été réaménagée et reformulée dans le cadre du modèle « coaching orienté solution® ».

La question du « miracle du changement »

Supposons que cette nuit, il arrive un miracle pendant que vous dormez et que votre problème se trouve résolu. À votre avis, que remarquez-vous de différent le lendemain matin qui vous fait savoir qu'un miracle a eu lieu. À quoi verrez-vous que le problème a disparu ?

Nous allons illustrer l'utilisation de la question du « miracle du changement » à partir de l'exemple de Lucie. Elle est DRH d'un site d'une entreprise multinationale. Le coaching est initié à sa demande, elle veut atteindre un objectif d'amélioration de son organisation personnelle. Les effets attendus portent sur la construction d'un équilibre satisfaisant entre son temps professionnel et son temps personnel. Lucie construit un problème – insoluble (voir chapitre 8) – la concernant personnellement : elle est brouillon, désorganisée, et l'a toujours été ; elle n'a pas d'agenda (elle les perd chaque fois qu'elle en achète un), oublie des rendez-vous, arrive « presque » à l'heure dans les réunions... Son poste doit s'élargir à de nouvelles activités décidées par le siège. Elle n'est pas très favorable à ces changements « venus d'en haut », mais elle n'a pas d'autre choix que de répondre aux demandes du siège et de changer sa façon de s'organiser... La vignette rapporte une phase de travail de la troisième séance.

Le coach : Revenons à votre organisation, vous disiez tout à l'heure ne pas savoir quoi faire ?
Lucie : J'ai même suivi la formation à la gestion du temps, ça a fait rire tout le monde dans le service... Je m'y suis ennuyée... Je ne sais pas par quel bout attaquer ce problème, ce n'est pas faute d'avoir essayé, vous pouvez me croire.
Le problème semble solidement ancré. Lucie se définit comme étant elle-même le problème, d'ailleurs sa gestion du temps a fait rire tout le service. Elle n'est donc pas réputée pour savoir le gérer... Engager un

travail sur le problème risque d'être long et peu productif. Lucie connaît son problème « par cœur », il y a peu de chances que l'on découvre des choses nouvelles dans l'espace problème… Ici, un travail de question à échelle pourrait être possible, une recherche de « moments d'exception » peut s'avérer difficile… La question sur le « miracle du changement » peut être utile…

Le coach : J'en suis sûr ! Je vois de quelle façon vous êtes mobilisée pour résoudre ce problème… Est-ce ce que je peux vous poser une question qui pourra vous paraître bizarre ?

La reformulation du coach vient soutenir la personne et ouvre à une question qui est une permission sollicitée. Le coach lui demande son accord pour lui poser une « question bizarre ». Il s'agit aussi de susciter la curiosité et l'attention…

Lucie : … oui !

Le coach : Supposons que, cette nuit, il arrive un miracle pendant que vous dormez et que votre problème d'organisation se trouve résolu. À votre avis, que remarquez-vous de différent le lendemain en arrivant au bureau qui vous fait savoir qu'un miracle a eu lieu. À quoi voyez-vous que le problème d'organisation a disparu ?

La question sur le « miracle du changement » est posée directement, elle est ajustée au sujet et contient les mots de Lucie.

Lucie : Le miracle serait que le temps ait disparu…

Puisqu'un miracle est proposé, il est fréquent que les personnes « en profitent » pour faire une réponse irréaliste… telle que la disparition du temps pour Lucie. Peu importe que le miracle soit réaliste ou non, car ce que nous allons exploiter sont les effets, les conséquences du miracle et non pas le miracle lui-même. Nous acceptons donc bien volontiers et très sérieusement le miracle formulé…

Le coach : En effet, le miracle s'est produit. À quoi voyez-vous en arrivant au bureau que le temps a disparu ?

Lucie : La première chose que je vois, c'est de l'ordre : mon bureau est plutôt rangé, pas grand-chose ne traîne, seulement les dossiers en cours posés sur l'angle de mon bureau… le sol est dégagé, les sièges aussi…

Elle est rentrée dans le « miracle », le problème d'organisation est contourné, elle peut accéder aux effets du « miracle », sa créativité est en route…

Le coach : Entendu. Que voyez-vous d'autre qui montre que le miracle a eu lieu ?

➤

Lucie : En ouvrant mon PC, tous les dossiers sont classés et regroupés par thèmes, il y a même les documents dans les dossiers !
Le coach : Et qu'est-ce qu'il y a d'autre qui vous prouve que le miracle s'est produit ?
Lucie : J'ai un planning, non c'est plutôt un tableau de bord que mon assistante a laissé sur mon bureau. Je peux voir ce que j'ai à faire dans la journée. Dans la semaine et dans celles qui suivent, y a même des couleurs...
Le coach : Des couleurs ?
Lucie : Pour représenter les réunions ! Je passe un temps fou en réunions diverses et récurrentes. C'est pour les repérer, les couleurs, et du coup je peux anticiper sur la préparation en donnant à Jacqueline, mon assistante, les informations pour qu'elle monte les dossiers. Ça évite de faire ça la veille, voire le matin.
Le coach : Et comme un miracle s'est produit...
Lucie a des idées assez précises de ce qui est à faire, ses idées sont aussi réalistes que réalisables, aussi le coach reformule-t-il la présence du « miracle » pour mieux faire ressortir l'importance et « l'extraordinaire » de ses idées. Il s'agit de les valoriser.
Lucie : Elle va pouvoir s'organiser aussi, mon assistante ! Il devrait y avoir moins de stress et aussi moins d'erreurs.
Le coach : Quel miracle... Comment allez-vous faire pour que votre bureau soit plutôt rangé prochainement ?
Le travail va consister maintenant à reprendre chaque effet du « miracle » et à le décliner en actions concrètes... jusqu'aux débuts de solution – soit les ressources actionnables, soulignées dans le texte.
Lucie : Je vais déléguer ! Je vais demander à Jacqueline de s'en occuper, je vais me mettre d'accord avec elle sur le rangement, elle sait bien faire. Ensuite, je verrai avec elle si c'est moi qui vais entretenir le rangement ou si c'est elle. La clé, c'est peut-être que j'utilise les compétences de mon assistante au lieu de lui manger son temps avec mes demandes permanentes et immédiates...
Le coach : Concrètement, comment interagissez-vous avec elle durant cette phase de travail ?
Lucie : Je vais bloquer une demi-journée et je vais prévoir de l'emmener déjeuner, ce sera plus <u>convivial</u>, je vais lui <u>expliquer que j'ai besoin de son aide</u>, lui dire <u>ce que j'attends d'elle</u> et <u>ce dont j'ai besoin,</u> et on discute !

➤

➤

Le coach : C'est une idée très intéressante ! Quand allez-vous travailler avec elle pour définir tout cela ?

Lucie : Au plus tôt ! Je pense, d'ici une semaine.

Le coach : Lorsque vous savez quoi faire, vous n'hésitez pas ! Comment allez-vous vous y prendre pour organiser les dossiers de votre PC ?

Le coach apporte une ponctuation en écho aux premières phrases de Lucie qui disait avoir tout essayé et ne pas savoir quoi faire. Cette ponctuation est une valorisation (voir chapitre 12).

Lucie : Là, c'est plus compliqué... Je ne sais pas, en fait.

Le coach : Je comprends. Comment s'y prendrait quelqu'un qui saurait faire cela ?

La question est réorientée vers un « modèle » externe, c'est une forme de circularisation du questionnement qui, le plus souvent, facilite l'accès à des idées nouvelles.

Lucie : Ce qui serait pas idiot, ça serait d'avoir le même type de rangement entre les dossiers papier et les dossiers informatiques.

Le coach : Comment voyez-vous cela ?

Lucie : C'est simple, lorsque j'aurai bouclé le rangement avec Jacqueline, je reproduirai à peu près la même chose dans mon PC.

Le coach : En effet, c'est simple. Qui va faire cela ?

Lucie : Je ne peux pas demander cela à Jacqueline, d'autant qu'il y a des dossiers très confidentiels. C'est moi qui le ferai, et là il va falloir prévoir au moins cinq ou six heures...

Le coach : Votre PC a besoin d'une réelle organisation... Quand pensez-vous pouvoir vous y mettre ?

Lucie : Ce devrait être possible à la fin du mois, j'ai une réunion qui a sauté et je récupère presque une journée...

Le coach : Qu'est-ce qui pourrait faire que ce moment passé sur votre PC soit agréable ?

Le coach a bien compris que cinq ou six heures de rangement du PC vont être pénibles pour Lucie, d'où la recherche de ressources qui peuvent rendre l'action plus facile. Lucie indiquera plus tard que ces ressources lui ont été indispensables...

Lucie : Que je fasse un <u>bon repas</u> le midi ! Et aussi, sur un <u>fond musical</u>...

Le coach : Quelque chose pourrait vous empêcher de faire cela ?

Lucie : Pas vraiment !

➤

➤

Le coach : Parlons du tableau de bord qui porte des couleurs, qu'est-ce qui va vous permettre de créer ce document ?
Lucie : Je peux l'imaginer, indiquer ce dont j'ai besoin dedans pour avoir une vue d'ensemble, et je demanderai l'avis de Jacqueline.
Le coach : Comment allez-vous le réaliser ?
Lucie : Je ne suis pas sûre de bien savoir faire cela. Vous savez… créer des tableaux de bord… Jacqueline le fabriquera. Je pense que d'ici un mois ça peut être fait.
Le coach : En résumé, dans un mois le miracle sera totalement réalisé ! Qu'est-ce qui sera différent pour vous ?
Une fois ces actions réalisées, qu'est-ce qui aura changé ? Il s'agit d'inviter Lucie à relier ces actions à d'autres dimensions qui vont leur donner un sens… pour elle.
Lucie : La pression, moins de pression pour moi et mon assistante. J'ai toujours géré le temps comme on navigue à vue, et la tempête était permanente…
Le coach : Maintenant que vous tenez la barre, qu'est-ce qui change ?
Elle évoque une métaphore pour construire sa réponse, le coach va inscrire sa question dans la métaphore de Lucie. Ce point souligne la coopération et confirme que l'expert est bien la personne coachée…
Lucie : Une impression de liberté retrouvée… Je me rends compte que je pensais exercer ma liberté dans mon désordre, en fait je m'aliénais et c'est le temps qui commandait…
Cette « conclusion » évoquée spontanément par Lucie (avec un peu d'émotion) est très intéressante. Elle montre la déconstruction qui s'est opérée sur le problème et la re-construction qui s'engage dans une tout autre direction…

Description de la question sur le « miracle du changement »

- Le coach demande l'autorisation de poser une question bizarre. Il s'agit de créer une attente chez le coaché et d'éveiller sa curiosité ; elles sont renforcées par la pause verbale qui suit la demande.
- L'emploi du « supposons » fait passer le message : faisons « comme si ». C'est une supposition qui facilite la créativité du coaché.

- Le « miracle » est circonscrit exclusivement au problème qui fait l'objet du travail, le problème est seulement nommé, ce qui permet au coaché d'adapter « le miracle » à ses besoins.
- Le coaché est installé dans une situation paradoxale : il ne sait rien du « miracle » qui s'est produit pendant son sommeil et il doit constater que le « miracle » s'est produit.
- Les questions posées par le coach sont conjuguées au présent pour indiquer l'action, rechercher les actions...

Exploitation de la question sur le « miracle du changement »

- Il est essentiel – après avoir posé la question : « Que remarquez-vous de différent le lendemain matin qui vous fait savoir qu'un miracle a eu lieu... À quoi verrez-vous que le problème a disparu ? » – de laisser le temps nécessaire à la personne de répondre.
- Le coach amène le coaché à formuler des réponses concrètes, à savoir des descriptions de l'effet du « miracle ».
- Le coach cherche, par son questionnement, à faire apparaître « des différences » qui sont autant d'actions et de comportements qui pourront être exploités en tant que « ressources actionnables ».
- Le coach circularise par son questionnement les résultats du « miracle ».
- Même si le « miracle » est « invraisemblable, irréaliste », le coach l'accepte comme tel et explore les différences qui apparaissent dans les effets du « miracle ».
- La question sur le « miracle du changement » peut être posée à tout moment dans le coaching et plusieurs fois au cours de celui-ci.

Cette singulière question sur le « miracle du changement », comme nous l'avons vu dans la vignette de la séance de Lucie, est utile pour contourner la difficulté que pose la construction du problème. Elle est également intéressante parce qu'elle permet de se centrer sur l'espace solution, de mobiliser rapidement les « débuts de solutions » qui vont pouvoir être expérimentés entre les séances. Plan d'action entre les séances et prescription de tâches font l'objet du prochain chapitre.

En résumé

Alors que la recherche de solutions est propre au coaching, le cheminement présenté dans ce chapitre pour identifier les débuts de solutions, nommés également « ressources actionnables », sont propres au modèle « coaching orienté solution® ». Il repose sur une technique de questionnement singulière. Celle-ci autorise – par un travail spécifique sur les « moments d'exception », les questions à échelle et la question sur le « miracle du changement » – la recherche des ressources actionnables qui vont être le matériau à partir duquel des expérimentations seront engagées par le coaché. Celles-ci seront associées à des tâches proposées par le coach. Le sens de cette forme d'intervention et de pratique à laquelle invite le « coaching orienté solution® » est de créer les conditions pour que des actions différentes soient expérimentées au quotidien, de créer les conditions des premiers pas qui vont entraîner le changement. Il appartient également à notre lecteur de s'engager dans l'expérimentation des techniques du COS…

Chapitre 11

Prescrire des tâches, ou le coaching après la séance

> « *L'expérience est une observation provoquée dans le but de faire naître une idée.* »
> Claude Bernard

Le coaching ne s'arrête pas à la fin de chacune des séances. Un programme d'actions et des expérimentations vont être à définir de telle sorte que la personne coachée puisse les mettre en œuvre jusqu'à la séance suivante.

Nous allons donc distinguer le « plan d'action », composé des initiatives que veut prendre la personne coachée dans le contexte qui est le sien, et les « tâches » qui relèvent de l'expérimentation et qui vont être « prescrites » par le coach en lien avec le plan d'action. Il les aura construites dans une perspective : mobiliser les ressources en vue de la réalisation de l'objectif.

Les définir, les choisir, les construire, les « débriefer » sera l'objet de ce chapitre.

Qu'est-ce qu'une tâche ?

La notion de « tâche » paraît simple d'un premier abord. Pour le coach, elle s'avère en réalité plus complexe qu'il n'y paraît dans son choix et sa construction, compte tenu des possibilités multiples qu'elle offre. Le concept de « prescription de tâche » est né avec le modèle de Palo Alto auquel nous avons fait référence[1]. La notion de tâche a connu des développements avec les travaux de Steve de Shazer[2]. Elle a été revisitée dans le cadre du « coaching orienté solution® » pour être adaptée à l'accompagnement professionnel.

La tâche comme action

La tâche est une action à mener par le coaché. Elle se distingue toutefois des actions qu'il repère au cours de la séance comme susceptibles d'être utiles à sa mission, ou à l'atteinte de ses objectifs. En fonction des sujets abordés et des échanges durant l'entretien, la personne coachée peut identifier une, deux ou trois actions qu'elle décide de mettre en œuvre parce qu'elle les trouve appropriées. À titre d'exemple, un manager peut décider d'organiser une réunion mensuelle à thème, de mener des entretiens individuels réguliers, de réorganiser les outils de gestion d'information, d'associer son équipe à l'élaboration de l'ordre du jour des réunions... Autant d'actions potentielles que le coaché pourra inscrire dans un plan d'action à mettre en œuvre entre les séances.

Dans le modèle « coaching orienté solution® », ce que nous nommons « tâche » est une action spécifique que nous allons associer au plan d'action décidé par le coaché. Par exemple, s'il décide d'élargir sa pratique managériale par des entretiens individuels avec ses collaborateurs, nous lui demanderons de faire « quelque chose » de précis au cours de l'entretien. Et si le coach construit une tâche d'observation, par exemple, le « quelque chose à faire » consisterait à observer tout particulièrement un aspect de la situation : le comportement, l'expression du visage ou le rythme de parole de l'interlocuteur ; ou encore ce que ressent la personne coachée, comme nous le développerons un peu plus loin. Nous l'inviterons, en fait, à expérimenter un ou plusieurs « débuts de solutions » ou ressources actionnables construits durant la séance, à partir de l'exploitation de

1. Au cours du chapitre 4.
2. Voir chapitre 4.

« moments d'exception », de questions à échelle, de la question sur « le miracle du changement[1] ». Les éléments issus de ce travail d'exploration des solutions, qui ne sont autres que les « ressources actionnables », vont constituer le matériau à partir duquel les tâches vont être construites et proposées par le coach. Pour être pertinentes, les tâches devront être « fabriquées sur mesure » pour la personne, et mises en œuvre dans une situation ou un type de situation défini. Elles sont donc proposées en fin de séance par le coach selon un processus présenté à la fin de ce chapitre. Enfin, elles feront l'objet d'un retour d'expérience par le coaché. Les situations vécues et les expérimentations menées seront travaillées, une fois décrites, comme des « moments d'exception », ou explorées selon une question à échelle[2].

La fonction des tâches

Les tâches poursuivent différentes finalités qui déterminent leur fonction. Précisons tout de suite que la fonction d'une tâche prescrite n'est pas de chercher à résoudre un problème ou d'atteindre un objectif. Nous pensons qu'à elle seule la tâche ne saurait produire cet effet. Pour le dire autrement, la tâche ne consiste pas à demander à la personne de faire ce qu'elle n'arrive pas à faire habituellement, comme cela peut se pratiquer avec une approche « comportementaliste ». Par exemple, on ne demandera pas à une personne qui se définit comme réservée, timide et qui n'ose pas s'exprimer en public – en réunion notamment – de prendre la parole – en faisant preuve d'un peu de volontarisme… Dans la perspective du « coaching orienté solution® », cette personne sera plutôt invitée à développer de nouvelles perceptions : d'elle-même, des autres, des interactions… Nous ne pensons pas que la solution est le contraire du problème mais qu'elle pourra se construire dans la mesure où les conditions auront été créées. Et c'est bien là, la fonction des tâches.

1. Voir chapitre 10.
2. *Id.*

Elles ont pour finalité :

- d'orienter vers les objectifs et la construction de solutions[1] ;
- d'expérimenter des « débuts de solutions » et ce qu'ils changent dans la situation ;
- de mobiliser des compétences et des ressources dans une situation dans laquelle elles seraient utiles ;
- de créer des « différences » (minimes) dues à l'effet produit par l'expérimentation des tâches. Ces actions mises en œuvre vont plus ou moins modifier la situation, la rendre différente. Les tâches expérimentées en situation vont alors potentiellement générer des « moments d'exception ».

Principes de construction d'une tâche

À partir des éléments de la séance et du type de travail mené, le coach va déterminer l'orientation à donner à la tâche qui doit être utile pour la réalisation de l'objectif. Plusieurs principes ou paramètres vont permettre au coach de s'orienter :

- elle peut être centrée sur le « problème ». Elle va, dans ce cas, inciter le coaché à expérimenter une action « différente » dans la situation dans laquelle il se manifeste ;
- elle peut être centrée sur les « ressources ». Elle va alors inviter le coaché à percevoir dans des situations déterminées des ressources présentes qu'il ne prend pas en compte jusqu'à présent ;
- elle peut être « décalée » vis-à-vis de la situation. Elle amène ici le coaché à se décentrer de la situation dans laquelle elle est expérimentée. Elle installe dans ce cas une « différence » qui pourra « faire la différence » en se traduisant par un changement ;
- elle est construite et proposée pour une situation (ou un type de situation) précise. La tâche portera ainsi sur : la situation de réunion, de négociation, d'entretien… Elle est ciblée et indique explicitement ce que doit faire la personne dans la situation.

1. Voir cette notion développée au cours du chapitre 7.

Toutefois, l'exception à ce principe concerne la première séance. Celle-ci fera l'objet d'une « tâche-formule » que nous exposerons dans les pages qui suivent ;

- elle est choisie en fonction du type de la relation. La nature de la tâche prescrite va alors être déterminée selon le type : « relation plaignant », « relation acheteur », « relation co-coach »[1]. De cette façon, elle s'appuie sur la manière de coopérer du coaché[2].

Nous illustrerons tous ces points dans différents exemples destinés à présenter les quatre types de tâches.

Les quatre types de tâches

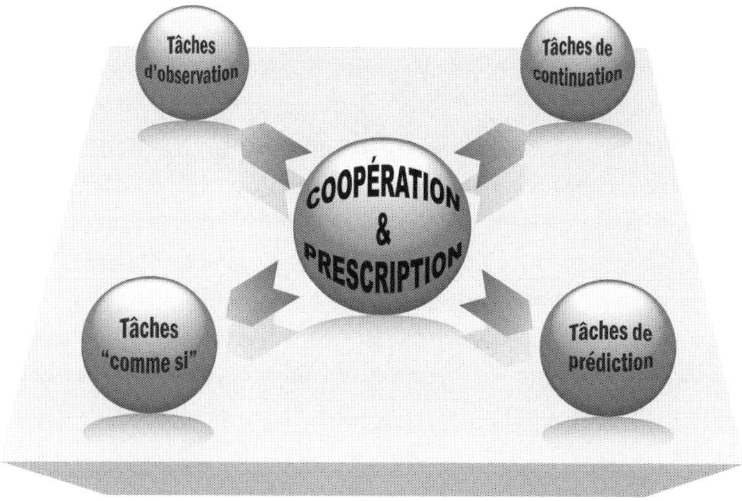

Schéma 11 – Les quatre tâches

1. La tâche d'observation

Elle vise à orienter l'attention de la personne coachée vers des aspects de la situation qu'elle ne « voit » pas (angle mort dans la perception

1. Voir chapitre 9.
2. *Id.*

de la situation) ou ne prend pas en compte (ressources, compétences présentes non reconnues comme telles). À partir de l'utilisation de l'outil « espaces de questionnement »[1], le coach peut repérer le ou les espaces absents de la description du coaché, ou ceux qui demandent à être travaillés plus spécifiquement. Ce qui est à observer est déterminé par le coach à partir des éléments de la séance. Le contenu de la tâche d'observation n'est pas inventé par le coach mais choisi par ce dernier parmi les contenus évoqués par la personne au cours de la séance. Plus la tâche d'observation est précise et plus elle s'avère pertinente.

Celle-ci peut alors être construite sur :

- l'espace problème : cette orientation de la tâche d'observation sera particulièrement adaptée et prescrite dans le cadre de la « relation plaignant ». Il s'agira d'amener le coaché à diriger son attention (son observation) vers d'autres paramètres de la situation problème. L'observation demandée peut alors porter sur lui – le coaché –, sur les autres – les personnes impliquées –, sur les interactions entre les personnes, sur le contexte. À cet égard, le support des « espaces de questionnement » est très utile pour le coach ;
- les « débuts de solutions » (qui sont alors des « moments d'exception ») : elle sera prescrite plus à propos dans le cas de la « relation acheteur ». Comme indiqué précédemment, l'observation peut être dirigée vers le coaché (auto-observation) ou les autres.

La proposition de la tâche d'observation sera, dans la mesure du possible, associée et reliée à une action identifiée et décidée par la personne coachée. Par exemple, elle décide de recevoir ses collaborateurs en entretien individuel et la tâche associée est qu'elle observe les attitudes, les réactions et les effets de la communication sur le collaborateur au cours de l'entretien. Dans ce cas, la tâche amène le coaché à se centrer sur l'autre au cours de l'échange et ainsi à prendre en compte les effets de *feed-back* dans la communication. Ce parti pris

1. Voir chapitre 10.

du coach est lié aux descriptions du coaché durant la séance, celles-ci indiquant qu'il est centré sur lui en situation d'échange, d'entretien et ne voit donc pas chez l'autre l'impact de ses messages.

Voici quelques exemples commentés de tâches d'observation telles qu'elles sont proposées aux coachés :

- D'ici la prochaine séance, observez dans les situations où vous animez une réunion, ce qui retarde l'arrivée du problème. Notez vos observations de telle sorte que nous puissions en parler la prochaine fois.

La tâche est orientée vers le problème. Elle invite Yves dans un type de situation déterminé (animation de réunion) à porter son attention sur les phénomènes, les événements, qui « retardent » le problème. Là où Yves voit la présence du problème, la tâche lui demande de voir ce qui « retarde » sa venue. Cette tâche a été prescrite dans le cadre d'une « relation plaignant » où le problème était construit « chez l'autre »[1]. De fait, il serait inutile de lui demander de s'observer : il n'est pour rien dans la situation ; ou d'observer les « autres » : parce qu'il le fait déjà sans qu'on le lui demande. Aussi la formulation reste-t-elle vague sur l'objet de l'observation : « Ce qui retarde l'arrivée de… »

Le retour d'expérience d'Yves sur cette tâche a été très intéressant. Sur trois réunions animées, deux n'ont pas vu le problème survenir ; dans la troisième, il a observé que ce qui retardait significativement le problème était le temps et la place qu'il laissait, dans sa conduite de réunion, à l'expression des différences d'opinion, voire des divergences : là où le problème surgit rapidement lorsqu'il ne permet pas cette expression. La « relation acheteur » s'est ensuite très vite instaurée.

- D'ici la prochaine séance, dans les situations d'échange avec votre manager, observez ce que vous faites à la place d'exprimer votre désaccord. Notez vos observations de telle sorte que nous puissions en parler la prochaine fois.

1. Voir chapitres 8 et 9.

La tâche est orientée problème, mais ici prescrite dans le cadre d'une « relation acheteur ». Elle vise à ce que Béatrice observe ce qu'elle fait, afin qu'elle prenne en compte une dimension de la situation qu'elle ne « voit » pas : elle-même. Le travail de la séance a montré un « angle mort », en décrivant les situations avec son manager : elle ne pouvait pas dire ce qu'elle faisait, ce qu'étaient ses réactions. Il apparaît donc important d'éclairer cet angle de vue. C'est le sens de cette tâche. Notre lecteur aura bien compris que Béatrice, dans cet exemple, travaillait sur un problème du genre « Je ne dis pas à mon chef ce que je pense lorsque je ne suis pas d'accord ». Et on voit bien que cette tâche d'observation est une façon de mettre le problème au travail. Car ce qui nous intéresse n'est pas ce que Béatrice ne fait pas – dire ce qu'elle pense –, mais plutôt ce qu'elle fait concrètement lorsqu'elle ne dit pas ce qu'elle pense. Que fait-elle à la place ? Quels comportements développe-t-elle à ce moment-là ?

Le retour d'expérience qu'elle a fait sur cette tâche a été développé de la manière suivante. Dans deux situations avec son manager, Béatrice s'est aperçue qu'elle « disparaissait » de l'entretien. Quelle est sa façon de « disparaître » : dans une situation où elle était debout, elle a reculé jusqu'au seuil de la porte ; dans une situation assise en petit groupe de travail, elle s'est appuyée sur le dos de la chaise jusqu'à faire balancer sa chaise sur les deux pieds arrière. Béatrice s'est dit alors qu'en voyant « ça » – son comportement –, son manager ne pouvait que continuer à argumenter parce qu'en face – elle – « ça » ne tenait pas. Et elle s'est aussi et surtout rendu compte que, même si elle voulait prendre la parole, elle ne le pouvait pas parce qu'elle n'écoutait rien de ce qu'il lui disait. Dès que son manager exprime une position sur laquelle elle est en désaccord, elle cesse d'écouter. Les explications de son manager ne lui parviennent pas, sinon de façon décousue, dit-elle. Elle perd le fil et ne peut donc pas répondre en construisant son argumentaire. Une découverte concrète pour Béatrice qui a par la suite modifié sensiblement la situation et la construction du problème. Celui-ci est devenu « problème d'écoute des opinions du manager lorsqu'elle est en désaccord ». Ce point illustre la re-définition du problème[1]. L'exploration de « moments

1. Voir chapitre 8.

d'exception » fut pour elle très adaptée et lui a permis de construire des « débuts de solution ».

- D'ici la prochaine séance, et dans les moments où les tensions dans l'équipe apparaissent, observez ce que vous faites pour limiter le problème. Notez vos observations de telle sorte que nous puissions en parler la prochaine fois.

Cette formulation présente quelques similitudes avec notre premier exemple. La différence réside dans le « ce que vous faites pour limiter... ». Donc, si la tâche est orientée vers « l'espace problème », elle incite à regarder les « ressources » existantes dans le problème. Ici, c'est la « relation acheteur ». Il serait vain, et cela pourrait aussi mettre la coopération en difficulté, de demander à Élisabeth, engagée dans une « relation plaignante », de voir des « ressources » dans un problème. C'est inconcevable pour elle dans cette relation. Et, avec cette forme de relation, elle ne peut rien faire pour limiter le problème puisqu'elle n'a aucune marge de manœuvre – ce qui est caractéristique de la « relation plaignant ». Bref, c'est parce qu'Élisabeth, en « relation acheteur », se sait être actrice des problèmes et des solutions que cette tâche peut lui être proposée. Dans cette proposition, l'observation porte sur ce qu'elle fait. Ainsi, la tâche présuppose qu'elle fasse quelque chose, en situation, pour limiter le problème. Ce n'est donc pas le « problème » qui est regardé et traité, mais ce qu'elle fait pour le limiter. Ce qui cherche à être mis en exergue par la tâche, ce sont les compétences, point fort que la personne mobilise dans la situation, et qui « contiennent » le problème.

- D'ici la prochaine séance, dans chaque situation d'échange et de communication avec votre équipe, observez, les jours pairs, ce qui facilite la qualité des échanges et y contribue, et observez, les jours impairs, ce que vous faites pour limiter les difficultés lorsqu'elles apparaissent. Notez vos observations de telle sorte que nous puissions en parler la prochaine fois.

La structure de cette tâche est plus complexe. Elle combine deux formes d'observations : observer ce qui « facilite », et observer ce que vous faites « pour limiter ». Nous partons de l'idée que Marc est en situation quotidienne d'échange avec les autres. Aussi, comme il ne serait ni pratique ni judicieux de lui demander d'observer simultanément les deux aspects – ce qui facilite et ce qui est fait pour limiter –, nous répartissons ces observations entre les jours pairs et impairs.

Dans le retour d'expérience mené par Marc, il a remarqué une sensible amélioration de la qualité des échanges depuis la dernière séance. Il a cité quatre situations significatives de son point de vue. Elles ont été travaillées comme autant de « moments d'exception » pour en dégager les « ressources actionnables », c'est-à-dire les comportements et attitudes que Marc a mis en œuvre, et les effets produits sur ses interlocuteurs. Il a remarqué que ce qu'il fait pour faciliter les relations et les échanges est bien plus régulier et important que la fréquence d'apparition des difficultés. Les difficultés n'ont pas disparu. Toutefois, elles ont pris une place plus « juste », disons moins envahissante dans la perception de Marc.

Variante de la tâche : déléguer l'observation.

« Déléguer l'observation » va supposer que le coaché identifie une personne dans son environnement. Il lui demandera d'observer à sa place dans certaines situations et d'envoyer des signaux. Cette variante est intéressante dans les situations au sein desquelles le problème est construit, par le coaché, sur des données émotionnelles, donc qu'il ne « maîtrise » pas, et surtout dont il ne voit la manifestation que tardivement. C'est là tout l'intérêt de la délégation comme nous le montre l'exemple qui suit. La tâche d'observation déléguée a été donnée à un coaché qui se décrit comme impatient et « soupe au lait ». Si en réunion les participants ne comprennent pas vite, ne proposent pas immédiatement des solutions, l'agacement emporte le coaché vers une attitude agressive. Sauf que lorsqu'il s'en aperçoit, il est déjà dans l'agressivité et la situation est bloquée ; plus personne n'ose prendre la parole.

- D'ici à la prochaine séance, au cours de votre réunion hebdomadaire, choisissez une personne en qui vous avez confiance, et à qui vous allez demander d'observer les petits signaux qui indiquent la présence de votre agacement. Et, après avoir convenu avec elle d'un code, demandez-lui de vous signaler ses observations. Notez vos propres observations sur ce qui se passe ensuite dans la réunion, de telle sorte que nous puissions en parler la prochaine fois.

Dans ce cas, Pascal a choisi son assistante qui participait aux réunions pour la formalisation du compte rendu. Il a dû exposer sa demande et ses finalités, et ainsi trouver une alliée dans cette situation. Il n'était plus seul face à ce problème. Ils ont décidé (de façon ludique…) qu'elle tousserait une fois pour signaler la présence de signaux faibles d'agacement, deux fois pour signaler que l'agacement se transforme en impatience manifeste, et trois fois pour indiquer la présence de l'agressivité. Le retour d'expérience ne fut guère probant pour les deux premières réunions qui suivirent. Les *feed-back* envoyés par l'assistante ont certes permis à Pascal de mieux percevoir ce qui se passait pour lui, mais sans que cela provoque de réelle « différence ». C'est au cours de la troisième réunion que des « différences » sont apparues. Le problème s'est interrompu. Configuration que nous connaissons à propos des « moments d'exception ». Pascal s'est mis en recul (sans s'en apercevoir sur le moment) et il n'a rien dit lorsque des problèmes techniques ont été évoqués dans la réunion. Il a attendu, mais il a été surpris de constater le « désarroi » de ses collaborateurs qui guettaient en vain sa prévisible réaction. Après quelques instants de silence, la discussion s'est engagée entre les participants… qui ont élaboré une solution que Pascal n'a fait que valider. À partir de la tâche, il a été amené « spontanément » à faire quelque chose de « différent », qui a produit suffisamment de « différence » pour donner une forme nouvelle à la situation. Le problème n'était certes pas « réglé », mais il lui était possible d'agir autrement et d'en voir les effets. Un premier petit pas de Pascal venait de s'engager.

2. La tâche de continuation

Elle peut être prescrite quel que soit le type de relation établi. Elle suppose néanmoins que des « ressources actionnables » aient été construites, que ce soit à partir d'un travail sur les « moments d'exception » ou encore à partir d'une (ou des) question à échelle[1].

1. Voir chapitre 10.

Pour rappel ce serait le cas, sur une échelle de 0 à 10, d'une personne qui indiquerait par exemple une note de 6 pour sa confiance à atteindre son objectif. Et qui, à la question *« Quelle note auriez-vous donné il y a six mois ? »*, répondrait 4. Donc, elle fait aujourd'hui des choses utiles pour son objectif qu'elle ne faisait pas six mois auparavant. Pour le dire autrement, elle utilise des ressources – actionnées puisque mises en œuvre – qu'il convient d'identifier.

La tâche de continuation va consister à prescrire ce que la personne coachée fait déjà et qui est utile pour son objectif, en lui demandant de continuer à le faire, et même à en faire plus. Ce sont donc bien les ressources, mises au jour avec les « moments d'exception » ou avec les questions à échelle, qui feront l'objet de la tâche. Parmi l'ensemble des ressources identifiées, le coach devra faire un choix. La tâche de continuation ne pourra porter au maximum, pour être pertinente, que sur une ou deux actions (ressources actionnables). Le critère de choix est la « différence », c'est-à-dire qu'il s'agit de prescrire la ressource qui, dans la description exprimée par le coaché, fait le plus de « différence ». Et donc produit le plus d'effet.

Voici quelques exemples commentés de tâches de continuation telles qu'elles sont proposées aux coachés :

- D'ici la prochaine séance, et dans les situations où vous prenez la parole, je vous suggère de continuer à exposer vos idées, à argumenter vos positions, à donner toutes les informations qui permettent aux personnes de comprendre les motifs de vos décisions. Notez ce qui se passe de telle sorte que nous puissions en parler la prochaine fois.

La tâche porte sur des actions qui ont été expérimentées par Louis. Elles ont produit des effets qui, pour lui, se sont avérés très utiles. Là où habituellement Louis ne donnait qu'un minimum d'informations, il a expérimenté les bénéfices qu'il pouvait trouver, tant pour lui-même que pour les autres, à prendre le temps de développer ses informations. La tâche vise donc à l'encourager à poursuivre dans cette direction. En prescrivant ce qu'il a déjà fait et qui a été utile, le coach souligne ces actions comme étant de réelles ressources. Celles-ci prennent alors un authentique statut de « début de solution ». La continuation proposée a également un effet de valorisation pour Louis.

Le retour d'expérience à la séance suivante a montré le renforcement, pour les relations de travail au sein de l'équipe, d'un plus grand partage d'informations, une meilleure appropriation par les collaborateurs, et une attitude « plus responsable » de ceux-ci du point de vue de Louis. Et ce, d'autant que l'entreprise connaissait une phase de crise sur le plan économique.

- D'ici la prochaine séance, je vous invite à continuer à prendre, chaque matin, quinze minutes, pour établir le programme de votre journée de travail. Notez tous les avantages que vous y trouvez et ce que cela vous permet de faire, de telle sorte que nous puissions en parler la prochaine fois.

Notre lecteur l'aura compris, un des objectifs de travail d'Annick concerne son organisation personnelle ! Alors que, vu « de l'extérieur », cette action paraît aussi simple qu'évidente, vu de la place d'Annick... c'est tout à fait autre chose. Ce qui est d'ailleurs assez fréquent : les actions et « débuts de solutions » imaginés par les personnes coachées n'ont que rarement un caractère sensationnel. Et c'est aussi parce que les choses sont évidentes que nous ne les voyons pas... un peu comme chercher nos lunettes lorsqu'elles sont sur le bout de notre nez. Donc dans ce cas, prendre un temps, pour une personne qui ne cesse d'être en mouvement, est un réel défi. Alors qu'Annick avait expérimenté cette action quatre ou cinq fois en y voyant des bénéfices, la tâche l'invite non seulement à continuer, mais à généraliser (chaque matin). C'est une façon de lui proposer d'en faire plus, plus de la même chose qui marche.

Le retour d'expérience a eu ceci d'inattendu : Annick s'est aménagé trois temps chaque jour pour se poser, se recentrer (les priorités, les urgences, l'essentiel, l'accessoire...), et réfléchir autrement que dans le mouvement récurrent de l'action. Elle a généralisé en adaptant, en transformant la tâche en réponse à ses besoins. Comme toute personne coachée, Annick est l'experte de son coaching...

Comme cela est mis en évidence dans ces deux cas, les tâches de continuation, en étant centrées sur les ressources et les actions à poursuivre, sont orientées nécessairement vers les objectifs.

3. La tâche « comme si »

Cette proposition de tâche suppose que la relation coaché-coach soit bien installée : la confiance s'est créée, le coach a trouvé la façon la plus adaptée de coopérer avec la personne coachée. En effet, la tâche « comme si » peut, de prime abord, paraître surprenante ou même déroutante. Son principe est le suivant : il est demandé au coaché de faire « comme si », dans une situation déterminée (règle fondamentale de la tâche), son objectif de coaching était atteint. Ou encore, de faire « comme si » le problème était résolu. Nous pouvons ainsi orienter cette tâche vers le problème ou vers l'objectif. Pour opérer ce choix, le type de la relation sera un critère dans la construction de cette tâche.

A priori, la réalisation de cette tâche semble assez impossible : comment faire « comme si » l'objectif était atteint alors qu'il ne l'est pas ? Comment faire « comme si » le problème était résolu alors qu'il est bien présent ? Pour le dire autrement, la tâche est une proposition paradoxale. En faisant « comme si », la personne prend le contrôle sur les effets du problème ou sur les effets de l'objectif. Elle devient pleinement actrice. Pour rendre la tâche plus « accessible » et réalisable, il est important de la limiter, de la définir dans le temps. Ainsi, il sera demandé que la tâche « comme si » soit, jusqu'à la prochaine séance, menée une fois par semaine, ou trois fois (c'est la personne coachée qui choisit le moment), ou chaque lundi... Le « comme si » est aussi demandé sur un temps court, quelques minutes seulement (et pas plus...) afin de le faire apparaître comme possible et donc réaliste. Les propositions de délimitation dans le temps et le choix de la fréquence dépendent de la personne et de ce qui semble à sa portée.

Voici un exemple commenté de tâche « comme si », telle qu'elle est proposée à Marianne :

- D'ici la prochaine séance, et dans les situations dans lesquelles vous constatez un défaut, un dysfonctionnement, je souhaiterais que vous fassiez « comme si » votre problème était résolu, seulement pendant quelques minutes, et pas plus. Je souhaiterais que vous répétiez cette expérience trois fois, vous choisissez les moments où vous le ferez. Et observez attentivement les réactions de votre entourage pendant ces minutes où vous faites « comme si »... Notez toutes vos observations de telle sorte que nous puissions en parler la prochaine fois.

Le cas présenté porte sur une tâche orientée vers le problème qui est défini par la personne comme « réaction vive » à la vue de négligences, d'oublis, de dysfonctionnements maintes fois exposés et rappelés en réunions collectives. Bref, Marianne crie, et elle crie fort. Cette pratique managériale, pas très adaptée du point de vue du coaché, ne produit d'ailleurs que peu ou pas d'effets. Cette tâche prescrite au terme de la troisième séance a été bien acceptée par Marianne qui y voit même un défi...

Le retour d'expérience a été porteur. Marianne avait pleinement mené la tâche en se l'appropriant de façon intéressante. Chaque fois qu'elle a fait « comme si », elle a noté sur un petit carnet dédié les observations de ce qui n'allait pas – et qu'elle n'a pas exprimé... puisqu'elle faisait « comme si ». En reprenant ses notes, elle s'est mise à hiérarchiser les dysfonctionnements : ceux qui étaient importants, pour lesquels il y avait un enjeu de sécurité notamment, et ceux qui étaient secondaires, voire très secondaires. Elle s'est aperçue que les dysfonctionnements importants étaient très peu nombreux et qu'elle traitait tous les dysfonctionnements de la même façon. Importants ou non, ils déclenchaient la même réaction que Marianne « partageait » ensuite avec les autres. À partir de cette tâche qui a fait une « vraie » différence, elle a pu initier de nouvelles actions « spontanées », en particulier hiérarchiser, et par là prendre le temps du recul face à l'événement. La forme de la situation et de son expérience s'est modifiée autant que sa relation à l'équipe s'est pacifiée. Les dysfonctionnements n'ont pas disparu mais Marianne les aborde différemment.

4. La tâche de prédiction

Elle vise à faire apparaître les écarts, dont la nature est variable, entre ce qu'imagine la personne coachée – sa représentation – à propos d'une situation, et le vécu de celle-ci. La « prédiction » est alors une prévision que fait la personne d'une situation. Cette tâche consiste à ce que la personne fasse, à une fréquence déterminée, une « prédiction » positive et réaliste de ce que sera une situation en rapport avec le problème ou avec l'objectif. Ainsi, la « prédiction » peut être à réaliser chaque soir pour les situations du lendemain, ou être réalisée un jour sur trois, ou une fois par semaine. Lorsque la journée est terminée, la personne aura à évaluer sa prédiction au regard de la façon dont la ou les situations se sont déroulées. Trois configurations peuvent intervenir :

- la situation s'est mieux passée que ce que la personne avait envisagé dans sa prédiction, ce qui signifie qu'elle a fait quelque chose, qu'elle a utilisé les ressources qui l'ont permis ;
- la situation s'est moins bien passée que ce qu'elle avait envisagé, ce qui peut signifier que sa prédiction était peu réaliste ou qu'elle avait pensé faire quelque chose qu'elle n'a pas fait. Dans ce cas, nous nous intéresserons à ce qu'elle a fait à la place de ce qu'elle avait imaginé, et non pas à ce pour quoi elle n'a pas réalisé ce qu'elle avait pensé faire ;
- la situation s'est déroulée conformément à la « prédiction ». Le coaché n'est pas pour autant devenu voyant ! Il a utilisé ses ressources de telle sorte que la situation soit conforme – ou presque – à ses attentes. Le travail de retour d'expérience, lors de la séance suivante, vise à identifier les ressources et à décrire la façon dont il s'y est pris pour les utiliser. Nous avons là une situation qui correspond à un « moment d'exception ».

Pour cette tâche, et pour les autres, il est possible que la personne coachée ait émis une objection relative à sa capacité à la mener, qui est confirmée la séance suivante avec une formule du type « Je vous avais dit que je ne pouvais pas y arriver »... Il se peut que la tâche ait été proposée « trop tôt », le type de relation installé pouvant être un frein. Quoi qu'il en soit, l'intervention du coach sera de chercher « ce qu'elle a fait à la place » de la tâche de prédiction. Nous détaillons ce point dans les prochaines pages.

Dans la prescription, la formulation de la tâche, le coach insiste sur l'importance que la « prédiction » soit réaliste et donc réalisable. Celle-ci doit être modeste. Le travail sur la « prédiction » ne fait que s'appuyer sur ce que la personne coachée fait déjà. Inévitablement, elle imagine les situations à venir, qu'elles soient en rapport avec le problème ou avec l'objectif ; par là, elle élabore à sa façon une « prédiction ». Qui n'anticipe pas sur des situations en imaginant, positivement ou négativement, leur déroulement ? Cette tâche utilise alors ce phénomène existant pour le mettre au service de la construction des solutions. Enfin, avec la « prédiction », l'impermanence que nous avons exposée dans le précédent chapitre[1] va pouvoir se restaurer. Cette tâche produit un effet sur la tendance à la construction d'une permanence des situations (« C'est toujours pareil, c'est chaque fois la même chose avec lui... »), et ouvre ainsi plus facilement vers des ressources.

Voici un exemple commenté de tâche de prédiction telle qu'elle peut être proposée à une personne coachée :

- D'ici la prochaine séance, je souhaiterais que chaque mardi et jeudi soir vous établissiez une prédiction sur la façon dont la relation avec votre manager va se dérouler le lendemain. Notez comment vous envisagez ces situations pour le lendemain. Puis le lendemain, en fin de journée, comparez votre prédiction et la façon dont les situations se sont déroulées. Notez toutes vos observations de telle sorte que nous puissions en parler la prochaine fois.

Dans le cas rapporté, le choix du coach a été de ne pas préciser ce sur quoi devaient porter les « prédictions ». Celles-ci orientent vers « la façon dont la relation avec votre manager va se dérouler le lendemain ». Aucune indication particulière n'est donnée concernant le problème ou l'objectif. En définissant le contexte « la relation

1. Chapitre 10.

avec le manager », le coach prend le parti d'ouvrir large les options de la personne coachée. Pour que cette tâche ne soit pas « trop lourde » à mettre en œuvre, il est proposé que la « prédiction » soit réalisée deux fois par semaine. Le choix du mardi et du jeudi est parfaitement arbitraire de la part du coach. D'ailleurs, cela n'a pas manqué de susciter, sur la raison de ce choix, l'attention de la personne coachée qui a cherché alors à en savoir plus en interrogeant le coach. Il n'a évidement pas répondu à la question renvoyant une formule : « Expérimentez chaque mardi et chaque jeudi et nous en reparlerons. » La curiosité générée par cette tâche – et par celles qui ont été développées précédemment – fait partie de son processus, il ne serait pas judicieux de lever le voile…

Le retour d'expérience de la tâche a été le suivant : la personne coachée l'a menée au pied de la lettre, telle qu'elle lui avait été proposée. La « prédiction » a eu un double effet :

- la personne coachée s'est rendu compte que le problème qu'elle percevait dans la relation avec son manager n'était pas aussi fréquent ni aussi intense qu'elle le croyait ;
- elle a mené un certain nombre d'actions simples, banales, dit-elle, qui ont favorisé une évolution dans les situations de relation avec son manager et qui lui ont permis de se positionner différemment par rapport à lui. Les « ressources actionnables » expérimentées ont visé l'instauration d'un autre climat : la personne a apporté au bureau sa spécialité de gâteau que son manager a beaucoup appréciée, elle a développé des attitudes d'enthousiasme et de bonne humeur, faisant preuve d'humour à plusieurs reprises avec son manager… Au point que ses collègues se sont demandé ce qui se passait dans sa vie pour qu'elle aille si bien !

Des actions simples et banales ont fini par donner une autre forme et d'autres sens à la relation avec son manager. Voyant celui-ci plus « souriant », elle s'est autorisée à proposer une modification sur un outil informatique. Proposition immédiatement adoptée par le manager qui avait bien vu le problème de cet outil sans trouver la solution. Avec les premiers petits pas initiés par la personne coachée pour faire que ses « prédictions » se réalisent, une autre dynamique commence à s'engager. C'est précisément le sens du coaching, et c'est là la démarche proposée par le « coaching orienté solution® ».

Les tâches-formules de première séance

Comme nous venons de le développer, construire des tâches « sur mesure » implique d'avoir travaillé sur différents sujets, d'avoir mis à jour des « débuts de solution » par le biais des trois principales démarches de questionnement : « moment d'exception », « échelle », « miracle du changement ». Aussi, ce matériau nécessaire à la définition de tâche spécifique ne pouvant être présent au cours de la première séance, nous utilisons une « tâche-formule ». Celle-ci est générale et utilisée pour chaque première séance. C'est une tâche d'observation. Nous demandons à la personne coachée de « prêter attention à quelque chose ». Nous proposons alors une tâche-formule propre au cadre de la « relation plaignant » et une autre pour la « relation acheteur ».

Tâche-formule « relation plaignant »

- Entre maintenant et la prochaine séance, j'aimerais que vous prêtiez attention, de façon à pouvoir le décrire la prochaine fois, à tout ce qui se passe dans votre environnement professionnel qui vous indique que ce problème peut être résolu. Notez toutes vos observations de telle sorte que nous puissions en parler la prochaine fois.

L'observation est orientée vers l'espace problème. Toutefois, elle ne vise pas le « problème » en tant que tel – sa manifestation, les conditions de sa venue, les réactions des personnes – mais ce qui « se passe dans l'environnement qui indique qu'il peut être résolu ». L'attention est donc portée sur les facteurs ressources, sur ce qui peut aider à la résolution du problème. Cette tâche-formule d'observation amène la personne à regarder ce qu'elle ne voit pas habituellement : les éléments positifs contenus dans l'espace problème, qui sont autant de points d'appui pour sa résolution. Bien que générale, la tâche installe déjà une différence dans le regard que porte le coaché sur la situation qui fait « problème ». Comme cela a été indiqué et illustré précédemment, le retour d'expérience consistera à dégager les ressources et les « débuts de solution » sur lesquels capitaliser et qui pourront être un support pour construire une tâche spécifique au terme de la seconde séance.

Tâche-formule « relation acheteur »

- Entre maintenant et la prochaine séance, j'aimerais que vous observiez, de façon à pouvoir le décrire la prochaine fois, tout ce qui se produit dans votre environnement professionnel que vous voulez voir se poursuivre. Notez toutes vos observations de telle sorte que nous puissions en parler la prochaine fois.

À la différence de la précédente, cette tâche-formule canalise les observations de la personne coachée sur « ce qu'elle veut voir se poursuivre ». Cela renvoie à ce qui « marche bien », soit les ressources, les compétences qu'elle utilise au quotidien et qui facilitent les situations. Ici, pas de cadre donné en termes de problèmes ou d'objectifs, mais une attention à prêter à tout ce qui se passe bien et qu'il faut bien sûr conserver, et pourquoi pas amplifier… Cela pourrait conduire vers une tâche de continuation pour la séance suivante selon le matériau issu du retour d'expérience.

Prescription des tâches et type de la relation

Visualisons la prescription de tâches au regard du type de la relation :

Relation/ tâche	Observation	Continuation	« Comme si »	Prédiction
Relation visiteur	Non	Non	Non	Non
Relation plaignant	Oui Orientée « problème »	Oui Seulement lorsque des « exceptions » sont identifiées	Oui Vis-à-vis du « problème »	Oui Vis-à-vis du « problème »

•••

Relation acheteur	Oui Orientée « ressources »	Oui Dès que des ressources sont disponibles	Oui Vis-à-vis de l'objectif	Oui Vis-à-vis de l'objectif ou de l'utilisation des ressources
Relation co-coach	Oui Orientée ressources à mieux prendre en compte	Oui Principale tâche à utiliser	Inutile	Inutile

Apportons deux précisions :

- pour la « relation visiteur » aucune tâche ne peut être proposée. Rappelons que, pour engager le coaching, la personne doit avoir une demande et être en mesure de construire un objectif. Ce qui n'est pas le cas dans cette relation ;
- pour la « relation co-coach », les tâches d'observation centrées sur les ressources présentes et les tâches de continuation sont les seules à prescrire. En rappel, indiquons que cette relation est l'expression d'une autonomisation du coaché vis-à-vis de son problème et de son objectif. Elle n'apparaît pas systématiquement. Si c'est le cas, ce sera en général vers la fin du coaching[1].

Le cas des tâches non réalisées

Il est possible qu'une personne coachée arrive en séance sans avoir réalisé la ou les tâches convenues. Cette information est généralement justifiée par un oubli pur et simple ou par un manque de temps ou par des événements importants et imprévus qui ont bouleversé les choses.

Rappelons que le « coaching orienté solution® » invite à une pratique fondée sur la coopération. C'est-à-dire que nous considérons et envisageons la personne comme coopérante à son changement quoi qu'elle fasse. Et rappelons, très brièvement, que la notion de coopé-

1. Voir chapitre 9.

ration est définie comme le contraire de la notion de « résistance » (au changement). Bien entendu, il pourrait être très tentant d'établir, dans ce cas, cette équivalence : Tâche non réalisée = résistance au changement. Le modèle COS nous propose une autre équivalence : Tâche non réalisée = une façon de coopérer au changement. Ce qui, nous en convenons, est assez déroutant ! Ce que nous permet cette équivalence : aborder la personne comme compétente, elle est l'expert de son changement, de son coaching comme cela a été développé avec les prémisses du COS[1]. En conséquence, et plutôt que de poser des questions orientées par la notion de résistance qui ne vont qu'alimenter la justification : « Qu'est-ce qui vous a empêché de le faire ? », « Comment expliquez-vous que vous ne l'ayez pas fait ? », « Qu'est-ce qui vous aurait permis de mener cette tâche ? », « Pourquoi ne l'avez-vous pas faite ? », nous allons questionner ce qu'elle a fait à la place ! *« Vous n'avez pas pu mener la tâche convenue, je comprends, aussi qu'avez-vous fait à la place qui a été utile pour votre objectif ? »* Le parti pris de la question est de renvoyer la personne à ce qu'elle a fait (à la place), présupposant ainsi qu'elle a forcément fait ou mené des actions... qui s'avèrent utiles pour la réalisation de son objectif. Reste à découvrir lesquelles. Et, dans l'éventualité où elle insiste pour exprimer n'avoir rien fait d'autre que ce qu'elle fait habituellement – ses activités, son quotidien, son travail –, alors nous investiguons : *« Que faites-vous dans votre quotidien et qui est utile pour l'atteinte de votre objectif ? »* Il est impossible que le coaché puisse ne rien faire d'utile pour son objectif. C'est le pari et le sens de la « coopération ».

Si la question peut être déroutante pour le coach, elle l'est tout autant pour la personne coachée qui s'attend à devoir expliquer pourquoi elle n'a pas mené la tâche. Décentrer la personne, ne pas être là où elle nous attend pour ouvrir des perceptions nouvelles...

1. Voir chapitre 6.

La prescription des tâches et la fin de séance

Ce n'est pas dans la quantité des tâches prescrites à chaque fin de séance que vont se trouver les clés pour la personne coachée. L'enjeu est ailleurs : dans la pertinence du choix et du contenu de la tâche au regard du contexte de la personne, de son objectif, du type de la relation. Aussi, nous suggérons fortement de ne prescrire qu'une seule tâche, deux au maximum. Par exemple, une tâche de continuation peut être proposée et associée à une tâche d'observation (des effets de la continuation). En outre, et comme nous l'avons exposé au cours de ce chapitre, la tâche est d'autant plus adaptée qu'elle est associée à une ou plusieurs actions décidées par la personne.

La prescription de la tâche intervient en fin de séance. Elle s'inscrit dans un processus plus large, de clôture de celle-ci, qui implique de mettre la séance en perspective avec la tâche et le plan d'action qui deviennent alors le trait d'union entre les séances. Nous développerons ce processus de fin de séance dans le prochain et dernier chapitre.

En résumé

La prescription de tâches incombe au coach. Il les construit à partir du matériau de la séance, de telle sorte qu'elles soient utiles pour atteindre l'objectif. Les tâches prolongent ainsi le travail de coaching entre les séances. Celles-ci font ensuite l'objet d'un travail d'exploration sous la forme d'un retour d'expérience qui vient enrichir la séance et mobiliser les ressources en vue de l'objectif et de sa réalisation. Leur prescription requiert que la coopération soit installée dans la relation coach-coaché (voir « La coopération », chapitre 9) et prenne en compte le type de relation à l'objectif et au problème entretenu par le coaché. Les tâches sont des actions (observer, continuer…) qui, associées à d'autres décidées par la personne coachée, engendrent une dynamique pour agir autrement, créer de la « différence » dans les situations et les expériences.

Chapitre 12

Mettre en œuvre le « coaching orienté solution® »

« Chaque histoire s'accompagne d'un nombre indéterminé d'anti-histoires dont chacune est complémentaire des autres. »
Claude Lévi-Strauss

La mise en œuvre du « COS » suppose de construire une vision globale du modèle, depuis sa source conceptuelle, en passant par ses prémisses et sa praxis. Chacun de nos lecteurs construira sa vision propre, singulière, reliée à ses pratiques préexistantes, à sa culture professionnelle et à son histoire. Dans ce chapitre, nous allons mettre en évidence la logique du modèle COS dans le déroulement de l'accompagnement dont nous avons, jusqu'ici, étudié les diverses composantes. Nous terminerons en développant la phase de bilan et la notion d'évaluation qui y est afférente.

La conduite des séances

Toutes les séances vont être construites à partir des sujets apportés par la personne coachée. De ce point de vue le coach n'a pas, en tant que telle, de « préparation » à réaliser. Il ne lui appartient pas de « scénariser » au préalable la séance. En revanche, il doit avoir nettement à l'esprit l'objectif du coaching, les objectifs spécifiques sur lesquels le travail est engagé, les principaux thèmes et situations qui ont fait l'objet d'une réflexion et d'une discussion. Nous aborderons, un peu plus loin, la prise de notes pendant la séance ainsi que quelques supports pouvant la faciliter.

L'intervention du coach va se déployer à partir des contenus que la personne souhaite travailler. Celle-ci va s'appuyer, pour chaque séance, sur les techniques développées jusqu'ici et que nous pouvons globalement résumer ainsi :

- utilisation des « espaces de questionnement » ;
- mobiliser la « coopération » entre le coach et le coaché d'une part ; favoriser la coopération du coaché vis-à-vis de son changement, d'autre part ;
- prise en compte du type de relation établi par la personne coachée ;
- mise au travail des objectifs spécifiques, en lien avec les situations professionnelles quotidiennes ;
- définition et re-définition du problème, si besoin est ;
- construction des « débuts de solutions » à partir de la recherche des « ressources actionnables » : exploration de « moments d'exception », exploitation des échelles et de la question du « miracle du changement » ;
- proposition de tâches adaptées et associées au plan d'action inter-séance ;
- prise en compte du type de relation établi par la personne coachée.

La première séance

Nous partageons l'idée, fréquemment développée, que celle-ci est une « séance découverte ». Les acteurs apprennent à se connaître, à établir une relation de travail dont la confiance est le support. Au cours de ce premier entretien, le coach « laisse venir » les contenus, les situations qui intéressent, voire préoccupent, la personne coachée. Toutefois, nous pensons également que cette première séance doit être orientée par la finalité du coaching : son objectif. La pratique du

« coaching orienté solution® » repose sur un contrat de six séances[1]. Aussi invitons-nous le coaché, dès cette séance, à se mobiliser sur la construction de ses objectifs, sur la recherche de « ressources actionnables ».

Nous pouvons identifier trois temps qui structurent cette séance et nous proposons les repères suivants pour l'intervention du coach :

Ouverture de la séance

Il est utile de rappeler ces principaux éléments :

- les engagements déontologiques du coach ;
- le rôle du coach (écouter, questionner, faciliter la construction de solutions) ;
- le travail du coaché (produire les séances en apportant le matériau de travail) ;
- le nombre de séances ;
- la reformulation de l'objectif du coaching.

Il est essentiel, à notre avis, que la séance s'ouvre sur une reformulation de l'objectif du coaching tel qu'il est porté au contrat. C'est le coach qui en prend l'initiative pour engager un premier niveau d'échange avec la personne sur l'objectif. Comme il aura été travaillé lors de l'entretien préliminaire quelques jours ou semaines auparavant, il sera intéressant que le coaché exprime où il en est vis-à-vis de son objectif qui, à partir de l'actualité récente de la personne, peut être validé ou d'ores et déjà réajusté.

« Qu'est-ce qui va être important au cours de cette séance ? »

Avec cette question d'ouverture, une fois l'objectif confirmé, le coach propose à la personne une réflexion sur ses besoins présents, sur son attente vis-à-vis de la séance. Il s'agit aussi de permettre l'expression de ce qui, pour le coaché, est important à ce moment du coaching. Le type de la réponse correspondra à autant d'indications données par la personne. De quoi va-t-elle parler dans sa réponse ? D'elle ? De ses

1. Voir chapitre 6.

attentes vis-à-vis de cette séance ? Vis-à-vis de son coaching ? De ses espoirs ou de ses doutes ? Ou demande-t-elle à en savoir plus sur le coaching, son déroulement ? Cette ouverture de la séance, centrée sur l'expression des besoins et des attentes, permet de faire le lien avec la seconde étape.

Orientation de la séance

« Sur quoi souhaitez-vous travailler aujourd'hui ? »

Avec cette question, le coach oriente maintenant sur le sujet que la personne souhaite aborder. Il va être le support, le contenu sur lequel la séance s'engage. Pour le mettre au travail, le coach va inviter le coaché à évoquer des situations particulières qu'il a vécues, et il va les explorer (« espaces de questionnement »). La façon dont la personne coachée décrit les situations est porteuse d'indications sur le type de la relation instaurée[1]. Il adapte son intervention à partir de la relation (visiteur, plaignant, acheteur) pour :

- faire travailler le problème : définition et re-définition (voir chapitre 8 de cette partie) ;
- faire travailler les objectifs : construire les objectifs spécifiques à partir du « cercle d'objectifs »[2].

Clôture de la séance

Ce premier entretien va se conclure sur :

- les actions identifiées par la personne et qu'elle décide de mettre en œuvre (son plan d'action) ;
- la reformulation d'une ou plusieurs « ressources actionnables » mises au jour au cours de la séance. Le coach choisit celles qu'il souhaite ainsi souligner par sa reformulation. Il fonde son choix sur l'objectif du coaching et par là sur les ressources utiles pour l'atteindre ;

1. Voir chapitre 9.
2. Voir chapitre 7.

- la tâche-formule adaptée au type de la relation[1].

La deuxième séance et les suivantes…

À l'image de la première séance, la scansion des séances suivantes va s'opérer de la façon suivante :

- une ouverture de séance à partir de la question-clé : « Qu'est-ce qui va mieux depuis notre dernier entretien ? » ;
- l'orientation de la séance ;
- le *feed-back* de fin de séance.

Développons dans le détail chacune de ces phases qui permettent le déroulement des séances autant que leur structuration. Répétées à l'identique lors des entretiens, celles-ci installent « un rituel ». Il vise à créer des repères partagés entre les acteurs, coaché et coach, à construire l'espace de la séance, à faciliter l'émergence de conditions propices au travail.

Ouverture de la séance

La seconde séance et les suivantes vont alors s'ouvrir invariablement sur cette même question :

« *Qu'est-ce qui va mieux depuis notre dernier entretien ?* »

En démarrant par cette question, le coach invite la personne à évoquer les situations vécues depuis la précédente séance et qui sont en lien avec les sujets et objectifs travaillés. Cette question oriente vers l'essentiel, à savoir les données liées aux sujets qui font l'objet du travail. *A contrario*, nous pensons qu'une évocation large des situations vécues par le coaché depuis ces dernières semaines, tout en étant intéressante, ne serait pas nécessairement utile pour le travail en cours. Cette question est alors une façon de poser le cadre de la séance, elle contient un présupposé : quelque chose va mieux depuis la dernière séance. Pour le dire autrement, il est demandé, à travers

1. Voir chapitre 11.

cette question, quels sont les progrès obtenus. Aussi, à cette question trois possibilités de réponse :

– « C'est pire ! »

Le travail consiste alors à identifier les situations sur lesquelles le coaché se fonde pour dire que la situation, c'est-à-dire le problème, s'est amplifiée. En s'appuyant sur les « espaces de questionnement » pour explorer ces situations, le coach va chercher à faire apparaître les éléments qui caractérisent la perception « C'est pire ». Y a-t-il eu des événements particuliers ? Que s'est-il passé pour que la situation se dégrade ? Que pense le coaché de cette dégradation ? Comment a-t-il agi ou réagi ? Qu'y a-t-il d'apprenant pour lui dans ces situations ? Qu'a-t-il fait d'utile dans ces situations ? Nous cherchons ainsi à repérer si des éléments permettent de comprendre la perception « C'est pire » pour en appréhender la dimension passagère ou événementielle. Selon les opportunités, une question à échelle peut être très adaptée pour engager la recherche des « ressources actionnables » et construire ainsi les « débuts de solutions ».

Du point de vue du type de la relation, et si aucun événement ne vient éclairer voire justifier le « C'est pire », il devient une indication potentielle de la « relation plaignante ». Cela se confirme ensuite dans la description des situations et dans la construction singulière qu'en fait la personne coachée[1]. Enfin, n'oublions pas que « les situations évoquées ne sont pas des objets mais des constructions complexes »[2]. Sauf événement particulier et imprévisible, le « C'est pire » est alors de l'ordre de la perception et pas nécessairement de celui de la réalité. Ce n'est pas le « territoire » que désigne la personne coachée au travers des descriptions qui sont les siennes : ce qu'elle exprime est « sa carte », c'est-à-dire la construction de sa réalité.

– « C'est pareil, rien n'a changé. »

1. Voir chapitre 9.
2. Voir les prémisses du « coaching orienté solution® », chapitre 6.

Nous savons que rien n'est identique à rien... C'est le principe d'impermanence développé à propos des « moments d'exception »[1]. En nous fondant sur la démarche de « coopération » que promeut le COS, le coach va alors inviter la personne à décrire les situations qui l'amènent à penser que « C'est pareil ». À partir du questionnement sur les « moments d'exception », il va chercher à restaurer les différences entre les situations. Comme elles ne sont plus perçues, les ressources qu'elles contiennent disparaissent également. Mais le coach va s'intéresser à un autre aspect : ce que la personne coachée a fait pour que les choses ne se dégradent pas ! En effet, le « C'est pareil » signifie en même temps que « Ce n'est pas pire », là où les choses auraient parfaitement pu se dégrader. Donc, si les situations ne se sont pas dégradées, c'est que la personne coachée – et les autres dans une logique de questionnement circularisé[2] – a fait quelque chose pour cela. Des actions du quotidien, en apparence banales, deviennent alors des ressources. La personne se trouve ainsi valorisée à travers ce qu'elle a fait pour que la situation ne se détériore pas. Elle découvre alors qu'elle fait pour son objectif bien plus de choses utiles qu'elle ne l'imagine. C'est précisément cela, le processus de coopération. La question du coach est ainsi *« Qu'avez-vous fait (dans les situations décrites) qui a permis que les choses ne se dégradent pas ? »*. Il est intéressant de voir à ce moment-là l'étonnement dans le regard du coaché... La question invite à une rupture qui amène à reconstruire la situation autrement. Enfin, du point de vue du type de relation, c'est à partir de la façon de décrire les situations – celles qui renvoient au « C'est pareil » – que peut s'identifier une « relation plaignant » ou « acheteur ». Le coaché se décrit-il comme acteur ? Dans ce cas la relation est probablement « acheteur ». Se décrit-il comme impuissant à agir ? Comme subissant la situation ?... et la relation est potentiellement « plaignant ».

– « C'est mieux. »

C'est parfait ! Si « C'est mieux » nous avons là autant de situations à décrire que de « moments d'exception » à explorer. En effet, les

1. Voir chapitre 10.
2. *Id.*

situations vécues dans lesquelles la personne coachée observe un « mieux » contiennent des différences. Quelles sont ces différences ? Et comment ont-elles permis au coaché d'agir autrement ? Quelles « ressources » ont été actionnées grâce à ces différences ? Ici peut s'engager – le plus souvent aisément – un travail de recherche sur les « ressources ». Utilisées dans les situations qui vont « mieux », celles-ci peuvent être amplifiées et expérimentées dans de prochains contextes.

Orientation de la séance

Comme nous l'avons développé lors du précédent chapitre, rappelons qu'en fin de séance le coach propose une tâche. Rappelons également que nous distinguons la « tâche-formule », prescrite en fin de première séance, des tâches « sur mesure » que le coach construit et propose à partir des éléments d'information issus de la séance. Le retour d'expérience des tâches en deuxième séance avec la « tâche-formule », et dans les séances suivantes avec les tâches « sur mesure », va s'associer à la réponse à la question « Qu'est-ce qui va mieux ? » et vient prolonger le travail de description des situations. L'orientation du coach reste invariable : rechercher les différences induites par la tâche, identifier les « ressources » expérimentées à partir de ces différences, recenser les actions menées grâce à elles.

À partir des « outils » de questionnement du « coaching orienté solution® », la séance va être centrée sur la recherche des actions à déployer, des ressources à mobiliser dans une perspective : l'objectif du coaching et les objectifs spécifiques qui lui sont associés. Tout au long de l'entretien, des situations vont être travaillées, des « ressources » vont être identifiées et des « débuts de solutions » vont se construire. C'est dans ce matériau que le coach va puiser pour élaborer la tâche à proposer et pour structurer la fin de la séance. Développons maintenant ce point.

Feed-back de fin de séance

Comme pour l'ouverture de l'entretien, sa conclusion est répétée de la même façon à chacune des rencontres.

Pour clore la séance, nous demandons à la personne :

- ce qu'elle retient d'important de cette séance ;
- quelles sont les actions (identifiées au cours de l'entretien) qu'elle souhaite engager dans l'interséance.

À la suite de quoi, nous lui proposons un *feed-back* qui s'organise autour des trois éléments qui le constituent :

- le compliment ;
- le pont ;
- la tâche.

Le compliment

Il s'agit d'une série d'assertions sur ce que veut et fait le coaché et qui va dans le sens de ses objectifs. Le compliment n'est pas en soi un jugement de valeur – positif – exprimé par le coach. Le but du compliment est de renforcer la dynamique qui tend vers l'objectif du coaching.

C'est dans les contenus de la séance, éventuellement dans celles qui ont précédé, que le coach trouve les éléments qui font l'objet du ou des compliments. Ceux-ci agissent alors comme autant de confirmations pour la personne coachée, ils valident ce qui est important pour elle. Ils explicitent et formulent les premiers pas réalisés, les succès et les points forts du coaché. Le compliment est donc bien un « retour d'information ». Le coach en sélectionne un ou deux parmi la somme des éléments qui peuvent convenir. Ensuite, il l'adresse à la personne coachée, son choix étant guidé par ce qu'il est utile de renforcer en vue de l'atteinte de l'objectif. Peuvent par exemple être complimentées : l'énergie déployée, la persévérance, la motivation à..., la capacité d'entreprendre s'il s'agit de « points forts », ou encore la prise de parole pour dire son opinion, ses besoins, les actions de médiation menées par la personne pour améliorer une situation, ou encore des ressources mises en œuvre.

Le pont

À l'image des voies pour se déplacer, le « pont » va consister à créer et à formuler un lien entre le « compliment » d'une part et la proposition de « tâche » d'autre part. Il permet ainsi d'introduire la « tâche », en la mettant en perspective avec la séance qui vient de se dérouler ou encore avec l'objectif du coaching. Le « pont » a pour fonction de légitimer la proposition de tâche autant que la tâche elle-même. Il consiste en une formule simple dont le contenu est pris dans la séance, dans ce qu'a évoqué la personne coachée. À ce titre, le « pont » est un élément de *feed-back*.

La tâche

Elle est construite par le coach et proposée au terme de la séance. Comme nous l'avons développé dans le précédent chapitre, pour être « sur mesure » elle va s'appuyer sur les éléments de l'entretien, sur les situations et objectifs travaillés[1].

La vignette suivante est extraite du coaching prescrit de Pierre. Elle illustre le *feed-back* de fin de la deuxième séance :

Le coach : Que retenez-vous de cette séance et qui soit important ?
Pierre : Qu'il est temps que je passe à l'action ! Que les choses peuvent s'améliorer rapidement si je me positionne autrement avec mon équipe. Je commence à entrevoir d'autres alternatives au laisser-faire et aux excès d'autoritarisme dont je suis capable… Je suis aussi capable de dire les choses clairement et directement…
Le coach : Très bien. Y a-t-il autre chose ?
Pierre : Non, c'est cela qui me paraît évident aujourd'hui, et aussi les résultats surprenants qui se sont produits en essayant les actions dont nous avions parlé.
Le coach : Je vois. Quelles actions voulez-vous mettre en œuvre d'ici à notre prochaine séance ?
Pierre : Je dois reprendre la main et poser le cadre de fonctionnement avec l'équipe. Comme je l'ai dit tout à l'heure, ce serait bien d'organiser une réunion avec l'équipe. En fait, je pense en organiser deux. Une dont le sujet serait l'équipe et le respect des principes de fonctionnement, une autre dont le sujet serait cette fois l'organisation, les flux et la charge de travail.

➤

1. Voir chapitre 11 consacré aux tâches.

➤

Le coach : C'est là un programme intéressant et ambitieux, et *(compliment)* je tiens à vous dire combien je suis impressionné par votre détermination à faire évoluer les choses. Je suis aussi impressionné par votre capacité à vous adapter... *(pont)*. Et afin de tirer le meilleur parti de votre point fort, justement cette capacité à vous adapter... *(tâche)*, j'aimerais que vous observiez vos interlocuteurs, les réactions qui sont les leurs, dans les situations où tout en vous adaptant vous vous positionnez pour dire explicitement ce que vous voulez. Notez vos observations après chaque situation de telle sorte que nous puissions en parler la prochaine fois.

Au cours de la séance avec Pierre, différents points forts avaient été formulés, en particulier, sa capacité d'adaptation. Si elle participait du « problème » – il s'adaptait tellement qu'il en devenait passif, disait-il –, cette faculté d'adaptation était aussi un réel point fort comme nous l'avons vu au travers de deux situations rapportées au cours de la séance. Sa détermination était un autre point fort évoqué. D'autres encore l'ont été également : mettre les personnes à l'aise et en confiance, sa capacité d'écoute des attentes et des besoins de ses collaborateurs. Au regard de la séance d'une part, et de l'objectif d'autre part, le coach retient la « détermination » et la « capacité d'adaptation » comme points forts à complimenter. Le « pont » s'appuie sur « l'adaptation » pour orienter vers la « tâche ». L'idée développée par le « pont » est de prolonger le point fort « adaptation » de sorte qu'il puisse être pleinement une ressource – alors qu'il appartient aussi au problème. La « tâche d'observation » associe « adaptation » (qui est le point fort de son action) et « dire explicitement » afin que Pierre *voie* ce qui se passe chez les autres (pour le décentrer) à ce moment-là.

Cet exemple montre la fonction du « pont » : un lien logique entre le compliment, qui renforce les ressources et les points forts utiles, et la tâche, qui invite à l'expérimentation.

La prise de notes du coach

Dans les groupes de formation à la pratique du « coaching orienté solution® », la question de la prise de notes revient systématiquement. Faut-il prendre des notes ? Et si oui, que faut-il noter ? Nous pensons qu'une prise de notes littérale des propos du coaché ou encore qui tenterait d'être exhaustive est non seulement vaine mais inutile. Nous l'avons développé et fréquemment rappelé : la séance de coaching est une co-construction *hic et nunc*. Des notes prises de façon systématique ne feraient que sortir les propos du contexte particulier et relationnel qui les ont créés. En revanche, il est nécessaire que le coach conserve la « trace » d'un certain nombre d'informations. La grille suivante indique, pour chaque séance, celles qui sont à noter et à conserver pour la conduite du coaching :

Nom/prénom...................... Séance n° .... du		
Les objectifs Les objectifs travaillés au cours de la séance.	**Les contenus et thèmes** Les thèmes principaux abordés (la délégation, la communication…), les contenus travaillés.	**Les actions** Les actions recensées au cours de la séance (préparer un entretien, organiser une réunion…).
Les ressources actionnables et les « débuts de solutions » Noter toutes les ressources actionnables identifiées (les différences issues des « moments d'exception », du retour d'expérience des tâches, de l'exploitation des échelles, de l'exploration du « miracle du changement », de la description de « ce qui va mieux »…). Indiquer les « débuts de solutions », c'est-à-dire les ressources qui ont été expérimentées et qui produisent une amélioration, un changement.	**Les échelles** Noter les sujets sur lesquels les échelles sont construites, indiquer les notes données, de telle sorte qu'elles puissent être réintroduites dans les séances suivantes.	**Le feed-back** Indiquer, tout au long de l'entretien, les éléments qui peuvent faire l'objet d'un ou plusieurs compliments. Noter les différentes idées auxquelles pense le coach pour formuler le « pont ». Indiquer la ou les tâches prescrites (une tâche d'observation portant sur…).

Le bilan du coaching

Le bilan renvoie à la notion d'évaluation, néanmoins présente tout au long de l'accompagnement. Elle l'est d'ailleurs dès la phase préliminaire par le truchement de la question sur les « résultats ». Et elle n'est pas sans ambiguïté.

À propos des « résultats »

Pour le client prescripteur et/ou pour la personne coachée, le « résultat » attendu fonde le plus souvent la demande et le recours au coaching. C'est bien parce que des « résultats » sont recherchés que celui-ci est conclu. Parfois même, certains clients cherchent à obtenir une garantie sur le « résultat » : « Pour le prix payé, qu'est-ce qui me garantit le résultat ? » Cette question a sa légitimité, même si elle ne se pose pas ou plus pour les clients qui ont l'expérience pour eux-mêmes, pour les collaborateurs, du coaching. C'est ici, sur ce point, que se situe l'ambiguïté qui ne peut se résoudre qu'au travers d'une approche pédagogique. L'ambiguïté peut se formuler ainsi : le client « achète du résultat », là où le coach « vend de l'accompagnement ». Ce dernier ne saurait s'engager sur « un résultat », comme le soulignent les codes de déontologie de certaines organisations professionnelles de coachs[1]. Il est tenu à une « obligation de moyens », créer les conditions de la réussite de l'accompagnement, tenu de s'engager sur le cadre et l'objectif déterminés, tenu de déployer les compétences nécessaires au bon déroulement de la mission. Solliciter l'énergie et les capacités d'action, susciter une dynamique et plus généralement mobiliser la personne dans la perspective de son objectif est aussi de la responsabilité du coach. Alors, le « résultat » vient par surcroît ! L'acte pédagogique du coach consiste à expliciter et envisager la notion de « résultat » à partir d'un déplacement : le « résultat » n'est pas – ou plus – la cause du coaching, il en sera un effet.

1. Voir chapitre 3.

Évaluer

Si le bilan intervient à la fin du coaching, l'évaluation est à envisager comme un processus permanent tout au long de la démarche. Ainsi, lorsqu'à chaque séance le coach invite la personne à exprimer « ce qui va mieux », à évoquer ses objectifs et là où elle se situe vis-à-vis d'eux, à travailler le retour d'expérience interséance, nous pouvons considérer ces échanges comme relevant d'une forme d'évaluation.

En abordant le bilan, et par là l'évaluation, se posent trois questions : « Qu'évalue-t-on ? », « Qui évalue ? » et « Comment évalue-t-on ? ».

« Qu'évalue-t-on ? »

L'objet de l'évaluation nous ramène au coaching lui-même et à sa spécificité : le développement professionnel d'une personne, l'évolution de ses comportements et de ses pratiques professionnelles. Ce que nous allons évaluer, ce sont les changements vécus et mis en actes par la personne dans son environnement et son quotidien de travail. Il s'agit d'expliciter les effets du coaching, les changements intervenus, les « progrès » réalisés par la personne coachée.

« Qui évalue ? »

En référence à l'une des prémisses du « coaching orienté solution® » selon laquelle la personne « est l'experte de son changement », nous pensons qu'elle est la seule en situation d'évaluer les effets de son coaching dans son quotidien. Dans cette perspective, l'évaluation ne saurait être autre chose qu'une auto-évaluation. Il ne revient pas au coach d'emprunter une position, une posture d'évaluateur qui consisterait à dire, à la place de la personne, ce que sont les effets du coaching. Comment le pourrait-il ? L'intervention du coach se situe dans un espace « décalé », celui de la séance, et ce avec quoi il travaille est la parole : celle que déploie la personne dans les entretiens. Il n'est donc pas présent au quotidien, il n'est pas au côté de la personne pour observer… Une telle situation tournerait inévitablement à la surveillance, au contrôle ! Il n'y a donc d'évaluation que d'auto-évaluation menée par la personne coachée. À celle-ci vient s'ajouter, dans le cadre du coaching prescrit, l'évaluation du prescripteur. Elle renvoie aux observations que ce dernier a pu faire sur les évolutions et les progrès réalisés ou non par la personne au regard de ses attentes, de ses besoins.

« Comment évalue-t-on ? »

Il est un mythe auquel chacun des acteurs doit renoncer : une évaluation objective du coaching. Le coaching est un accompagnement, c'est-à-dire une pratique sociale ; ce qui fonde la nature de cette pratique, c'est la subjectivité d'une personne qui rencontre celle du coach professionnel. Comme nous l'avons développé jusqu'alors, le ressort du coaching, c'est le langage par lequel se construisent les réalités dans lesquelles coaché, coach et prescripteur (lorsqu'il en est) vivent. Dans ce champ social duquel relève le coaching, l'évaluation ne peut être qu'un acte de la parole sous-tendue par les observations menées par les acteurs concernés. Ces dernières relèvent tout autant du langage qui les oriente mais également les exprime. La boucle est alors bouclée... L'évaluation se construit sur des observations, celles de la personne coachée, celles que son entourage va lui renvoyer, celles du prescripteur s'il en est. Elles vont être décrites dans un échange au cours de l'entretien de bilan. Ce qui s'exprime dans le bilan, dans la relation et dans l'échange fonde la dynamique de l'évaluation. Même étayée sur des situations, des comportements, des pratiques observés par le prescripteur et la personne coachée, l'évaluation n'en reste pas moins intersubjective. Ainsi, penser qu'une « mesure » des résultats du coaching est réalisable, fût-ce à grand renfort d'outils d'évaluation (tels que le bilan multi-perspective de type « 360° » et autres outils d'évaluation de la personne, par exemple), relève de notre point de vue d'une pure illusion. Quel que soit l'outil d'évaluation, celui-ci ne peut être que partiel et partial dans la mesure où, à l'image d'un filtre, il n'autorise que l'évaluation des données qui le constituent et en fondent l'origine. Sans équivoque, le « coaching orienté solution® » conçoit le bilan comme un acte de langage qui engage l'intersubjectivité. L'effet du bilan est aussi dans ce qui s'échange, dans le fait même qu'il y ait un échange. Tout particulièrement dans le cas du coaching prescrit.

Bilan et coaching prescrit

Dans ce cadre, le bilan est tripartite. Il associe la personne coachée, le prescripteur (qui peut ou non être le manager) et le coach. Comme nous l'avons indiqué dans le chapitre 7, il est souhaitable qu'un bilan intermédiaire soit réalisé à mi-parcours du coaching.

Bilan intermédiaire

La rencontre des trois acteurs à mi-chemin du coaching permet d'échanger sur les observations. Le coaché est invité à exprimer la façon dont il perçoit sa démarche de coaching, les actions qu'il a menées, ses expériences, les premiers effets qu'il observe. Le prescripteur est convié à faire part également de ses observations, des progrès (ou non) qu'il a pu remarquer, de la dynamique qu'il observe. À cette occasion, il peut rappeler ses attentes, ses besoins, encourager la personne. Cet entretien peut aussi permettre un ajustement de l'objectif. L'expérience le montre chaque fois : l'enjeu de ces entretiens de bilan, intermédiaires et finaux, réside dans l'échange qui s'est construit entre la personne coachée et le prescripteur… De son côté, le coach ne peut s'exprimer sur les contenus, sur le fond du coaching. Rappelons qu'il est engagé à la confidentialité. Dans cette situation et dans toutes les autres, il ne peut s'exprimer que dans le cadre de ce qui a été convenu avec la personne coachée, comme le souligne le code de déontologie de la Société française de coaching[1].

Bilan final

Il se déroule dans les conditions qui sont celles du bilan intermédiaire. Du point de vue méthodologique, il est intéressant :

- de laisser en premier la parole à la personne coachée afin qu'elle exprime son bilan (préparé préalablement) ;
- de laisser la parole au prescripteur ;
- de laisser un échange s'installer entre les acteurs ; le coach cherche alors à le favoriser et le faciliter.

---

1. *www.sfcoach.org/code_deontologie.pdf*

Si le coach devait prendre la parole, il le ferait dans le cadre défini et établi avec la personne coachée et en fonction d'une finalité qui a été clarifiée entre eux.

Avec le coaching prescrit, le dispositif de bilan repose sur deux entretiens à mener de préférence dans cet ordre : entretien bilan avec la personne coachée → réunion tripartite de bilan.

L'entretien de bilan

Développons, pour terminer, l'entretien avec la personne coachée. Il lui aura été demandé par le coach de préparer son bilan en vue de ce dernier entretien. Il est préférable de ne pas donner d'indications particulières sur la façon dont il doit être préparé. Sa préparation reflétera ainsi la construction de son bilan.

Sur le plan de la conduite, trois temps vont le structurer :

- le bilan exprimé par la personne ;
- le questionnement du coach ;
- la fin de la relation.

1. Le bilan exprimé par la personne

Il appartient à la personne coachée d'avoir préparé son bilan. Cette expression « libre » – parce que non conditionnée initialement par une façon de procéder – est aussi le support du bilan lui-même : que va-t-elle mettre en avant dans son bilan ? Quels contenus valorise-t-elle ? Quels changements souligne-t-elle ? Quels moments importants repère-t-elle dans son évolution ? De quoi ne parle-t-elle pas ? Ici, le coach est à l'écoute, pose le cas échéant des questions pour préciser ou clarifier.

2. Le questionnement du coach

Il s'appuie sur les éléments apportés par la personne dans l'expression de son bilan. Il vise à développer les informations présentes et à élaborer celles qui peuvent en être absentes. Pour ce faire, nous proposons la logique de questionnement suivant :

« Qu'est-ce qui avait suscité votre démarche de coaching ? »

La question vise à revisiter le contexte initial sur lequel portait la demande de coaching. Il est intéressant d'écouter la façon dont la personne en parle, une fois l'accompagnement terminé. Ce qui va être évoqué ici, c'est alors une redéfinition du contexte à partir des éléments générés par le travail de coaching.

« Quels changements souhaitiez-vous voir se produire ? »

C'est une façon de revenir sur l'objectif du coaching à travers les changements qui étaient visés, et à mettre en lien avec les changements qui se sont produits.

« Qu'aviez-vous convenu avec votre entreprise ? » (dans le cas d'une prescription)

La question suivante concerne cette fois l'objectif et les attentes du prescripteur qu'il convient de mettre en perspective avec le bilan.

« Avez-vous obtenu les progrès que vous recherchiez ? »

Il s'agit d'être plus concret qu'avec la notion de changement qui est plus large, plus générale. La personne est invitée à nommer ce que sont, pour elle, les progrès.

« À quoi constatez-vous que vous les avez obtenus ? »

La question oriente vers les situations, les contextes dans lesquels les progrès se sont produits et se sont installés.

« Concernant les progrès non accomplis, comment expliquez-vous qu'ils ne l'aient pas été ? »

Il est possible et même probable que certains progrès attendus ne se soient pas réalisés. Il est alors nécessaire que cela soit évoqué entre coaché et coach. La question propose de construire une ou des hypothèses permettant de comprendre. Par ailleurs, nous pouvons aussi découvrir à ce moment-là que ces progrès attendus n'étaient peut-être pas si importants, et que d'autres, non attendus, se sont produits.

« Qu'avez-vous appris au cours de votre coaching ? »

Cette question est volontairement large et centrée sur la dimension « apprenante » du coaching. Bien qu'il ne soit pas une formation individuelle, le coaching a pour autant un effet « apprenant » à partir de la compréhension, des découvertes faites par la personne coachée : Qu'a-t-elle appris sur elle ? Sur les autres ? Sur les situations qui forment son quotidien ? Sur les sujets travaillés au cours de l'accompagnement ?...

➤

➤

« Que retenez-vous de votre travail de coaching pour l'avenir ? »

Il s'agit maintenant de transposer dans le futur ce que la personne a appris et acquis par le biais du coaching. Elle est invitée à créer des liens, des « ponts ».

« Qu'est-ce qui a été important, pour vous, dans notre relation ? »

Qu'est-ce que la personne a trouvé dans cette relation ? Sur quoi s'est-elle appuyée dans la relation ? (la confiance, le non-jugement, pour prendre deux exemples parfois cités). Cette question ainsi orientée va permettre de verbaliser sa fin. De la clore.

« Que retenez-vous de cette relation ? »

La personne coachée a pu y apprendre quelque chose, y modéliser quelque chose. Qu'emporte-t-elle de la relation et qui lui sera utile dans le futur ?

Il est possible que la personne coachée ait répondu à certaines questions au cours de l'expression spontanée de son bilan. Ce « fil rouge » proposé n'est donc pas une procédure. C'est une trame posant des repères et une logique pour la conduite de l'entretien bilan. Elle est et reste à adapter lors de chaque bilan.

3. La fin de la relation

La relation de coaching est une relation professionnelle au sein de laquelle les acteurs ne sont pas à la même place. Comme nous l'avons évoqué au sujet de la distance nécessaire du coach[1], la relation de coaching ne saurait être un espace de familiarité entre les personnes. Qu'une connivence se crée, qu'une sympathie se développe est dans l'ordre des choses, mais la familiarité est d'un autre registre. Elle est selon nous inappropriée dans le cadre d'une relation professionnelle qui n'est pas pour autant, comme nous venons de l'indiquer, dépourvue d'implication, d'engagement et aussi d'un certain investissement de la part de la personne coachée. Pour ces raisons, la relation implique d'être « refermée ».

Deux composantes vont permettre un échange sur la relation, comme nous venons de le préciser. Parler de la relation, nommer ce qui s'y

1. À propos de l'écoute, voir chapitre 6.

est passé, est une première composante. La deuxième est la prise de parole du coach, c'est-à-dire ce dont il va témoigner auprès de la personne coachée. Il intervient pour exprimer : « *J'ai envie de vous dire que...* » Il peut ici renvoyer quelque chose à la personne, dire quelque chose sur le coaching, dire quelque chose qui le concerne à propos de l'accompagnement qu'il a vécu avec la personne. Ainsi, clore la relation consiste à rétablir une parité dans la relation interpersonnelle.

En résumé

Dans la perspective du modèle présenté dans cet ouvrage, la conduite du coaching et des séances qui le composent vise à créer les chemins les plus directs vers les solutions, selon les schémas explicités dans les différents chapitres de cette deuxième partie. Le rythme des séances est donné par les contenus et les situations apportés par la personne. Il est également rythmé par une structuration mise en œuvre par le coach. Celle-ci génère une « ritualisation », tant pour l'ouverture que pour la fin de chaque séance. Ces rituels sont structurants en ceci qu'ils installent des repères et impriment une scansion. Enfin, nous abordons le bilan comme une composante du processus de coaching. Les entretiens qui matérialisent cette dernière phase sont des temps privilégiés pour prolonger la réflexion et développer de nouvelles perceptions. Ils sont importants aussi pour refermer ce qui s'est ouvert dès la phase préliminaire : une relation humaine, vecteur d'une demande d'aide au changement dans un cadre professionnel.

Conclusion

> « *Essayer, parfois, de tout dire, c'est encore le meilleur moyen de ne rien dire du tout.* »
>
> Francis Dannemark

Notre lecteur arrive au terme du cheminement que cet ouvrage lui a proposé. Il est probable qu'il ait été conforté dans certaines positions, il est tout aussi possible qu'il ait été « bousculé » dans sa pratique. Nous l'avons abordé sous plusieurs aspects, les fondements du « coaching orienté solution® » amènent à envisager de façon radicalement différente de nombreuses notions. Emprunter les chemins de la solution avec la personne coachée implique, pour le coach, de penser, d'écouter en termes de solution. Et des schémas habituels de la démarche de résolution de problèmes au schéma de la construction des solutions, il y a un pas ! Un pas qui n'est à faire ni devant ni derrière, mais de côté. C'est bien une autre voie que propose le COS, elle ne vient prendre la place d'aucune autre, elle n'est ni mieux ni moins bien mais différente. En cela, elle est une alternative.

Au-delà de ce qui apparaît parfois dans la simplicité, pour ne pas dire l'évidence, notre lecteur va devoir expérimenter, s'entraîner et ainsi s'approprier le modèle. Insistons sur ce point : la pratique et les techniques présentées ne sont que la partie émergée. Pour qu'elles aient leur pertinence, le praticien doit s'ajuster sur les fondamentaux, se mettre en cohérence avec les prémisses qui sont les ressorts du modèle : c'est à l'intérieur que se trouve la logique d'intervention et, par là, son effet. Extraire une technique de questionnement à échelle, par exemple, en la sortant de son contexte, c'est-à-dire du modèle, risque d'en faire un « outil » parmi d'autres. Assurément, l'effet du coaching ne saurait se situer dans les « outils ». Il est à rechercher dans la relation, la posture du coach, la juste distance du praticien, la mobilisation des compétences citées et décrites dans les différents chapitres de cet ouvrage. Plus loin, l'effet du coaching s'étaye sur la logique interne, la cohérence des interventions et des pratiques du coach. Et c'est toute la force et tout l'intérêt d'un modèle. Enfin, ajoutons que le « coaching orienté solution® » propose les repères, le processus et les techniques pour accompagner les personnes vers leurs objectifs. *A contrario* il ne propose ni procédure ni scénarios qui indiqueraient au coach ce qu'il doit faire, les questions à poser, les contenus invariables à traiter. Ce modèle « ouvert » conserve toute la plasticité nécessaire pour être adapté à chaque personne. Chaque nouveau coaching qui s'engage implique de le réinventer. Le COS permet à chaque praticien d'exprimer sa créativité à partir des matériaux que ce dernier lui propose.

Le coaching en perspective

Loin de nous l'idée d'établir des prédictions sur le coaching ! Nous sommes en revanche convaincus d'un devenir pour le coaching professionnel au sens où nous l'avons développé dès la première partie de ce livre. Ce devenir repose sur le fait que le coaching, en venant répondre aux besoins professionnels et personnels, ouvre un espace de travail et de réflexion sans équivalent dans le monde professionnel. Il ne répond pas seulement à des besoins, il est une nécessité au regard des formes actuelles du travail, des organisations et des pratiques managériales. Mais ce devenir passe également par la professionnalisation des acteurs du coaching autant que par le soutien d'une exigence que requiert la pratique de l'accompagnement. Il appartient aux professionnels et à leurs organisations de porter au plus haut cette exigence et cette rigueur indispensables, d'affirmer leurs positions et convictions sur le métier et ainsi de se distinguer de cette masse informe que le terme coaching tend à désigner. Enfin, le devenir du coaching professionnel passe aussi par la capacité des acteurs à lui donner sa place dans la longue tradition des pratiques d'accompagnement, à le relier à une histoire. Cela suppose que le coaching professionnel réaffirme sans cesse son ancrage dans les sciences sociales et humaines, dans les disciplines[1] dont nous pouvons penser qu'il est une émergence contemporaine, dans les sources et modèles qui en fondent les pratiques. Cet ancrage est la réelle garantie pour que le coaching professionnel soit autre chose qu'une démarche de développement personnel au service d'une idéologie de « l'individu auto-entreprise » , d'une psychologie de bazar, ou qu'un empilage de techniques variées présentant des apparences scientifiques ou franchement ésotériques. C'est bien en s'inscrivant dans une filiation, dans une tradition, que le coaching professionnel peut trouver sa voie et affirmer sa singularité.

« Coaching orienté solution® » : quelques ouvertures

Le modèle et la pratique du COS trouvent des applications bien au-delà du coaching. À partir des adaptions et ajustements nécessaires, cette pratique peut être mise en œuvre dans d'autres formes et d'autres contextes d'accompagnement. Nous avons été amenés à expérimenter les pratiques du « coaching orienté solution® » et à former à ses principes des acteurs du champ social et médico-social : travailleurs sociaux, personnels soignants, professionnels de l'accompagnement à l'insertion sociale (par le travail, par le logement...). La dimension pragmatique de la démarche reçoit un écho très favorable auprès de ces professionnels confrontés à des situations d'accompagnement souvent complexes. À contre-courant des modèles dominants dans ces environnements, les personnels trouvent dans l'approche centrée sur les solutions des clés, des repères et des pistes pour accompagner différemment, parier sur la coopération et faire évoluer leur posture. Nous pensons que ce champ de la relation d'aide

1. Voir la première partie de cet ouvrage.

qu'est l'accompagnement social peut très utilement bénéficier des apports originaux des techniques présentées dans cet ouvrage.

La pratique managériale, la posture du manager peuvent également s'enrichir des principes et modes d'intervention proposés par l'approche centrée sur les solutions. Il ne s'agit pas d'envisager que le manager puisse être un « coach » de ses collaborateurs (même orienté solution !), tant il y a une incompatibilité radicale entre la nature de la relation managériale, hiérarchique par définition, et la nature de la relation de coaching sous-tendue par la posture du coach. En revanche, le manager peut parfaitement être orienté solution ! Il va alors se mettre en position de faciliter la recherche de solution, aider ses collaborateurs à s'appuyer sur leurs points forts, sur leurs compétences pour construire les solutions dont ils ont besoin. Ce manager ferait le pari de la coopération et poserait des questions sur les « débuts de solutions » plutôt que sur les causes des problèmes… Un changement de cap managérial, en somme. Notre expérience nous a montré que de nombreux managers pouvaient être réceptifs à ce regard décalé, mais qu'ils étaient désireux d'apprendre à faire autrement.

Nous pourrions également envisager des développements auprès des personnes en charge de l'éducation, des apprentissages, de la formation… Les perspectives ouvertes par l'approche centrée sur les solutions conduisent les professionnels qui s'en inspirent sur une voie qui reste à construire.

Enfin, les concepts et pratiques présentés dans cet ouvrage peuvent aussi trouver des applications dans l'accompagnement des équipes. La logique d'intervention du modèle COS se prête parfaitement au travail pouvant être proposé par un coach à une équipe. Les modalités d'intervention, quant à elles, seront nécessairement différentes.

Nous voilà, cher lecteur, arrivés au terme de ce manuel du « coaching orienté solution® » dans lequel, pour faire écho à la citation en tête de cette conclusion, nous avons cherché à dire l'essentiel. La pratique est maintenant entre vos mains.

Glossaire du « coaching orienté solution® »

Circularité (du questionnement)

Consiste à poser des questions à la personne coachée qui est invitée à exprimer ce que les autres personnes impliquées (dans une situation) pourraient potentiellement répondre à cette même question.

Coaching orienté solution® (COS)

Modèle et méthode d'accompagnement en vue de l'atteinte d'objectifs. Le COS s'appuie sur le renversement d'idées et de points de vue classiques concernant les problèmes humains, les objectifs, la notion de solution… Il aborde l'accompagnement comme un acte de langage qui implique une co-construction permanente entre les acteurs. Le COS se caractérise par une pratique orientée vers la recherche des points forts de la personne, de ses ressources, la construction de « débuts de solution » pour générer les solutions : on ne construit pas les solutions dans l'espace des problèmes, les comprendre n'est pas nécessairement utile pour construire les solutions.

Construction

À appréhender dans le sens de « construction mentale ». Désigne la façon dont la personne coachée se représente un événement, décrit une situation, exprime sa pensée, sa vision des choses… Une construction est un acte de langage qui est à son origine même et en permet l'expression.

Constructionnisme social

Courant de la sociologie contemporaine qui postule que la « réalité » perçue par chaque personne est une construction, et qu'en outre celle-ci est le fruit d'un processus social : c'est dans les échanges, dans les interactions entre individus, que la « réalité » se construit et se charge de signification.

Coopération

Principe fondamental qui consiste à envisager la façon dont la personne coachée coopère – avec elle-même et avec son coach – au changement recherché. Le concept de coopération vient en lieu et place du concept de « résistance au changement ».

Début de solutions

Désigne une action ou un comportement qui va dans le sens de l'objectif (du coaching) et qui, une fois expérimenté, apporte une modification sensible de la situation dans laquelle il est mis en œuvre.

Différence

Elle est une caractéristique propre à une situation vécue qui ne se retrouve pas dans les situations comparables. Les différences peuvent être de natures diverses en étant liées au contexte, aux interactions entre les personnes impliquées, à l'action menée par la personne coachée…

Échelle (question à)

Démarche de questionnement centrée sur un thème – celui qui est porté par l'échelle. Elle permet une auto-évaluation et un fractionnement pour identifier les actions à mener afin d'améliorer les situations en lien avec le thème travaillé.

Espace de questionnement

Support qui recense les différentes composantes impliquées dans une situation. Il permet d'identifier le cheminement suivi par la personne coachée pour construire la situation qu'elle évoque et qui fait l'objet d'un travail.

Exception (moment de)

Situation vécue qui présente des différences avec d'autres situations comparables.

Miracle du changement (question du)

Démarche de questionnement qui invite la personne coachée à se représenter (à construire) ce qui se passe dans les situations lorsque le « problème » a disparu.

Modèle

C'est un système conceptuel et pratique, une construction formelle élaborée à partir de situations réelles. Il détermine une certaine façon de voir la réalité, permet de penser et d'organiser une pratique, de choisir des interventions et d'en expliciter les raisons, de rendre intelligibles des éléments qui ne peuvent l'être sans lui. Le modèle est une figuration.

Non-savoir (posture de)

Qualifie le rapport au savoir dans la démarche d'accompagnement. Position dans laquelle le coach a renoncé à « savoir pour » la personne coachée (ce qui est bien, ce qu'elle doit faire...). Position à partir de laquelle il peut poser des questions pour mobiliser le savoir chez la personne accompagnée et inciter à de nouvelles perceptions et constructions.

Objectif

Situation qui implique un changement recherché par une personne dans la perspective d'un nouvel état, d'un nouveau ressenti, d'un nouveau vécu, d'une possibilité d'action élargie...

Perception

Renvoie à la compréhension et aux significations données par la personne coachée à une situation ou à un ensemble de situations.

Point fort

Qualité, compétence que la personne sait exprimer et utiliser dans une situation.

Posture

Attitude du coach vis-à-vis de la personne coachée qui a une dimension « intérieure », sous-tendue par la distanciation, le rapport au savoir, l'accueil de la personne en dehors de tout jugement de valeur ; et une dimension « extérieure », exprimée par l'attitude non verbale, la distance dans la relation, la position physique...

Premier pas

Indique la première action modeste à mener par la personne coachée pour aller vers son objectif.

Prémisse

Idée, argument dont découlent un raisonnement et une pratique.

Problème

Construction singulière d'une situation ou d'un ensemble de situations vis-à-vis duquel la personne exprime une plainte, des difficultés, des limitations... Le problème réside dans la construction elle-même et l'énonciation (les mots et les phrases employés) qui en est le support.

Ressource actionnable

Action d'ordre comportemental susceptible d'être mise en œuvre dans les situations liées à l'atteinte de l'objectif. Son expérimentation, lorsqu'elle génère une modification sensible dans les situations, la transforme alors en « début de solution ».

Situation

C'est une expérience vécue par la personne coachée. Les situations forment le support de travail au cours des séances. Apportées par la personne coachée en fonction de leur actualité, de leurs rapports avec les objectifs ou les problèmes, elles sont décrites par elle et cette description est une construction qui fait l'objet du travail de coaching.

Solution

Expression de la créativité du coaché, la solution correspond aux adaptations réalisées spontanément par lui dans les situations où sont expérimentées les « ressources actionnables » et autres actions et qui entraînent un changement sensible dans ces dernières.

Système

Ensemble d'éléments en interaction dynamique et organisé en fonction de sa finalité. Un système est fondé sur quatre principes fondamentaux : interaction, totalité, homéostasie et équifinalité.

Tâche

Élaborée et proposée par le coach, la tâche est une action à réaliser en vue d'identifier et de mobiliser les ressources nécessaires pour atteindre l'objectif.

Type de la relation

Repose sur l'idée que les personnes entretiennent une relation avec leurs objectifs et leurs « problèmes ». Qualifie les quatre façons d'être, en rapport avec ces deux composantes.

Bibliographie

ANGEL Pierre, AMAR Paul, *Le coaching*, PUF, Que sais-je ?, 2006.

ARRIVÉ Jean-Yves, JUTON-FRIGS Isabelle, *Maîtriser le coaching*, Éditions Liaisons, 2004.

AUBERT Nicole, *L'individu hypermoderne*, Érès, 2004.

AUBERT Nicole, *Le culte de l'urgence*, Flammarion, 2003.

AUTISSIER David, WACHEUX Frédéric, *Manager par le sens : les clés de l'implication au travail*, Eyrolles, 2006.

AXELROD Robert, *The Evolution of Cooperation*, Basic Books, 1985.

BATESON Gregory, *La nature et la pensée,* Seuil, 1979.

BATESON Gregory, *Vers une écologie de l'esprit,* Seuil, 1977.

BEAVIN J., JACKSON D., *Une logique de la communication,* Seuil, 1972.

BERG INSOO Kim, DOLAN Yvonne, *Récits de solutions*, Édisem, 2002.

BERG INSOO Kim, JONG Peter de, *De l'entretien à la solution : l'accent sur le pouvoir des clients*, Satas, 2002.

BERGER Peter L., LUCKMANN Thomas, *La construction sociale de la réalité*, Armand Colin, 2e édition, 2006.

BRUNNER Roland, *La psychanalyse expliquée aux managers*, Éditions d'Organisation, 2004.

CHAVEL Thierry, *Profession coach : de la théorie à la pratique,* Demos, 2003.

COTTOR Robert, *Le constructionnisme social appliqué*, Satas, 2008.

COZ Pierre Le, GORI Roland, *L'empire des coachs : une nouvelle forme de contrôle social*, Albin Michel, 2006.

CROZIER Michel, FRIEDBERG Erhard, *L'acteur et le système*, Seuil, « Points Essais », 1992.

DARDOT Pierre, LAVAL Christian, *La nouvelle raison du monde : essai sur la société néolibérale*, La Découverte, 2009.

DARWIN Charles, *La filiation de l'homme et la sélection liée au sexe*, Éditions Syllepse, 1999.

ENRIQUEZ Eugène, *Jeux du pouvoir et du désir dans l'entreprise*, Desclée de Brouwer, 1997.

ENRIQUEZ Eugène, *Vocabulaire de psychosociologie : références et positions*, Érès, 2006.

GARCIA Teresa, WITTEZAELE Jean-Jacques, *À la recherche de Palo Alto*, Seuil, 2006.

GAULEJAC Vincent de, *La société malade de la gestion*, Seuil, 2005.

GAULEJAC Vincent de, *Le coût de l'excellence*, Seuil, 2007.

GERGEN Kenneth J., *Construire la réalité*, Seuil, 2005.

GERGEN Kenneth J., GERGEN Mary, *Le constructionnisme social : un guide pour dialoguer,* Le Germe, 2006.

GERGEN Kenneth J., *Le constructionnisme social : une introduction*, Delachaux et Niestlé, 2001.

HALBOUT Reine-Marie, *Savoir être coach : un art, une posture, une éthique*, Eyrolles, Éditions d'Organisation, 2009.

HIGY-LANG Chantal, *Le coaching*, Éditions d'Organisation, 2002.

KORSYBSKI Alfred, *La carte n'est pas le territoire*, Éditions de l'Éclat, nouvelle édition, 2001.

LACAN Jacques, *Autres écrits*, Seuil, 2001.

LACAN Jacques, *Les écrits*, Seuil, 1966.

LENHARDT Vincent, *Les responsables porteurs de sens : culture et pratique du coaching et du team-building*, INSEP Éditions, 1995.

LEWIN Kurt, *Psychologie dynamique : les relations humaines*, PUF, 1967.

LUJAN Christian, *Quand le travail rend fou*, Jean Attias, 2003.

MEAD George Herbert, *L'esprit, le soi et la société*, PUF, 1963.

MILGRAM Stanley, *Soumission à l'autorité*, Calmann-Lévy, 2e édition, 1994.

MILLER Alice, *C'est pour ton bien*, Aubier Montaigne, 1998.

MINTZBERG Henry, *Le pouvoir dans les organisations*, Eyrolles, Éditions d'Organisation, 2003.

MORIN Edgar, *Introduction à la pensée complexe*, Seuil poche, 1990.

MORIN Edgar, *Pour une politique de civilisation*, Arléa, 2002.

MOSCOVICI Serge, *Psychologie sociale*, PUF, 2003.

O'HANLON Bill, *L'orientation vers les solutions*, Satas, 1995.

RICOEUR Paul, *Soi-même comme un autre*, Seuil, 1996.

ROGERS Carl, *Le développement de la personne*, Dunod, 1992.

ROSENTHAL Robert, *Pygmalion à l'école*, Casterman, 1971.

SAUCET Michel, *La sémantique générale aujourd'hui*, Le Courrier du livre, 1996.

SFCOACH, *Coaching professionnel : quelles spécificités ?,* Le Manuscrit, 2008.

SFCOACH, *De l'ère des pionniers à l'ère des professionnels*, Le Manuscrit, 2005.

SHAZER Steve de, *Clés et solutions*, Satas, 1999.

SHAZER Steve de, *Différence*, Satas, 1996.

SHAZER Steve de, *Explorer les solutions en thérapie brève*, Satas, 2002.

SHAZER Steve de, *Les mots étaient à l'origine magiques*, Satas, 1999.

STACKE Edouard, *Le coaching d'entreprise*, Village mondial, 2000.

VYGOTSKI Lev, *Pensée et langage*, La Dispute, 1977.

WATZLAWICK Paul (collectif), *La nouvelle communication*, Seuil, 1981.

WATZLAWICK Paul (sous la direction de), *L'invention de la réalité,* Seuil, 1988.

WATZLAWICK Paul, *La réalité de la réalité,* Seuil, 1978.

WATZLAWICK Paul, *Le langage du changement,* Seuil, 1980.

WATZLAWICK Paul, WEAKLAND John, *Sur l'interaction,* Seuil, 1981.

WHITMORE John, *Le guide du coaching : entraînement individuel – amélioration des performances*, Maxima, 2e édition, 2002.

WITTGENSTEIN Ludwig, *Le cahier bleu et le cahier brun*, Gallimard, 1965.

Sites des organisations professionnelles de coachs

- Association européenne de coaching (AEC) : *www.aecoaching.eu*
- « Coaching orienté solution® » : *www.coachingorientesolution.com*
- Fédération francophone de coachs professionnels (FFC-Pro) : *www.ffcpro.org*
- International Coach Federation (ICF) : *www.coachfederation.fr*
- Société française de coaching (SFCoach©) : *www.sfcoach.org*
- SYNTEC – conseil en évolution professionnelle : *www.syntec.evolution-professionnelle.com*

Composé par *Style Informatique*

Certifié PEFC
Ce produit est issu de forêts gérées durablement et de sources contrôlées.
PEFC 10-31-2007
pefc-france.org

Achevé d'imprimer : EMD S.A.S.
N° d'éditeur : 4017
N° d'imprimeur : 26785
Dépôt légal : juin 2012
Imprimé en France

Cet ouvrage est imprimé - pour l'intérieur - sur papier Ambergraphic 90 g des papeteries Artic Paper, dont les usines ont obtenu la certification environnementale ISO 14001 et opèrent conformément aux normes ECF et EMAS